SPORT
VERLAG
BERLIN

W0372587

Viel Freude beim Lesen
wünscht
Marianne Buggenhagen

Marianne Buggenhagen

Ich bin von Kopf bis Fuss auf Leben eingestellt

Die Autobiographie

Aufgeschrieben von
Klaus Weise

Sportverlag Berlin

ISBN 3-328-00883-7

2., aktualisierte und erweiterte Auflage 2001

Umschlaggestaltung: Volkmar Schwengle, Buch & Werbung, Berlin
Umschlagfotos: Eberhard Thonfeld/Camera 4
Fotos: Rasso Bruckert (1), Camera 4 (10), DPA (2), Werner Schulze (1), privat (21)
Satz und Lithos: LVD GmbH, Berlin
Druck und Bindung: Ebner Ulm
Printed in Germany 2001

Inhalt

Prolog: Die Erziehung der Gefühle

Ich bin von Kopf bis Fuß auf Leben eingestellt. Das ist ein Titel, der die körperliche Wirklichkeit eines Querschnittsgelähmten scheinbar auf unauflösbare Weise konterkariert. Von Kopf bis Fuß? Wo doch, je nach »Schädigung«, vom Hals, von der Brust, von der Hüfte abwärts nichts fühlbar ist. Kein Wohlbefinden, keine Wärme, keine Kälte, keine Lust, kein Schmerz. Doch ist Gefühl nicht mehr als reine Körperlichkeit? Vielleicht haben Menschen, die – wie ich – auf eine besondere Art »anders« sind, deshalb Sensoren, die auf eigene Weise auf all das ansprechen, das so hochtrabend unter den großen Begriff Leben gefasst ist.

Kann es »Fußgänger«, »Läufer«, »Latscher«, oder wie auch immer wir die Nichtbehinderten noch nennen, interessieren, wie eine Rollstuhlfahrerin empfindet, lacht, leidet, streitet? Warum sie wütend ist, worüber sie sich ärgert, was ihr gut tut, wie sie eben ganz einfach nur »lebt«? Es kann, aber es muss nicht – so meine Erfahrung nach der ersten, Ende 1996 erschienenen Auflage des Buches. Es gab Leute, die mir hinterher von ihren Tränen erzählt haben. Aber auch welche, die sich fast kaputtlachten, weil ich mir beim Schuhanziehen die Zehen brach, ohne es zu spüren. Es gab welche, die mir gratuliert haben. Andere haben nur leise gesagt: »Das habe ich nicht gewusst, und ich habe auch nie danach gefragt.« Schließlich gibt es welche, die mit ihrem Pkw nicht mehr auf Behinderten-Parkplätze fahren, weil sie begriffen haben, warum diese so breit sind. Und ich habe inzwischen sogar Leute kennengelernt, die – obwohl bestens zu Fuß und auch auf engem Raum beweglich – lautstark protestieren, wenn zum Beispiel in öffentlichen Einrichtungen keine Aufzüge, Rampen und Behindertentoiletten vorhanden sind. Wenn mein Buch auch nur in einigen Fällen ein

Stückchen dazu beigetragen hat, ist es alles andere als nutzlos beschriebenes Papier. Es gibt tausende, hunderttausende, Millionen, die wie ich mit dem Rollstuhl – sozusagen als etwas sperriges Körperteil – auskommen müssen. Nichts hebt mich über die vielen hinaus, das mich zum Sprecher für sie machen könnte. Ich bin, so habe ich es oft gesagt und auch gemeint, nur eine einfache, kleine »Kaputte«. Mein Lebensgang unterscheidet sich von dem der meisten meiner »Leidensgenossen« nur durch den ärztlichen Befund – ich bin so normal, wie man unter meinesgleichen nur normal sein kann. Dass ich als Sportlerin erfolgreich war, bin und hoffentlich auch weiter bleibe, ist ein Zufall, den Umstände, Leute – nahe, warme, herzliche ebenso wie ferne, verständnislose, kalte –, Charakter und ein bisschen Glück befördert haben. Sind Zufälle, wie immer wieder behauptet wird, tatsächlich Überschneidungen von Gesetzmäßigkeiten, dann ist mein eigenes Verdienst an meiner Rolle in der Gegenwart ein bescheidenes. Obwohl ich einstweilen eine Person öffentlichen Interesses geworden bin. Das so zu akzeptieren, fällt mir durchaus schwer.

Eine Zuschreibung, die mir gefällt. Ich bin kein Vorbild, kein Vorzeige-Mensch. Die Gelegenheit, durch die Begegnungen mit Menschen, die – als Politiker, Unternehmer, Medienvertreter oder was auch immer – Dinge auf den Weg bringen können, die sonst gern überhört oder -sehen werden, ist eine Chance, die ich nicht verschenken möchte. Schon im eigenen Interesse, denn – um eine Anleihe bei Goethe zu nehmen – »wer nichts für andere tut, tut nichts für sich«. Das vorliegende Buch, ergänzt um meine Erlebnisse, Erkenntnisse, Erfahrungen zwischen Atlanta 1996 und Sydney 2000, ist mithin nicht nur für möglichst viele Leser da, es ist wieder ein Stück »Leben« für mich. Wie der Alltag, wie der Sport, wie die Arbeit im Krankenhaus, wie der Trainingsschweiß und der Freudenkloß im Hals bei den Siegerehrungen, wie die Liebe und Zärtlichkeit mit meinem Mann, wie die Bitterkeit bei Ausgrenzung und Dummheit. Über all das habe ich geschrieben und nachgedacht – und vielleicht kann es helfen, das immer noch tiefe Wasser zwischen denen, die »normal«, und denen, die »anders« sind – wobei sich die Perspektive durch einfache Umdrehung der Standpunkte ja ebenfalls total verändert –, etwas flacher werden zu lassen. Eine Erziehung der Gefühle, die allerdings voraussetzt, dass man zum »Fühlen« in der Lage ist.

Beklemmung, Angst, Verdrängung, Gleichgültigkeit, Intoleranz, Ignoranz, Resignation setze ich – aus Erfahrung klug – Offenheit, Mut, Teilnahme, Verständnis, Auflehnung entgegen. Das wird die Welt nicht ändern, wird nicht per Handstreich an die Stelle von Verweigerung Integration setzen, aber jeder Zentimeter Sich-Aufeinander-Einlassen ist ein Gewinn. Für beide Seiten. Mit-Leiden, nicht Mitleid sollen meine Erlebnisse transportieren. Mitleid ist das, was man denen nicht versagt, denen man Hilfe versagt, hat Bertolt Brecht geschrieben. Mit-Lachen, Mit-Staunen, Mit-Jubeln, Mit-Verzweifeltsein – dafür habe ich dieses Buch geschrieben. Und dabei Erstaunliches festgestellt. Worte haben Flügel, und beim Nachdenken, Erkennen, Notieren durfte ich als »Querschnitt«, der nicht mal laufen kann, sogar noch Fliegen lernen. Ein schönes Gefühl, das den Titel des Buches so wunderbar bestätigt: Ich bin von Kopf bis Fuß auf Leben eingestellt. Wenn es eine Art Botschaft auf den folgenden Seiten gibt, dann ist es die: Egal, wie man beschaffen ist, es gibt keine Ausrede vor sich selbst. Dein Charakter ist dein Schicksal, wie dein Schicksal dein Charakter ist. Jeder, der mit sich unzufrieden ist, hat es in der Hand, das zu ändern. Als ich ganz unten war, hätte ich nie für möglich gehalten, was die Zukunft noch für mich bereithält. Keiner weiß das. Das ist es, was ich mitteilen möchte.

Ich bin nicht a priori stark, aber ich bin stärker geworden. Ich bin Marianne geblieben, aber habe enorm viel gelernt. Aus einer grauen Maus ist jetzt eine hellgraue geworden. Weil ich etwas geben kann, gebraucht werde. Das ist es, was ich auch von »Ich bin von Kopf bis Fuß auf Leben eingestellt« hoffe – Gebraucht-Werden.

Ich danke dem Journalisten Klaus Weise, mit dem ich seit mehreren Jahren befreundet bin, für seine Mithilfe bei der Abfassung des Buches. Ohne ihn wäre es ebenso wenig möglich gewesen wie ohne die freundliche Unterstützung und den Mut des Sportverlages, der schon vor Jahren ein Thema für spannend befand, das nicht sofort für die Bestsellerlisten prädestiniert scheint, und jetzt eine zweite, erweiterte Auflage ermöglicht.

Berlin, November 2000

»Vergiss den Rollstuhl, erlebe nur mich!«

Mehr als zehn Jahre ist es her, als wir uns erstmals trafen – der Journalist und sein »Medium«. Eine Arbeitsbeziehung zwecks Formulierung eines möglichst gelungenen Pressebeitrages. Man gibt sich Mühe, vielleicht sogar besondere. Denn immerhin ist der »Gegenstand« ein emotional anderer als sonst. Ist es Zufall, dass man sich in Bringeschuld fühlt, als habe man etwas gutzumachen gegenüber jenen, die dem nicht gleichen, was die Mehrheitsschablone vorgibt? Die bemühte Attitüde wird bemerkt und nachsichtig belächelt.

Marianne Buggenhagen macht es dem behinderten Nichtbehinderten leicht. Ihre verblüffende, direkte Offenheit bläst Verlegenheit weg. Das scheinbar witzige Bonmot »Wissen ist Macht, Nicht-Wissen macht nichts« geht im Umgang mit Menschen mit Behinderungen nicht auf. Das weiß sie sehr genau. Deshalb lässt sie die anderen in ihrer Unkenntnis nicht allein, sondern wählt den geraden Weg. Der nimmt Angst, Berührungsangst vor etwas »Fremdem«. Weiß ich nicht, dass für Marianne und ihresgleichen Querschnittslähmung zum Beispiel einen völlig neuen, langsam zu erlernenden Umgang mit Blase und Darm bedeutet, der sporadisch auftretende Probleme nicht ausschließt, werde ich mich durch peinliche Schamgefühle quälen und verdrängen, um mich ja nicht einlassen zu müssen. Habe ich Scheu, das Thema Sexualität im Gespräch zu berühren – Behinderte »können ja nicht mehr«, so das Vorurteil –, wird das zu stiller Zensur durch Komplexe im Kopf des »Fußgängers«, die die »Rollis« zu Menschen zweiter Klasse macht. Diese Intoleranz, die schwerer veränderbar ist als eine unfertige Gesetzeswirklichkeit, geht am besten verloren, wenn man hin- statt wegsieht, wenn man zu- statt weghört, wenn man neugierig ist statt altdumm. Marianne Buggenhagen und ich sind längst Freunde geworden. Wir reden über Integration, über Diskriminierung und Veränderungen, über Alibi-Freundlichkeit und sympathische Unbeholfenheit – aber wir müssen all das nicht jedes Mal aufs Neue bewältigen. Als ich bei einem Besuch innerhalb von sechs Stunden zum dritten Mal die Toilette suche, sagt Marianne plötzlich zu ihrem ebenfalls »rollenden« Mann: »Jörg, wir müssen aufpassen. Klaus nimmt immer deutlicher Querschnitts-Symptomatik an.« Wir lachen ausgiebig, lange und ohne jede Verkrampfung. Und dann fragt sie: »Siehst du eigentlich noch den Rollstuhl? Vergiss ihn, erlebe nur mich!«

Sehe ich ihn noch, den Rollstuhl? Ja und nein. Ja, weil er zu Marianne Buggenhagen gehört wie zu meiner Frau Almuth die Brille. Nein, weil er nur dann wichtig wird, wenn die Umwelt eine Frau wie Marianne zur Behinderten macht. »Wir werden oft nur an dem gemessen, was wir nicht können. Das ist bei Nichtbehinderten anders«, sagt sie. Das soll dieses Buch ein wenig abbauen. Und wenn die Leser danach den Rollstuhl der Marianne Buggenhagen vielleicht nicht mehr sehen, dann hat es sich gelohnt, das alles zu Papier zu bringen. Von Kopf bis Fuß auf Leben eingestellt.

Danke, Marianne!

Klaus Weise, Berlin, im November 2000

1 Ganz normal

Kindheit in Mecklenburg – Die drei »W« von Ueckermünde: Wiese, Wasser, Wald – Meine Sehnsucht nach Natur und Abenteuer – Die Schule: »Marianne schwatzt sehr viel« – Warum ich mein Pionierhalstuch abgeben musste – Mein Spielrevier: Chef einer Kinder-Meute, die etwas »anders« ist – Dieter Grosskopf, mein Märchenheld – Mein Vater und der Alkohol – Ich möchte so sein wie meine Mutter – Ein »Landei« zieht nach Berlin und wird Volleyballerin

Die Kindheitsmuster sind fast in allen Biografien die gleichen. Wer später davon erzählt, der hat fast nur bunte Bilder in seinem Erinnerungsfilm. Unbeschwert, fröhlich, heiter – so oder ähnlich lauten die Worte, die die »schönste Zeit des Lebens« beschreiben. Ist es der große Abstand, der aus Fernsicht reifer Jahre das Heranwachsen schönt, ist es die Enttäuschung über den Verlust so vieler Illusionen, die Erkenntnis, dass die Dinge der Welt nicht naiver kindlicher Gerechtigkeit standhalten? Kindheit ist real und unwirklich, scheinbar unverrückbar festgeschrieben, ein Sammelalbum voller Märchen, Abenteuer und Wunder. Dabei ist eigentlich fast alles so wie später. Nur der Bezugsrahmen wird dann größer, wichtiger, bedeutsamer. Der verlorene Freund, die mühevoll erworbene Gunst, das heimliche Versteck, die Geheimnisse, die nur einem ganz allein gehören – alles kommt irgendwie wieder. Nur eben ein bisschen anders.

Die Momentaufnahmen von damals, bei mir sind sie über vierzig Jahre alt. Schwarz-Weiß, manchmal ein bisschen gelb an den Ecken, verblasst und dennoch seltsam lebendig. Sie schmecken, riechen, sind plötzlich zum Greifen nah und verschwinden dann wieder. Bilder, die von Orten, von Personen, von Ereignissen, von Farben, Geschmäckern, Stimmen handeln. Der Ort meiner Kindheit ist Ueckermünde. Eine 13 000-Einwohner-Kreisstadt am Oderhaff, nahe der Mündung des Flüsschens Uecker – das nicht nur in die oben genannte Ostseebucht, sondern ebenso auf direktem Wege in die Namensbildung meiner Heimatstadt fließt. Ein bisschen maritim, ein bisschen Landschaftspark, weit, eben, karg. Mecklenburg hat mir seinen Stempel aufgedrückt, ich mag seine Klarheit und ruhige Gelassenheit. Man muss schon morgens sehen können, wer abends zu Besuch kommt.

Fritz Rudolf Fries, ein Schriftsteller aus dem Norden, hat den eigentümlichen Reiz Mecklenburgs ebenso eigen beschrieben: »Eisenbahnschienen gesellen sich in unendlicher Parallele zu Feldwegen, als würden wir so zu verschiedener Bewegungsart aufgefordert. Zu Fuß durch die Wälder, vorbei am Schildkrötenpanzer der Hünengräber und dann mit der Vorortbahn durch Seebäder, in die wir immer schon einmal zurückkehren wollten. Die Unruhe der Zugvögel teilt sich uns mit, und ihre Exotik bringt einen Flügelschlag von Fernweh. Und wieder Bäume, kahl in einer Jahreszeit des Kommens oder Gehens, Landschaft im Schnittpunkt der Zugvögel zwischen Nord und Süd gelegen, von Störchen Glück bringend heimgesucht; eine Landschaft eher rauh als lieblich, mehr Acker als Blumenbeet, mehr Herausforderung als Einladung zum Nichtstun, zum Sitzen unter Bäumen, die in manchen Orten kleine Tafeln tragen, als habe der Naturschutz sie damit aus der Anonymität ihrer Vergangenheit erlöst. (…) am Ende jenes Segment aus drei Stufen, die eine der Strand, die andere das Meer, die dritte der Himmel. Der ist verhangen auf diesen Bildern, die Sonne eine Ahnung, aus Wolken getürmt eine andere Landschaft. Tiere wie Metamorphosen von Temperamenten haben uns aufgehalten unterwegs, die bedächtige großäugige Kuh, das scheue Pferd, und nicht nur das Ackerpferd, kaum erkennbar am Zügel des Bauern auf dem Hügel, der sich konvex wölbt wie die zur mütterlichen Brust in der Dichtung stilisierte Landschaft.«

MECKLENBURG HAT MIR SEINEN STEMPEL AUFGEDRÜCKT, ICH MAG SEINE KLARHEIT UND RUHIGE GELASSENHEIT. MAN MUSS SCHON MORGENS SEHEN KÖNNEN, WER ABENDS ZU BESUCH KOMMT.

Mecklenburg, meine Heimat, Ueckermünde, die Stadt meiner Geburt. Abstehende Ohren und keine Haare auf dem Kopf, wie eine Käthe-Kruse-Puppe: So beschrieb meine Mutter später ihren ersten Eindruck, den sie am 26. Mai 1953 von ihrer Tochter hatte. Ich bekam eine Binde um den Kopf, doch da die immer wegrutschte, wurde daraus kurz drauf eine Strickmütze. Schön eng, um die »Hörmuscheln« so schnell wie möglich zu richten. Als ich ein Jahr alt war, hatte ich immer noch keine Haare und keinen Zahn. Dass bis zum ersten Schultag sechseinviertel Jahre darauf alles einigermaßen gerichtet war, versöhnte meine Mutter schließlich mehr oder minder. Damals war nur ein »Makel« übrig geblieben: meine Größe. Bei der Einschulung kam ich mir vor wie ein Sitzenbleiber, der die 1. Klasse zum dritten Male absolvieren muss. Bohnenstenglig, stielig, ungelenk, so eine Art Pippi-Langstrumpf-Verschnitt ohne Sommersprossen – die Sympathien flogen mir nicht zu, ich musste eher um Gunst werben.

Ueckermünde und die Mecklenburger Orte, in denen unsere Familie in diesen Jahren lebte – Karppin und Stolzenburg –, boten genügend Möglichkeiten zur »Landflucht«. Die zwei Jahre in Stolzenburg, in denen mein Vater Willy in der DDR-Initiative »Industriearbeiter aufs Land« quasi auf Jobsuche war, wurden so etwas wie meine Idylle mit dem irren Duft von frischem Heu und herbem Gestank nach Mist zugleich. Wir zogen mit den Eltern aufs Feld, tobten uns aus, fielen müde ins Stroh und wachten wieder auf, wenn der Hunger die Mägen knurren ließ. Daheim forderten uns Kuh Ina, Schwein August, später die Hofente »Schnattchen« und zig Hühner, Gänse mit arbeitsintensiver Zuwendung. Tiere habe ich immer geliebt, auch wenn meine Erfahrungen mit ihnen durchaus wechselhaft waren. Beim Rübenverziehen in Stolzenburg neidete mir – ich war gerade mal fünf Jahre alt – ein Schäferhund meine gut belegte Stulle. Sein Versuch, etwas abzubekommen, ging in die Nase, und zwar in meine. Worüber man jetzt herzhaft lachen kann, tat damals verdammt weh. Da kein Auto vorhanden war, hat mich mein Vater aufs Pferd gesetzt, ist mit seiner blutenden Tochter fünf Kilometer weit in die nächste Arztpraxis geritten, wo die Wunde genäht wurde. Ich habe nicht eine Träne geweint und für meine Tapferkeit eine runde Schachtel Bonbons mit nach Hause nehmen dürfen. Ein Erlebnis, das mir später wieder einfiel, als ich in der Schule den »Erlkönig« lernen musste. Fast alles war ebenso dramatisch, nur ich, das Kind in den Armen meines reitenden Vaters – war nicht tot.

Ueckermünde, das vorn so gerne falsch geschriebene, wohin wir schließlich zogen, das waren für mich immer drei »W«: Wiese, Wasser, Wald. Wir wohnten im neurologisch-psychiatrischen Bezirkskrankenhaus am Rande der Stadt, wo meine Mutter als Stationsschwester arbeitete. Nach dem Krieg war sie aus Hinterpommern nach Mecklenburg gekommen, hatte sich dort um die Waisenkinder gekümmert, die später im Krankenhaus Aufnahme fanden. Zwölf Jungen und Mädchen, erzählte sie mir später, hießen damals »Unbekannt«. Es war nichts über ihre Herkunft, über Eltern oder Verwandte herauszubekommen. Sie erhielten Namen und Geburtstage – ich war traurig, das nicht alle Kinder so aufwachsen durften wie ich.

Das Krankenhaus lag drei, vier Kilometer entfernt von der Altstadt, die sich bis heute nicht so recht zwischen hanseatischer Zweckmäßigkeit und klassischer Geradlinigkeit entscheiden kann. Die um die Jahrhundertwende gebauten

Häuser beeindruckten mich vor allem wegen ihrer Riesen-Fensterbretter in den über drei Meter hohen Räumen. Allerdings war ich alles andere als ein Stadtkind. Nur der Weg in die »Zentralschule« – per pedes oder per Rad zurückgelegt – führte durch die »City«, ansonsten war ich rund ums Krankenhaus zu Hause. Das war mein Kiez, mein Revier, mein Refugium.

Die Stunden in der Schulbank in der 1c wurden zu abgesessenem Warten auf die Entlassung in die Freiheit. Freiheit von Disziplin, Stillsitzen, befohlener Aufmerksamkeit auch bei Dingen, die einen kein bisschen interessierten. Nicht, dass mir Schule zuwider gewesen wäre, aber Sehnsucht hatte ich schon nach anderen Dingen: nach frischer Luft, Bäumen, Grün, Blaubeeren, Pilzen, nach zerrissenen Hosen und dem Kitzel, der erzieherischen Hand der Mutter abends durch Einfallsreichtum zu entrinnen. Puppen dagegen hatten mich nie interessiert. Das Mädchenhafteste an mir war vielleicht, dass ich mit meinen Freundinnen eingehakt durch die Gegend zog und schön schräg und dissonant die Hits nachträllerte, die wir aus den 50-Pfennig-Schlagerheften auswendig gelernt hatten: Herr Wirt, wo ist mein Hut, der war neu, der war gut ...

Eine mittelprächtige Schülerin war ich, ohne größere Nöte, aber auch ohne zu glänzen. Und mit dem gleichen Talent wie alle fürs Schummeln ausgerüstet. Da ich groß war und ganz hinten saß, blieb mein dicht beschriftetes weißes Lineal immer unentdeckt. Von irgendwelcher sportlichen Begabung, woraus man später Erbgut aus der Kindheit hätte ableiten können, konnte keine Rede sein. Im Gegenteil. Im Sport war ich eine ziemliche Null. Gelernt und angestrengt habe ich mich für die jeweilige Lehrerin. Schließlich gaben sich die mehr oder minder strengen Damen und Herren vorn an Pult oder Tisch jede erdenkliche Mühe mit der Zähmung der Widerspenstigen, ohne dass letztere es ihnen honorierten. Da wollte wenigstens ich ein wenig dankbar sein. Ruhig sei ich, fleißig und gewissenhaft, konstatierte meine Beurteilung in der 1. Klasse, in die ich am 1. September 1959 eingeschult worden war. Allerdings mit dem Zusatz: »Marianne lässt sich leicht ablenken.« Na ja, das war vor vierzig Jahren – nicht vergessen, aber vielleicht vergeben. Ein Jahr später hatte sich die Dringlichkeit des Problems ganz offenbar verschärft. »Sie schwatzt während der Stunden«, wurde da für die Nachwelt festgehalten, um in Klasse 3 jedoch bereits Lernfähigkeit festzustellen: »Mariannes Schwatzhaftigkeit hat sich gelegt.«

Dinge, die man sich merkt und auf die man nachträglich sogar einen gewissen widerständlerischen Stolz entwickelt. Ansonsten war ich eher bravunauffällig, sodass sich die wenigen Ereignisse, in denen ich die vorgegebene Spur verließ, möglicherweise besonders festschrieben. So, als ich in der »4 b« zum ersten Mal in meiner Schülerlaufbahn den Unterricht schwänzte. Mit einer

Freundin hatte ich in einer Scheune auf dem Weg ins Gebäude, das seinen Lebensrhythmus mit Klingelzeichen zelebriert, Verstecken gespielt und dabei die Zeit vergessen. Eine Entschuldigung dafür erschien mir auf jeden Fall wesentlich peinlicher, als gleich ganz wegzubleiben. Ein andermal kassierte ich in einem Diktat eine »Fünf« in Rechtschreibung. Das Heft habe ich nach der Rückgabe versteckt, um es meinen Eltern nicht zeigen zu müssen. Das wiederum führte zu einer Eintragung wegen deren fehlender Unterschrift. Die nahezu zwangsläufige Folge war eine zweite Versteckaktion. Die Kontrolle durch die Lehrer führte zur Note Fünf in »Ordnung«, die wiederum per elterlichem Namenszug quittiert werden sollte. Meine graphologischen Imitationsversuche der Schriftzüge meiner Mutter konnten als halbwegs gelungen gelten, doch dummerweise fand sie durch einen Zufall alle drei Sachen auf einmal. Ihre Enttäuschung tat mir fürchterlich weh. Nicht wegen der Noten, ließ sie mich traurig wissen, sei sie bedrückt, sondern vor allem, weil ich so unehrlich gewesen sei.

Was waren dagegen schon fortgesetzte Lehrer-Schelte wie »Marianne schwatzt sehr viel« (5 b) oder »Marianne hat einige Male ihre Unterrichtssachen vergessen«? Damit konnte man leben, zumal ich zunehmend besser wegkam in den Zeugnissen. »Marianne leistet eine gute FDJ-Arbeit. Sie fuhr dafür nach Karl-Marx-Stadt« (heute wieder Chemnitz), oder »Marianne zeigt ein einwandfreies Verhalten. Ihre Leistungen sind gestiegen«, schließlich »Marianne ist strebsam, zuverlässig. Sie hat progressiv auf das Kollektiv eingewirkt.« Ich war, so blieb zu schlussfolgern, alles in allem ein ganz brauchbarer Schulbank-Drücker gewesen und sollte nun in das entlassen werden, was man gemeinhin als den Ernst des Lebens bezeichnete. Nach Ernst war mir allerdings so recht noch nicht. Ich war unfertig. Nicht lebensuntüchtig, aber auch nicht gerade jemand, der selbstbewusst die Fäuste in die Hüften stemmte und lautstark schrie: Hier bin ich! Beim Gedichtaufsagen stockte ich, Singen vor der Klasse war ein Martyrium. Biologie und kurioserweise jenes Fach mit dem Namensunikum »Unterrichtstag in der Produktion«, kurz UTP, waren meine Lieblingsstunden. Und als Lehrer war ein Herr Radde, der Mathe und Physik gab, mein Favorit. Er war manchmal so wunderbar ratlos, dass man sich sogar als Schülerin verantwortlich fühlte. Ihm ging oft etwas daneben, und er wurde schon rot, wenn man ihm nur eine Frage stellte. Linkisch, unbeholfen – vielleicht war es die spontane Solidarität der Schwachen, die sich über die Generationen als zartes, uneingestandenes Band der Sympathie spannte. Wenn wir uns heute begegnen, wird er immer noch rot. Eine Brücke, die auf seltsame Weise die tollende, aber gleichzeitig verklemmte Elevin von damals mit der Rollstuhlfahrerin von heute verbindet.

Was wie eine Selbstverständlichkeit klingt, ist so simpel keineswegs. Manchmal scheinen dies zwei Leben zu sein, die sich in einer Person verstecken. Ich schaue staunend auf die Marianne von damals, von der ich mit dem Kopf weiß, dass sie biologisch dieselbe wie heute ist, und die doch eine ganz andere Körperlichkeit hat. Ein Film, in dem ich mir selbst zusehe. Ohne Wehmut, aber mit dem seltsamen Kitzel eines Dr. Jekyll-und-Mister-Hyde-Daseins, in dem ich mal diese und mal jene Rolle annehme.

Was habe ich noch gespeichert aus dieser Zeit meines quasi ersten Lebens? Dass ich mit 15 bei einer Klassenfahrt auf einem Dampfer gemeinsam mit meiner Freundin Bärbel erstmals geraucht habe – zum Beispiel. Sie hatte daheim die Streichhölzer besorgt und ich aus dem Vorrat meines Vaters die Zigaretten. Natürlich haben wir uns selten dumm angestellt und trotz der Beschränkung auf »Backenzüge« war uns danach verdammt schlecht. Im Grunde aber waren auch die Fehlschläge meist von durchaus guten Antrieben inspiriert. So haben wir im starken Bestreben, Hilfe zu leisten, einem Litfasssäulen-Kleber alle seine neuen Plakate abgerissen, weil er selbiges zuvor mit den Sensationen von gestern ebenfalls getan hatte. Wir meinten, einmal recht getan, das müsse halt auch ein zweites Mal gehen. Dem folgenden Donnerwetter standen wir völlig verständnislos gegenüber. Halb so schlimm. Schlimm wurde es dann, wenn es an die Ehre ging. Meine Freundin Edelgard, stets mit erstaunlich viel Taschengeld von fünf Mark pro Woche ausgerüstet, während ich mich mit einer Mark bescheiden musste, war eine Naschkatze, und so zog es uns magisch in einen Fix-Laden am Ueckermünder Markt. Marzipan, Schokolade, Bonbons – Edelgard war oft spendabel. Einmal fragte mich der Vater einer Mitschülerin nach dem Verlassen des Ladens: »Na, ihr wart wohl englisch einkaufen?« Arglos antwortete ich mit ja, und erst, als die Eltern in die Schule kommen sollten, dämmerte mir der Sinn der Frage.

SCHULE, DAS WAR FÜR MICH MEIST DIE PFLICHT VOR DER KÜR, ENDLICH DAS TUN ZU KÖNNEN, WOZU ICH LUST HATTE. ICH WAR EIN MÄDCHEN, DAS BESSER EIN JUNGE GEWORDEN WÄRE.

Als vermeintliche Diebe mussten wir beide vor versammelter Schule beim Fahnenappell unser Pionierhalstuch abgeben. Das war wie ein Weltuntergang, und ich hätte vor

Scham im Boden versinken können. Den Moment, als ich es kurz danach wegen »guter Führung« zurückbekam, den habe ich längst vergessen. Das Bild eines jungen Mädchens, das mit starren Augen ihre Schuhspitzen fixierte, um ja niemanden ansehen zu müssen, dagegen nicht. Schule, das war für mich meist die Pflicht vor der Kür, endlich das tun zu können, wozu ich Lust hatte. Ich war ein Mädchen, das besser ein Junge geworden wäre. Höhlen und Baumhäuser haben wir gebaut, stundenlang die Eichhörnchen beobachtet. Im Winter bin ich in die Äste geklettert, habe den Schnee abgeschüttelt. Die bedauernswerten Bäume taten mir leid, weil sie mit »hängenden Flügeln« dastanden und einen so traurigen Eindruck machten.

Zur Jugendweihe trug ich erstmals einen Rock und Stöckelschuhe, die ich bis zur Bühne in der Hand hatte, weil sie zu klein waren und drückten. »Draußen«, das war das instinktive Gefühl der Freiheit. Drinnen im Saal, da hatte ich Komplexe. Genauso, wenn ich in den Spiegel sah und die Augen endlos von unten nach oben klettern lassen musste, um den Scheitel einzufangen. Immer war ich die Längste, die Bohnenstange, die aus dem Rahmen fiel. Dauerhaftes Stehen bekam mir nicht. Beim Fahnenappell bin ich ein paar Mal umgekippt, weil ich einfach zu schnell gewachsen bin. Und dabei wäre ich so gerne unauffällig gewesen. Zumindest im und rund ums rote Backsteingebäude des Hauses mit dem unspektakulären Namen Zentralschule.

Draußen in der Freiheit, in der Welt ohne ständige Verhaltenszwänge, da fühlte ich mich losgelassen: Hier bin ich Mensch, hier darf ich's sein! Klassenfahrten mit Fahrrädern und Zelten, wo Abenteuer lockten, die nicht schon zuvor im Stundenplan ablesbar waren, die wurden die wahren Höhepunkte des Schülerlebens. Wir haben ein Motorrad zusammengebaut, die Untertunnelung des Ueckermünder Schlosses erkundet, Steine geklopft, um daraus ein Haus zu bauen. Das war mein Metier – Natur, Tiere, Geräusche –, da war ich sicher, lernte mich durchzusetzen. So leicht ließ ich mir die Butter nicht mehr vom Brot nehmen, und wenn es nötig war, konnte ich mich schon mal mit einem Jungen prügeln, um ihm das zu verdeutlichen. Als mich einer meiner Schulkameraden, der, der mir später die Nabucco-Platte zur Jugendweihe schenkte, mal bezichtigte, ich sei »zu blöd zum Abschreiben«, da steckte ich ihn kraft meiner Wassersuppe im besten Anzug einfach in die Mülltonne. Das hinterließ Eindruck! Im Revier rund ums Krankenhaus war ich die »Chefin«, gab das Kommando an. Wir wohnten über der Station, in der meine Mutter Oberschwester war und geistig behinderte Kinder betreute. Etwa je 50 Jungen und Mädchen waren es zumeist, die dort einquartiert waren, von förderungsfähigen bis schwergeschädigten Patienten. Vielleicht hat dieser tägliche Umgang vieles von dem vorgeprägt, was ich später – ohne damals auch nur eine Sekunde der Vorahnung daran verschwenden zu können – im eigenen Leben in den vielfältigsten Situationen entweder vermissen oder als wohltuend empfinden sollte: Toleranz, Achtung, Integration, Wärme, Verständnis. Es waren meine Spielkameraden, ein wenig anders womöglich. Aber sie hatten den gleichen Spaß wie ich, sie lachten und waren traurig, sie waren ausgelassen und still – wie ich. Wenn wir Fangen spielten, habe ich die Leute eingeteilt, Räuber hie, Gendarmen da. Logisch, dass ich mir für mein Team nicht gerade die Schwächsten aussuchte. So egoistisch, gewinnen zu wollen, war ich schon. Einige der Kinder waren älter als ich, aber auch sie akzeptierten mich als »Bestimmer«. Das Gefühl, zu herrschen, dominant zu sein, hatte ich dabei keineswegs. Wir waren Partner, brauchten einander – sie mich, ich sie. Das blieb eine Konstante in meinem Leben, nur wechselten die jeweiligen Parts je nach Situation. Doch das Brauchen und Gebraucht-Werden, das begriff ich früh – als Kind instinktiv, später als Erwachsene bewusst –, ist einer der wichtigsten und schönsten Aspekte des Menschseins.

Wir waren Partner, brauchten einander – sie mich, ich sie.

Mein Zuhause war das Krankenhaus. Das blieb so etwas wie ein roter Faden durch all die Jahre hindurch. Auch, als ich längst Ueckermünde verlassen hatte und in der großen Metropole Berlin lebte. Unsere große Wohnung daheim – Warmwasser und Zentralheizung verschafften uns für die DDR ungewöhnlichen Komfort – roch stets nach Desinfektionsmittel. Ganz zu Beginn hat mich der dauerhafte Nasenreiz gestört, später nahm ich ihn gar nicht mehr wahr. Schon früh hatte ich mein eigenes Zimmer, mein zwei Jahre jüngerer Bruder Detlef seins. Er hatte denselben Drang nach Wald, Wiese und Wasser. 18 Uhr, so die mütterliche Order, sollten wir oben in der Wohnung sein. Eine Vorgabe, die fast immer um mindestens zwei Stunden überschritten wurde. Die schließliche Heimkehr glich einem Wettlauf treppauf, denn gleich hinter der Wohnungstür war die Toilette, und wer die als Erster erreichte und hinter sich abschloss, der vermied die Erziehungsmaßnahme per Handarbeit, die auf uns wartete. Ein Anreiz, der mir erstaunlich schnelle Beine machte. In der Schule war ich im Rennen meist eine Niete, daheim gegen meinen Bruder aber häufig Sieger. Wir waren uns eigentlich fast immer einig, wenn es um etwas ging. Abends musste ich ihm oft Märchen erzählen, und ich habe mir tolle Geschichten um meinen Phantasie-Helden »Dieter Großkopf« ausgedacht.

Wenn ich aufhören wollte, kam stets Detlefs Frage: Und dann? Also habe ich weiter fabuliert. Dieter Großkopf hatte es immer verdammt schwer, musste viele gefährliche Situationen überstehen. Aber am Ende war er stets der strahlende Gewinner. Ohne Happyend ging gar nichts. Wunschdenken, heimliche Sehnsucht nach der ungetrübten Welt, Sehnsucht nach dem Zauberer, der die Sorgen einfach wegbläst und Sonne macht, wenn man friert. Und natürlich gab es für mich als Kind Momente, in denen ich alles wegwischen wollte wie einen bösen Traum, und doch nicht träumte. Augenblicke, in denen ich litt, Angst hatte, traurig war. Mein Vater, der später als Krankenpfleger arbeitete, versuchte seine Probleme – eingebildete wie echte – durch Zuspruch aus der Flasche zu mildern. Er trank oft und viel, was nicht ohne Auswirkungen auf das Familienleben blieb. Meist waren diese undramatisch. Aber es war belastend zu sehen, wie sehr er sich damit einmauerte, die anderen um ihn herum nicht an sich heranließ und ihnen wehtat. Ich habe als Kind viel mit ihm gespielt, damit er nicht losgeht in die Schänke, wo er doch nur das eine tat, von dem er glaubte, dass es ihm half. Mensch-ärgere-Dich-nicht wurde für mich zu einem kindlichen Versuch, meiner Mutter zu helfen. Mein Vater war dabei ohne jede Aggression, eher sanft und milde, schwach und irgendwie wohl sogar um seine Schwäche wissend. Oft hat er mich zum Angeln mitgenommen, sogar die Strumpfhosen, die ich neben einem 150-Mark-Plattenspieler, einer Verdi-Platte, einer großen Schachtel Pralinen, einem rosa Pullover, einem Unterrock und insgesamt 180 Mark zur Jugendweihe geschenkt bekommen hatte, funktionierte ich zum Fanggerät um. Stundenlang saßen wir am Wasser, und ich musste auf die Bäume klettern, um vom Ausguck zu sichten, wie der Hecht im Wasser steht.

Spät haben sich meine Eltern scheiden lassen. Das eine Jahr Probezeit bestätigte nur die Trennung, die innerlich schon lange da war. Der Alkohol hat meinen Vater nicht losgelassen. Später saß er auf Grund daraus resultierender Schädigungen im Rollstuhl, lebte in einem Heim – und ich hatte die Vormundschaft für ihn.

Seit 1994 »trocken«, wußte er selbst sehr wohl, dass ihn das Trinken kaputtgemacht hat. Eine späte Erkenntnis, die das Davor nicht korrigieren konnte, aber die – und ich bin diesbezüglich eine Kronzeugin – ihn immerhin dazu bewegte, das »bisschen Leben«, das ihm verblieb, nicht völlig wegzuwerfen.

Ich habe nachträglich nichts auszumachen mit meinem Vater, obwohl ich – vor allem wegen meiner Mutter – sehr unter seiner Sucht litt. Aber das Leben ist nun mal keine gerade gespannte Wäscheleine. Die gibt nach, wenn man etwas draufhängt, und manchmal trocknet das so langsam, dass ein dazwischengekommener Regen alles wieder zunichte macht.

Von meinem Vater habe ich den Dickkopf, der seine positiven und negativen Seiten haben kann. Vielleicht auch die Härte gegen sich selbst. »Marianne, wenn du mal weinend nach Hause kommst, hau ich dir zusätzlich noch eine runter«, hat er mir mal als kleines Mädchen gesagt. Er brauchte niemals Schläge, ich habe nie geweint. Weinen, sage ich mir, ist Schwäche, und bemühe mich, so gut es eben geht, mit dem dicken Kloß im Hals fertig zu werden. Manchmal dachte ich später, es wäre gut, weinen zu können, damit nicht immer dieser Kloß da ist. Oder so fröhlich sein zu können wie mein Onkel Gerhard. Solch einen Mann wünschte ich mir in meinen Mädchenträumen: immer gut aufgelegt, voller Einfälle und vor allem mit jeder Menge Zeit für mich. Er spielte wunderbar Akkordeon, sang frei und scheinbar ohne Anstrengung wie ein Operntenor – und war damit der Höhepunkt jeder Familienfeier.

Vor allem aber wollte ich immer so wie meine Mutter Erika sein. Obwohl mein Bruder und ich wegen ihrer Arbeit, für die sie jederzeit, auch an Wochenenden, abrufbereit sein musste, wenig von ihr hatten. Sechs Uhr morgens begann ihr Dienst, sieben Uhr mussten wir aufstehen, uns auf den Schulweg vorbereiten. Vorher ging ich runter auf ihre Station, wo mir meine Mutter die Zöpfe geflochten hat. Wir waren viel uns selbst überlassen, aber wann immer wir Hilfe brauchten, war sie da. Auch wenn sie mal zum Teppichklopfer als Erziehungsmittel griff, wenn sie unserer nicht mehr Herr zu werden glaubte. Ehrlich, lieb, geradezu, mutig – so habe ich meine Mutter erlebt. Immer war es für mich ein ganz großer Antrieb, etwas zu tun, damit sie auf mich stolz sein kann. Wir waren uns nahe, ohne es uns ständig sagen zu müssen. Nur wenn sie zu weinen begann, wusste ich nicht, wie ich damit umgehen soll. Ich versteckte mich dann hinter einer Mauer aufgesetzter Schnoddrigkeit, um nicht so verletzlich zu sein. Nachdem sie an Blutkrebs erkrankte und per Chemotherapie behandelt werden musste, war ich darum bemüht, etwas von dem zurückzugeben, was ich so viele Jahre von ihr empfangen habe. Als ich im Rollstuhl saß, tat sie alles, um mich zu bemuttern. Sie war ja so stark und gesund, sagte immer wieder »Marianne, es gibt so viele, denen es geht wie dir. Wir schaffen das!« Vielleicht hatte sie es als Krankenschwester, die um meinen Zustand wusste, viel schwerer als ein unwissender Angehöriger, der ständig auf eine Glückswendung hoffte. Sie habe niemals erwartet, dass ich mein Leben so meistern würde, wie ich es jetzt tue, hat mir meine Mutter einmal gesagt. Ein Lob, das mich stolz machte und genauso viel oder gar mehr zählte, als alle späteren Medaillen und Rekorde als Sportlerin.

An die war in Kindheitstagen sowieso nicht im mindesten zu denken. Neben Russisch und Rechtschreibung war Sport jenes Fach, das ich wohl am wenigsten mochte. Im Turnen bin ich auf der einen Seite rauf aufs Gerät, auf der anderen wieder runter. Hüftaufschwung war eines der für mich bestgehassten Worte. Besser gings da schon im Schlagball oder Keulenwurf, und beim Deutschen Roten Kreuz habe ich es mit meiner Truppe im Handgranaten-Werfen, Laufen mit Trage und ähnlichen Disziplinen sogar mal zu einem Bezirksmeistertitel gebracht. Laufen um eine oder mehrere endlos lange Stadionrunden erschien mir als unverdientes Martyrium, von der siebenten bis zehnten Klasse war ich gar teilweise vom Unterricht befreit. Nur eine war auf der Aschenbahn schlechter als ich, meine Freundin Bärbel Krotz. Ich bin ehrlich genug einzugestehen: Sportlich war ich eine Niete. Aber verlieren, Letzte sein, das erlaubte mir mein Ehrgeiz schon damals nicht. Vorletzte, damit konnte ich leben, das war okay. Also keuchte und keulte ich auf den entscheidenden Metern wie eine Sprinterin, um Bärbel hinter mir zu lassen. Was ich dann auch stets geschafft habe.

Dass ausgerechnet ich dann ins große Berlin zog, um die Welt des Sports zu erobern, ist ein ziemlicher Anachronismus. Eigentlich wollte sich der Herr namens Menzel, der im Mai 1969 aus der Hauptstadt der damaligen DDR an die Zentralschule nach Ueckermünde gekommen war, einen jungen Mann namens Buggenhagen ansehen. Von dem war ihm berichtet worden, er sei nicht nur groß, sondern auch sportlich talentiert – mein Bruder Detlef. Dass plötzlich auch noch eine Schwester mit ähnlichen körperlichen Voraussetzungen – ich war damals 1,80 m groß – auftauchte, hatte er nicht auf der Rechnung. Und auch nicht den Ausgang der Sichtung: Detlef blieb am Ende, wo er war, fuhr später zur See, ich zog als »Landei« in die Großstadt. Welch ein Abenteuer! Wie auf Bäume klettern, Höhlen bauen, Fische fangen. Anderes als meine Körperlänge, die ich bisher stets als belas-

EHRLICH, LIEB, GERADEZU, MUTIG – SO HABE ICH MEINE MUTTER ERLEBT. IMMER WAR ES FÜR MICH EIN GANZ GROSSER ANTRIEB, ETWAS ZU TUN, DAMIT SIE AUF MICH STOLZ SEIN KANN.

tendes Manko empfunden hatte, konnte ich bei dem Talente-Späher kaum als Argument für mich in die Waagschale werfen, aber es reichte aus. Aus dem Mädel werden wir schon was machen, dachte er sich wohl angesichts meiner wenig glücklichen Vorstellung bei den Tests mit dem Ball. Eine Eingebung ließ mich zudem zur eigenen Überraschung einen kessen Erklärungsversuch formulieren: »Die Übungen sind mir deshalb so schwer gefallen, weil ich zuvor zwei Teller Erbsensuppe gegessen habe.« Keine Ahnung, ob es an der kessen Notlüge lag, auf jeden Fall folgte eine Einladung in ein einwöchiges Trainingslager nach Biesenthal bei Berlin und danach die Frage: Hast du Lust?

Sportlich war ich eine Niete. Aber verlieren, Letzte sein, das erlaubte mir mein Ehrgeiz schon damals nicht.

Und wie ich hatte! Berlin, das klang wie die Entdeckung der Welt, wo es so viel zu erobern gab. In Biesenthal hatte ich mich zuvor gewaltig angestrengt, weil ich unbedingt in die Riesenstadt wollte. Sport war dabei kaum eine Motivation. Die Krankenschwesterausbildungsstelle in Prenzlau wurde – der SC Dynamo machte es möglich – gegen eine in der Hauptstadt getauscht. Krankenschwester, den Berufswunsch hatte mir, unbewusst und ohne zu drängen, meine Mutter durch ihr Vorbild eingepflanzt. Sie sah ihn sogar mit einer gewissen Skepsis, nahm mich mit in die geschlossene Abteilung einer Klinik mit besonders schweren Fällen. Dort zeigte sie mir einen Patienten, dessen Kopf größer war als sein Körper. »Sieh dir das an und überleg' dir, ob du immer noch Krankenschwester werden willst!«, forderte sie mich auf. Ich wollte. Der Ortswechsel wurde für meine Mutter schwer. Sie war wenig begeistert, wusste aber zugleich, dass der Versuch, es mir auszureden, sinnlos gewesen wäre, weil ich mich zu Hause danach wie im Käfig gefühlt hätte. Also Berlin! Doch schon die Ankunft in der neuen Welt wurde für uns ungeübte Provinzler komplizierter als geahnt. Nachts um drei waren meine Mutter und ich aufgestanden, hatten den Weg zum Ueckermünder Bahnhof brav per Fuß zurückgelegt, um danach die bis dahin größte Eisenbahnreise unseres Lebens anzutreten. In der Tat kamen wir in Bernau an, fuhren mit der S-Bahn bis zur Greifswalder Straße und tippelten von dort – in Straßenbahnbenutzung völlig ungeübt – zehn Stationen mit Gepäck bis zum Sportforum. Nach den Formalien folgte der nächste Fußmarsch zur Pension, wo wir uns abends das eine trockene Brötchen, das wir als Wegzehrung mitgenommen hatten, teilten. Ich erinnere mich noch, wie meine Mutter mit meinen Füßen in den Händen einschlief und am nächsten Tag vor der Rückkehr in ihre gewohnte, kleine Ueckermünder Welt Tränen des Abschieds heulte. Später, an meinem 17. Geburtstag, wollte sie mich noch einmal in der Riesenstadt besuchen, hatte mir eine Reisetasche als Geschenk und je zwei »unter der Hand« besorgte Gläser mit Bockwurst und Gurken mitgebracht. Doch ich war gerade in Biesenthal im Trainingslager. Meine Mutter fragte im Internat arglos: »Kann ich da zu Fuß hingehen?« So war sie. Und nun war sie traurig, weil ihre Tochter von dannen zog. Ich aber, ich hatte gar keine Zeit zum Traurigsein. Berlin nahm mich voll in Besitz. Und doch wird Ueckermünde immer meine Heimat bleiben. Seit 1993 kommen wir regelmäßig zum Klassentreffen zusammen, im Herbst 1995 waren von den einst 34 Schülern 31 da – und Klassenlehrer Harald Lüder, den ich inzwischen duzen darf, auch. Den Rollstuhl sehen die meisten nicht mehr. Das Mitleid ist zu Bewunderung geworden.

Als ich nach Berlin zog – nicht mal die Abschlussfeier der »Zehnten« machte ich noch mit –, war meine Ueckermünder Welt fast über Nacht eine andere geworden. Das demonstrierten mir meine neuen Mannschaftskolleginnen sofort auf nachhaltige Weise. Im Trainingslager in Altenkirchen machten sie das »Landei« erstmal Großstadt-kompatibel. Heimlich schnitten sie mir Röcke und Kleider ab. Statt schamhaft zwei Handbreit unterhalb der Knie endeten sie nun eine Handbreit darüber, was mich im ständigen Mühen sah, die gewohnte Länge durch Herunterziehen wiederherzustellen. Dennoch habe ich mich bei den Volleyballerinnen des berühmten Klubs sofort wohl gefühlt. Obwohl an Gehstörungen, Lähmung, Rollstuhl oder anderes noch keinen Moment zu denken war, hatte ich mich davor stets behindert gefühlt. Warum war ich zu groß und alle anderen normal gewachsen? Hatte ich diese Strafe verdient? Nun waren endlich alle annähernd gleich groß, Riesen unter sich. Ich war nicht mehr lang, dünn und sonst nichts, musste keine Buckel machen, um nicht anders zu sein als andere. Ich war endlich eine von vielen. Orientiert habe ich mich erstmal an meinen Mitspielerinnen, an Ilona Kadelka, Hermine Schaller oder Ingrid Hamann, mit der ich ein Doppelzimmer im Internat in der Waldowstraße in Berlin-Hohenschönhausen bewohnte. Als Neue bin ich nicht vornweg marschiert, sondern war Mitläufer. Wenn wir Tanzen gingen, habe ich meist die kleinen »Abgebrochenen« abgekriegt, die gerade mal so die Hände auf meine Schultern bekamen und ihren Kopf an meiner Brust bergen konnten. Aber

Tanzen, das war sowieso ein seltenes Vergnügen, für das neben Beruf und Sport kaum Zeit blieb.

Praktikum im Klinikum Buch, Berufsschule, dazu das anstrengende Training bei Siegfried Köhler, der später als Coach von Dynamo Berlin, der DDR-Auswahl und dann als Bundestrainer so viel Erfolg hatte – das war ein Stressprogramm, das an meine Leistungsgrenzen und darüber hinaus ging, mich als 16-, 17-jährigen Teenager oft überforderte. Morgens halb fünf stand ich auf, abends 22 Uhr kam ich ins Internatszimmer zurück – und hatte da zumeist noch die Hausaufgaben vor mir. Die habe ich meist nachts erledigt. Keine Zeit fürs Fernsehen, keine Zeit für Kino oder sonstwas. Auch, weil ich den unbedingten Ehrgeiz hatte, meine Berufsausbildung in den üblichen zweieinhalb Jahren zu bewältigen und nicht von den in der DDR gängigen Streckungen für Sportler auf die doppelte Zeit Gebrauch zu machen. Eine begnadete Volleyballerin wurde ich auf jeden Fall nicht, ich habe zwei Jahre nur trainiert, kein Spiel bestritten, erst recht keines in der Nationalmannschaft, wie ich in einer Zeitung mal gelesen habe. Natürlich wollte ich gut sein, habe aber im Grunde nicht gewusst, wie ich es anstellen sollte. Als Volleyballerin war ich fehlbesetzt, das wussten die Trainer relativ schnell, und ich merkte es auch. Die anderen waren talentierter, von ihren Bewegungsabläufen geeigneter, brachten mehr mit. Dagegen wirkte ich wie ein Trampel. Da wirst du nie heranreichen, sagte ich mir, verlor auch ein bisschen Motivation, da ich täglich vorgeführt bekam, wie weit weg ich von den Teamkolleginnen war. Zwar habe ich nie ein Training geschwänzt, aber alle Übungen absolvierte ich ehrgeizlos, für den Trainer, nicht für mich. Schaute er nicht hin, stand ich.

Nun waren endlich alle annähernd gleich gross, Riesen unter sich. Ich war nicht mehr lang, dünn und sonst nichts, musste keine Buckel machen, um nicht anders zu sein als andere. Ich war endlich eine von vielen.

Siegfried Köhler, den ich nach vielen Jahren durch Zufall 1991 auf dem Flugplatz in Toronto wieder traf, hat mir später bestätigt, dass meine Chancen, eine Klasse-Volleyballerin zu werden, im Grunde nicht vorhanden waren. Dafür hatte ich zu spät mit dem spezifischen Training begonnen. »Aber es hat immer Spaß gemacht, mit dir zu arbeiten, weil man dich nicht treiben musste«, sagte er mir. Eine Kopf-Voraussetzung, die man auch in anderen Sportarten gebrauchen konnte. »Versuch's mal mit der Leichtathletik, mit den Wurf- und Stoßdisziplinen«, riet er mir. Auch die Ruderer hatten Interesse, und beide wollten mich schließlich haben. Da es bis zur Regattastrecke in Grünau zu weit war, habe ich mich dann bei Willi Kühl, der Marianne Adam, Heidi Krieger und andere Weltklasse-Kugelstoßerinnen der DDR betreut hat, knapp zwei Monate im neuen Metier versucht. Viel Zeit, etwas zu lernen und in mein späteres Behindertensport-Dasein mitzunehmen, blieb mir nicht, denn alles in meinem Leben sollte sich alsbald dramatisch verändern.

Ganz anders 2

Der 6. Juni 1972, mein Schicksalstag – Warten auf die Operation – Die Dauer-Hoffnung: Ich werde wieder laufen können – Rehabilitation und ihr schmerzhaftes Ende – Ostern 1973: Ich mache Schluss! – In der Psychiatrie lerne ich singen – Weihnachten 1973, die dritte Operation – Ein Wort macht Angst: Querschnittslähmung – Der Rollstuhl und mein zweites Leben

Es gibt Tage, die das Leben verändern. Sagt man. Tun sie das wirklich? Verändern sie Leben oder nur Lebensabläufe? Man ist versucht, wenn man nach hinten blickt, Ereignisse nachträglich anders zu bewerten. Was, als es passierte, nebensächlich und unwichtig schien, erhält später Bedeutungen, die den stillen Wunsch wecken, wie im Hollywood-Film eine Reise durch den Zeittunnel anzutreten und alles noch einmal – in eben diesem Bewusstsein – von vorn zu beginnen. Würde man alles noch einmal genauso tun? Was wäre wenn – ein ebenso unvermeidliches, wie letztlich nutzloses Gedankenspiel.

Der 6. Juni 1972 wurde für mich ein solcher Tag, den man allgemein gern als »schicksalhaft« bezeichnet. Meine Ausbildung neigte sich dem Ende zu, ich war ins Schwesternhaus der Klinik in Weißensee gezogen, absolvierte viele Nachtschichten, was mir die Sympathie künftiger Kolleginnen eintrug. Mein Leben bestand aus Arbeit und Schlafen, zwischendrin noch Training, so es möglich war. Allerdings hatte mich eine Knieoperation Ende 1971 bereits außer Gefecht gesetzt, und die folgende unfreiwillige Bewegungsarmut führte dazu, dass der Zeiger auf der Waage immer weiter rechts stehen blieb. Mit der Volleyball-Karriere war es schon da vorbei, das wusste ich. Und auch das Kugelstoß-Intermezzo sollte enden, eh es überhaupt richtig begonnen hatte. Irgendwie war ich dem allen nicht gewachsen, kriegte mein Leben einfach nicht in Griff. Ich hetzte von einer Sache zur anderen und machte das meiste nur halb statt richtig. Freizeit hatte ich nicht, und wenn es Geld gab, habe ich mir irgendwelches sinnloses Zeug gekauft. Mein schmuckloses Zimmer jedenfalls blieb schmucklos – Bett, Schrank, keine Vase, kein Radio, kaum ein Buch.

An jenem 6. Juni stand abermals ein Nachtdienst für mich an, der vierte oder fünfte hintereinander. In der Station wurde eine »akute Galle« eingeliefert, wie die verkürzte Zwecksprache der Krankenschwestern so nüchtern formuliert, vor der eine Operation lag. Routinearbeiten, die vorher zu erledigen waren. Blutabnahme. Notbett fertig machen – eine Matratze auf dem Fußboden, weil der Patient bis zum Eingriff provisorisch auf der Station blieb. Hätte ich gewusst, welche Bedeutung das Folgende für mein späteres Leben hatte, womöglich hätte ich jede Sekunde gespeichert und könnte es heute wie eben erlebt abrufen. So sind nur Momente da, Bruchstücke, die Schmerzen, Schock, Erschrecken, Angst und Unsicherheit symbolisieren. Bei der Blutabnahme hatte ich mich unglücklich gebückt, fühlte sofort einen stechenden, grausamen Schmerz im Rücken. Schon am Tag vorher hatte ich mich vom Orthopäden wegen anhaltender Kreuzbeschwerden untersuchen lassen. Die Qual, die sich scheinbar bis unter die Schädeldecke bohrte, das von den Augen wahrgenommene seltsam unwirkliche Bild der Umgebung einschwärzte, nahm nicht das erhoffte schnelle Ende, das der Volksmund mit dem Bonmot, es sei so schön, wenn der Schmerz nachlasse, beschreibt. Im Gegenteil, das Martyrium hielt an, halb ungläubig, halb staunend ertrug ich, was kaum zu ertragen war.

Wie eine Spirale, wie ein sich kreischend vom Bass zum Tenor steigernder Zahnarztbohrer setzte sich das Übel fest, auf das nun fast selbstquälerisch alle Konzentration gerichtet war. Wann hört es auf? Eine unglückliche Bewegung, ein falscher Schritt – kann so etwas solche Folgen haben? Mein linkes Bein fühlte ich teilweise nicht mehr, es war taub. Ich hatte eingenässt, hätte laut schreien mögen, aber konnte es nicht. Was war da geschehen mit mir? Auf jeden Fall etwas, das ich nicht durch bloßen Willensentschluss verändern konnte. Das merkte ich, und das machte mich hilflos und wütend, weil ich nicht hilflos sein wollte. Ein Arzt verordnete mir Schmerz- und Beruhigungsmittel, um wenigstens für den Moment Hilfe zu leisten. Da keine Ersatzschwestern da waren, gab ich den Lehrlingen halb benommen Anweisungen, was zu tun ist, um den nächtlichen Stationsbetrieb in Gang zu halten. Manchmal denke ich an die Filme, in denen die Ka-

Wie eine Spirale, wie ein sich kreischend vom Bass zum Tenor steigernder Zahnarztbohrer setzte sich das Übel fest, auf das nun fast selbstquälerisch alle Konzentration gerichtet war.

mera die Rolle der Augen von Patienten übernimmt, die sich – durch Medikamente oder was auch immer – in einem Rauschzustand zwischen Wachsein und tiefem Schlaf befinden. So ist es mit meiner Erinnerung an diesen Tag. Als sähe ich mir selber zu, durch einen leichten Grauschleier, der einen schließlich fragen lässt: Ist das alles wirklich passiert?

Dass mir eine Bandscheibe zwischen dem vierten und fünften Wirbel herausgesprungen war und auf das Zentrale Nervensystem drückte, konnte nicht auf Anhieb diagnostiziert werden. Auch nicht, dass dies wahrscheinlich mit meinem immensen Wachstum der vorangegangenen Jahre zusammenhing. Alles in allem hatte ich in zwei, drei Jahren über 30 Zentimeter Körperlänge zugelegt. Der Halteapparat kam da nicht mit, konnte das, was sein Name verspricht, nicht so erfüllen, wie es nötig war. Die Bänder waren relativ locker, und so war die Gefahr von Bandscheibenvorfällen eine viel größere als bei »Normalgewachsenen«. Dinge, die sich im Nachhinein zu einem Mosaik fügen, und mir – wären sie als Steinchen eines Gesamtbildes erkannt worden – auch Möglichkeiten auf einen anderen Lebensverlauf eröffnet hätten. Doch Behandlungsfehler von damals oder zu späte Reaktion auf Symptome kann ich heute nicht als Selbstrechtfertigung anbringen, um Verbitterung oder Abrechnung zu begründen. Es gab Momente, in denen ich verbittert war. Vielleicht auch welche, in denen ich mit diesem oder jenem abrechnen wollte. Doch »Schuld« an meinem Rollstuhlfahrer-Dasein haben letztlich keine Ärzte, denen ich schließlich sehr viel verdanke. Es gibt Dinge im Leben, die sind veränderbar. Auf die stürze ich mich, und wenn ich es schaffe, etwas zu bewegen, dann macht mich das stolz, selbstbewusst und lebenshungrig. Was ich absolut nicht ändern kann, das nehme ich auch im Kopf nicht mit. Ich lasse es links oder rechts liegen, akzeptiere es, vielleicht mit Bedauern, aber letztlich gelassen. So habe ich immer Sachen vor mir, die durch Veränderung positiv werden können – eine Art Daseinsbewältigung, die dazu führt, dass ich im Grunde eine Frohnatur bin. Liebe dein Leben ständig, denn du bist länger tot als lebendig! Solch ein Motto, halb Kalauer, halb Rezept, gefällt mir.

Viele meiner nichtbehinderten Freunde und Bekannten hat das oft erstaunt. Das Klischee, man müsse seine Behinderung ständig als seelische Last mit sich herumtragen, wie Atlas die Welt auf dem Rücken, ist weit verbreitet und eine der wichtigsten Ursachen für die tränenreiche Mitleidsarie, die wir uns so oft anhören müssen. Natürlich ist das, was ich jetzt so stark, so sicher, so überzeugt niederschreibe, nichts, was sofort da ist. Ich habe es über Jahre erlernt, in denen ich zunächst resignierte, dann verdrängte, dann unwirklich hoffte und schließlich akzeptierte. Mich selbst akzeptierte in meiner neuen Körperlichkeit, die so unvollkommen und weg von der Norm des »Gesunden« schien. Im Sommer 1972 war ich indes davon noch Lichtjahre entfernt. Am Tag nach dem Vorfall wurde ich stationär im Krankenhaus Weißensee aufgenommen, in dem mich Dr. Heinz Wauschek, der mich schon als Sportmediziner vom SC Dynamo her kannte, betreute. Er hat alles probiert, um mit physikalischen Behandlungsmethoden eine Operation überflüssig zu machen. Doch bis auf geringfügige Ansätze trat keine Besserung ein, sodass alles für den Eingriff sprach. Ein Eingriff, der, verliefe er erfolgreich, aus mir wieder eine vitale Krankenschwester, ja auch wieder eine Sportlerin machen würde. Davon war ich fest überzeugt.

Die Operation aber ließ auf sich warten. Ich wurde auf die Warteschleife beordert, weil nirgends ein Bett frei war. In Berlin-Buch nicht, in Weißensee nicht, in der Charité nicht. Nach fast sechs Monaten zermürbenden Wartens, das den Geruch des Krankenhauses, die Farbe Weiß, das Geräusch von klappernden Instrumenten und Essenwagen und den Geschmack von Medizin hatte, wurde ich dann ins Mecklenburgische, in die Fritz-Reuter-Stadt Stavenhagen, überführt, wo meine Mutter dank ihrer Verbindungen meine Aufnahme als Patientin erwirkt hatte. Am 6. Dezember, einem Nikolaustag mit besonderem Geschenk, wurde ich operiert. Würde danach das Gefühl, mit einem Dauer-Hexenschuss leben zu müssen, repariert sein? Keiner der vielen Ärzte, die mich bis dahin in Augenschein genommen hatten, hatte jemals das Wort Querschnittslähmung im Munde geführt. »Das ist nur ein Bandscheibenvorfall«, hieß es. Etwas, was zwar nicht alle Tage, aber doch häufiger vorkam. Mir war klar, alles wird wieder okay sein, das Leben in die gewohnten Gleise zurückkehren. Und ich werde später der staunenden Verwandtschaft über meine Erlebnisse mit den Göttern in Weiß erzählen und meine Krankheitsgeschichte wie eine Trophäe vorweisen können. Obwohl sich die Geschichte hinzog, blieb es für mich ein anhaltender Schnupfen, der genauso verschwinden würde, wie er gekommen war.

Die Operation schien jene resolute Heilkraft zu haben, auf die ich stets vertraut hatte. Nach zwei Wochen durfte ich aufstehen, fühlte mich sauwohl, ließ mir – immerhin war ich einigermaßen vorgebildet – erklären, wie man den Schnitt geführt hatte, während ich den unwissenden Schlaf der Betäubten schlief. Man hatte mich auf einen Schemel gelegt, um die Wirbelsäule zu strecken und damit den chirurgischen Zugang zu den neuralgischen Punkten zu ermöglichen. Als ich die Augen aufmachte, bemerkte ich zuerst einen Riesenverband an der rechten Hand, die mir auch leicht weh tat. Mein Gott, die haben dich falsch operiert, war mein erster Gedanke. Der sich schnell verlor, als sich mein Zustand relativ rasch besserte, die Fortschritte nach der monatelangen Stagnation fast täglich spürbar wurden. Als ich zur Rehabilitation nach Jürgenstorf in

Mecklenburg entlassen wurde, hinterließ ich den Schwestern in der Schublade meines Nachttisches fünf Mark, weil ich von den anderen Patienten gesehen hatte, dass ein Abschiedspräsent üblich war. Die Reaktion, dass diese Gabe ja nicht mal für eine Tüte Kaffee reiche, hat mich ziemlich enttäuscht. Irgendwie passte mein Bild von dem Beruf, den ich als Berufung verstand, nicht dazu.

In Jürgenstorf, das mit seinen Baracken eher wie ein Kinderferienlager wirkte, traf ich erstmals mit schwer Körperbehinderten zusammen, lag in einem Zimmer mit einer Frau, die bei einem Mähdrescher-Unfall beide Beine verloren hatte und nun querschnittsgelähmt war. Dass das mehr bedeutete, als nicht mehr laufen zu können, begriff ich sehr schnell. Dass es Mut, Energie, Ausdauer, Zuwendung bedurfte, um weiterzuleben und vor allem im Weiterleben einen Sinn zu sehen, auch. Rehabilitation, das bedeutete für diese Frau, wie für mich später, lernen, leben zu wollen. Vorerst aber waren meine Probleme viel kleiner. Ich würde wieder ganz normal laufen können – natürlich, was sonst! Also nahm ich die Unterwasserbehandlungen, die Massagen, die gymnastischen Übungen willig als die letzten kleinen Schritte vor dem Ende eines langen Albtraums in Kauf. Nach zwei, drei Wochen schien dieses Ende in der Tat erreicht. Ich fühlte mich wie die Prinzessin, die nun wachgeküsst wird und zurückkehrt in die Welt der Wirklichkeit. Wie bei »Dornröschen«, als die stehen gebliebene Zeit plötzlich weiterlief. Im Märchen wäre hier die Geschichte zu Ende gewesen, doch ich war nicht im Märchen.

Ich würde wieder ganz normal laufen können – natürlich, was sonst!

Wieder reichte eine simple, kleine Bewegung aus, und die Zeit blieb nicht nur stehen, sondern lief plötzlich scheinbar sogar rückwärts. Die Waschbecken in den Sanitärräumen der Rehabilitationseinrichtung von Jürgenstorf hingen alle sehr tief, wie im Kindergarten, wo die Kleinen ja in ihrer Griffhöhe den Wasserstrahl brauchten. Das Bücken hatte mir stets einige Probleme bereitet, Restschmerzen, wie ich meinte. Am Boden des Waschraumes fehlte eine Fliese, und als ich per Zufall – wer sieht schon ständig auf den Boden, wo er hintritt – in das durch die fehlende Kachel leicht abgesenkte Geviert trat, spürte ich sofort einen solch bestialischen Schmerz im Rücken, dass ich einen Moment dachte: Da ist etwas durchgebrochen. Alles mühsam Erarbeitete, alles Erträumte, Erhoffte, Herbeigesehnte war mit einem Fehltritt vergessen und durch eine quälende Folter ersetzt. Die erzeugte erst kasteiendes Fragen – warum nur? –, dann Verzweiflung. Trotz starker Beschwerden wurde ich entlassen, im Grunde ging es mir schlechter als vor der Operation. Wochenlang war ich krankgeschrieben, ertrug Untersuchung auf Untersuchung. Doch auch das komplette ärztliche Arsenal, »physiotherapeutische Behandlungen mit Fangopackungen, Kurzwellen, Kurzwellen-Massage, Extensionen am Perl'schen Gerät und selektive Reizstrombehandlung«, wie ein Protokoll angab, verbesserte meinen Zustand nicht.

ALLES MÜHSAM ERARBEITETE, ALLES ERTRÄUMTE, ERHOFFTE, HERBEIGESEHNTE WAR MIT EINEM FEHLTRITT VERGESSEN UND DURCH EINE QUÄLENDE FOLTER ERSETZT.

Bei der Operation hatte man die Problemzone um den dritten und vierten Lendenwirbel versteift, sozusagen die Wirbel und die geschädigte Bandscheibe festgemacht, um künftig Instabilität zu vermeiden. Beim Tritt in das Loch im Fliesenboden sprang die Bandscheibe über das Verfestigte hinaus – und eine Rückkehr in den ursprünglichen Zustand war nicht möglich. Hat eine fehlende Kachel mein Leben umgeworfen? Hat ein 15 mal 15 Zentimeter großes Stück Stein mich am Ende zum Behinderten gemacht? Unsinnige Fragen, die nicht zurückgeben können, was man verloren hat. Wobei Gewinn- oder Verlustrechnungen letztlich daran auch gar nicht festgemacht werden können. Wessen Leben ärmer oder reicher ist, entscheidet sich nicht damit, ob man laufen kann oder rollen muss. Das wusste ich damals nicht und das ändert auch nichts daran, dass das Sich-Abfinden mit der Unveränderbarkeit der Situation schwer, verdammt schwer ist. Zumal einem niemand die körperlichen Schmerzen nahm, die man nicht einfach wegschreien konnte. Die folgenden Monate und Jahre könnten im Lebenslauf der Marianne Buggenhagen in Klinik-Protokollen, Krankenberichten, Patienten-Blättern, Untersuchungsergebnissen dargestellt werden. Immer die verdrängte Angst, dass etwas Unumkehrbares mit mir passiert, immer die wachgehaltene Hoffnung, dass alles wird wie früher. Es musste doch einfach, es musste.

Hat diese fast krankhafte Überzeugung meine Leidensfähigkeit so groß gemacht? Viermal musste ich eine Enzephalographie über mich ergehen lassen, bei der der Liquor, das Gehirnwasser, abgezogen wird und die Hohlräume im Gehirn dann mit Luft angefüllt werden, um damit bestimmte Vorgänge oder Schädigungen röntgenologisch nachweisen zu können. Man muss liegen, stundenlang liegen, die Schmerzen sind furchtbar. Der Kopf droht zu zerspringen, es ist, als seien zugleich von außen Schrauben angesetzt und von innen trümmern gewaltige Hammerschläge an die Schädelwand. Wenn nur endlich alles zu Ende wäre, wenn man nur weglaufen, der Marter einfach davonlaufen könnte. Doch Flucht ist nicht möglich, wehren auch nicht. Es hat etwas von Hinrichtung, doch das Henkerbeil fällt nicht. Als ich viele Jahre später, ich bin schon längst Rollstuhlfahrerin und die Lähmung ist vom Lenden- in den Brustbereich geklettert, noch einmal auf diese Weise untersucht werden soll, lehne ich ab. Hoffnung auf Heilung hatte ich da schon lange nicht mehr, ich wusste mit mir umzugehen, und ehe ich ein »Querschnitt« mit Halsmark-Schaden werden würde, hätte ich noch Jahrzehnte vor mir. Noch wenn ich heute das Wort »Enze« höre, wird die Angst fast greifbar. Oft ist zu lesen, ich sei an den Rollstuhl gefesselt – ein Anachronismus: Das Gefährt sichert mir ja gerade meine Mobilität, wenn sie mir nicht durch architektonische Barrieren oder andere Menschen, zumeist Nichtbehinderte, genommen wird. Gefesselt aber fühlte ich mich bei der »Enze«. Eingesperrt, ausgeliefert, voller Furcht vor jeder Bewegung, die sich zu endloser Pein potenzieren könnte. Alles musste im Bett gemacht werden, Essen, Trinken, die Notdurft verrichten. Eine Woche dauerte es hinterher, um wieder einigermaßen frei von Schmerzen zu sein. Die große Nadel, die Markierung mit Jod – schon im Vorfeld hatte ich Angstträume.

Bis zum Fehltritt im Jürgenstorfer Waschraum hatte ich als Vorzeige-Patient gegolten. Wurde rumgezeigt, weil an mir angeblich zu demonstrieren war, wie gut man einen Bandscheibenvorfall behandeln konnte. Danach war davon natürlich keine Rede mehr. Man wurde sich über die Ursache der neuerlichen Verschlechterung nicht schlüssig, überwies mich schließlich ins St.-Josephs-Krankenhaus nach Berlin-Weißensee, wo die gefürchtete »Enze« Gewissheit brachte, dass ein erneuter Bandscheibenvorfall vorlag. Im April 1973 wurde ich dann in der Charité operiert, wo ich das Zimmer mit einer Frau teilte, die eine Gehirntumoroperation hinter sich hatte. Ich hatte das Gefühl, dass sich die Schwestern nur nachlässig um sie kümmerten, stand auf und gab ihr zu trinken, obwohl mir strengste Bettruhe verordnet worden war. Dass ich mich da nicht an ärztliche Anweisungen hielt, mag seinen Anteil daran gehabt haben, dass sich mein Zustand in kurzer Zeit rapide verschlechterte. Ich wurde entlassen, obwohl beträchtliche Schmerzen blieben, obwohl es mit dem Laufen schlechter geworden war, was ich vor den Ärzten verheimlichte, stattdessen sogar Besserung vorlog. Es sollte nicht sein, was nicht sein durfte. Die Lähmung des linken Beins, die Blasenprobleme – ich behielt für mich, was ich für Schwäche hielt, die niemanden außer mir selber etwas anging. In meinem Beruf konnte ich so gut wie gar nicht mehr arbeiten, nur tageweise.

Dass ich im Schwesternhaus in der 5. Etage wohnte, machte jeden Weg zur Qual. Das verneinende Lächeln auf die Frage, ob mir etwas fehle, erst recht. Ich war überfordert. Mit der Situation, mit meiner Umwelt, vor allem mit mir selbst. Das macht alles keinen Sinn mehr, gärte es in mir. Erst als leises Flüstern, dann als anhaltender murmelnder Geräuschteppich, schließlich als laut formulierte Kurzschlussreaktion: Mach‘ Schluss! Ostern, das Fest, das die Christen als das der Auferstehung Jesu feiern, sollte für mich die Erlösung von allem Übel bringen. Reichlich egoistisch, denn es gab ja Menschen, denen ich damit wehgetan hätte. Doch daran dachte ich, knapp 20 Jahre alt, nicht. Als Krankenschwester hatte ich Zugang zu dem, was ich brauchte, mich aus der Welt zu verabschieden. Ich mixte mir aus allerlei Arzneien einen Trunk, dessen Wirkung wohl bedacht auf den tödlichen Effekt war, zumal am Feiertagswochenende das Schwesternhaus fast völlig leer war. Eine simple Nebenwirkung, über die man heute lachen kann, rettete mir das Leben. Ich muss so mörderisch geschnarcht haben, dass man aufmerksam wurde – und mich auf dem Marsch ins Jenseits aufhielt und auf den Rückweg schickte. Es dauerte fünf Tage, bis ich wieder richtig »da« war, meine Atmung war zusammengefallen. Das Erste, was ich nach dem Erwachen wahrnahm, war die Lungenmaschine. Als Zweites folgte die Scham, der nicht zu entrinnen war.

Das macht alles keinen Sinn mehr, gärte es in mir.

Auch nicht in der geschlossenen psychiatrischen Abteilung, in die ich kurz darauf eingeliefert wurde. Dort war nicht mein Platz, unter Schizophrenen, Unzurechnungsfähigen, geistig Kranken. Ich wusste es, und die mich kannten, wohl auch. Aber die Ärzte hielten es offenbar für sicherer, mich mit Psychopharmaka vollzustopfen. Zu den Kuriositäten des Anstaltslebens gehörte es, dass ich mir das Rauchen angewöhnen »musste«. Raucher durften raus in den Park, in die begrenzte Freiheit, Nichtraucher kamen nicht in den Genuss dieses Privilegs. Um das Laster zu mildern, entschied ich mich – trotz des hohen Preises für West-Zigaretten in der DDR – für »Milde Sorte«. Die waren ja wohl, sagte ich mir, namensgerecht nicht ganz so gefährlich. Die Umstände waren für mich deprimierend: die Umstände, wie ich in die Psychiatrie gelangt war, die Umstände, unter denen ich dort leben musste. Zwar gab es schon eine differenzierte Behandlung der unterschiedlich schweren »Fälle«, aber bei allen gleichermaßen wurden die Papiere abgenommen, Messer und Gabeln entzogen, Briefe kontrolliert. Was Sinn machte, waren die Gruppengespräche, waren Sing- und Maltherapie. In der Schule hatte ich Komplexe, wurde knallrot, versagte mir die Stimme, wenn ich allein vor der Klasse ein Lied oder ein Gedicht vortragen musste. Jetzt in der Psychiatrie lernte ich singen, fühlte mich dabei frei und gelöst. So als könnte man so viele Probleme und Belastungen einfach wegträllern.

Nach ein paar Wochen bekam man mit, dass ich in der Tat kein Kandidat für die geschlossene Anstalt war, überwies mich in die offene Psychotherapie. Meine körperlichen Schmerzen waren in der ganzen Zeit ständig präsent. Sie nahmen nicht ab, sondern wurden immer stärker. Wenn ich es vorher noch nicht war, ich wäre schließlich darüber fast verrückt geworden. Mal konnte ich ein bisschen laufen, mal ging es gar nicht. Erstmals hörte ich damals von den Ärzten den Begriff »psychogene Gangstörung«. Psychogen, also eingebildet? Also lag es nur bei mir, die ganze Leidensgeschichte, die im Juni 1972 begonnen hatte, zu beenden? Ich fing an, auf meine Weise Selbstheilung zu betreiben. Treppe hoch, Treppe runter, auch wenn jeder Schritt wie Messer in den Leib schnitt, Tränen in die Augenwinkel drückte. Ich bin auf den Stuhl raufgeklettert und runtergesprungen, um mir selbst zu beweisen, dass meine Schmerzen nur eingebildet seien. Eine Einbildung, die partout nicht schwinden wollte, sondern immer realer und bedrohlicher wurde. Das Gefühl, wann ich eine Toilette brauchte, ging allmählich völlig verloren. Die Folgen waren fatal und schwer zu überspielen. Einen geplanten Urlaub in Bulgarien musste ich sausen lassen, weil kurz zuvor angegriffene Nieren festgestellt worden waren.

Aus Verzweiflung habe ich Trost aus der Flasche gesucht. Ich musste bei einem Klinikausgang, der bis 20 Uhr erlaubt worden war, abends nach zehn aus der nahen Gaststätte abgeholt werden – reichlich betrunken, wie ich ehrlicherweise eingestehen muss. Für den Moment hat mir der Alkohol psychisch sehr geholfen, mich über bestimmte Sachen zu stellen. Was du nicht ändern kannst, hake ab, was veränderbar ist, das tue. Nicht zu ändern war offenbar die abfallende Kurve meines Zustandes. Neuerliche Überweisung in die Neurologie, neue Befunde, eine neue »Enze« – klar war, es muss zum dritten Mal operiert werden, um Verwachsungen und Entzündungen zu begegnen. Erstmals tauchte das Wort »aufsteigende Querschnittslähmung« auf, mit dem ich noch nicht so viel anfangen konnte und dessen Konsequenzen ich erst recht nicht ahnte. Was bedeutet das, was sich so verharmlosend anhört und wo nur der Wortteil Lähmung etwas beängstigend Bedrohliches hat? Wenn daheim irgendwo eine Steckdose oder das Licht ausfällt, muss man womöglich die Sicherung wechseln. Beim Querschnittsgelähmten ist der ganze Sicherungskasten hinüber, da geht nichts mehr, da wird kein Licht, auch durch eine noch so erstklassige Sicherung nicht. Zwei Tage vor Weihnachten 1973 wurde ich in Buch operiert, verbrachte das Fest in einem Einzelzimmer. Drei Wochen danach nach Hause überwiesen, dann später zur Nachbehandlung ins Berlin-Weißenseer St.-Josephs-Krankenhaus – meine Haltestellen blieben Kranken-Stationen. Das kann doch nicht alles gewesen sein, sagte ich mir. Doch was konnte noch kommen? Wo sollte der Anfang nach dem Ende gefunden werden? Wer brauchte schon einen »Krüppel« – und wozu? Und das Gebrauchtwerden war doch für mich das Wichtigste.

Krankenschwester, das war klar, das konnte ich im klassischen Sinne mit meiner Schädigung nicht mehr sein. Ich musste umlernen, fand in der beruflichen Rehabilitation von behinderten Patienten ein Betätigungsfeld, das man mir nicht nur als Gnadenakt gewährt hatte, sondern das tatsächlich Sinn machte. Seit Oktober 1974 arbeitete ich als Hilfserzieherin ohne pädagogische Ausbildung mit der Spezialaufgabe, jugendliche Schwerstgeschädigte zu betreuen, ihnen Selbstständigkeit bei der persönlichen Hygiene und den Alltagsleistungen beizubringen. Bei den Kollegen war ich anerkannt, in einer Beurteilung durfte ich wenige Jahre später lesen, ich vermittele geschickt meine eigenen Erfahrungen an »unerfahrene Rollstuhlfahrer«. Von den Jugendlichen würde ich wegen meiner Energie und ruhigen, bescheidenen Art geachtet. Das tat wohl, vor allem damals in den Mittsiebzigern, als ich immer noch nicht den Frieden mit mir selber gefunden hatte. Die Jahre 1974 bis 1976 blieben ein körperliches und psychisches Auf und Ab, ein Chaos ohne Konstanten, an denen man sich festhalten konnte. Ein krampfhafter Versuch, mit strampelnden Beinen Boden unter den Füßen zu gewinnen – und dennoch wähnte ich mich im ständigen freien Fall. Ich kam mit der ganzen Situation nicht klar. Fieber, Nierenprobleme, Gehen war längst zu einem schleppenden Hinken geworden, Stehen ein Kraftakt von kurzer Dauer, den ich schon nach Sekunden aufgeben musste. Auf zwei, drei Tage Arbeit folgten vier Wochen Krankenhaus. Wollte ich oder wollte ich nicht, und was wollte ich überhaupt? Fragen, die ich mir nur selber beantworten konnte und auf die ich doch nichts zu antworten wusste. Es gab Tage, an denen ich vor Schmerzen nicht in der Lage war, mein Zimmer zu verlassen.

Es bereitete mir regelrechte Depressionen, zusehen zu müssen, wie sich mein Zustand verschlechterte, und wieder einmal stellte ich mir die gleiche Frage: Warum muss ich das ertragen? Die Hoffnung, alles würde sich von selbst regeln und wieder so werden wie in den längst vergessenen, grauen Vorzeiten, als ich auf die Bäume kletterte, um zu sehen, wie der Hecht steht, hatte ich längst aufgegeben. 1974 wurde ich erstmals berentet. Invalidenrentner – ein Wortungetüm, das mich bedrückte und nun doch meine Wirklichkeit geworden war. Was ich von Beruf war, das konnte ich noch mit einigem Stolz angeben: Krankenschwester. Bei der Frage nach der ausgeübten Tätigkeit hatte ich größere Probleme. Rentner? War das überhaupt eine Tätigkeit, oder war es nicht vielmehr Untätigkeit? Immerhin durfte ich von nun an in den Westen reisen. Ein Recht, das ich mir mit meiner Behinderung »verdient« und den meisten anderen DDR-Bürgern voraus hatte. Mein erster Grenzübergang sollte mich zu einer Tante nach Sarstedt führen. Im Zug bat mich eine ältere Dame, ihre Koffer auf die Ablage zu hieven. Meine begründete Zurückhaltung, von deren Ursache sie keine Ahnung hat, beantwortet sie mit ein paar grimmigen Bemerkungen über »die Jugend von heute«. Sie veranlassen mich, endlich doch zu dem Gepäck der geifernden Frau zu greifen. Sekunden später bin ich in gewohnter Lage – ein Notfall! Als knalle mir eine schwere Eisenstange in den Rücken, so brutal ist der Schmerz, der blitzartig von mir Besitz nimmt. Wahnsinn, Wahnsinn, Wahnsinn, hämmert es an meine Schläfen. Ist denn die Geschichte der Leiden nie am Ende? In Braunschweig werde ich vom DRK aus dem Zug gebracht, in eine Klinik verfrachtet. Die ist, verglichen mit dem DDR-Standard, im medizinisch-technischen Know-how erstklassig. Eine Computertomographie, die im Arbeiter-und-Bauern-Staat lange nur im Regierungskrankenhaus und dann nur nach Jahren Wartezeit – so denn nichts »Dringlicheres« von oben vorlag

Als knalle mir eine schwere Eisenstange in den Rücken, so brutal ist der Schmerz, der blitzartig von mir Besitz nimmt. Wahnsinn, Wahnsinn, Wahnsinn, hämmert es an meine Schläfen.

– möglich war, diagnostiziert eine Reihe von Entzündungen entlang der Wirbelsäule, die ihre Spuren hinterlassen haben oder noch akut sind. Sie werden, sagt man mir zurückhaltend, aber offen, möglicherweise im Rollstuhl sitzen: morgen, in zehn Jahren, nie. Prognosen eines exakten Termins sind nicht möglich. Ich klammere mich fest – wie gehabt – am kleinen Fünkchen Hoffnung des »Nie«. Die Ärzte, ihrer Mittel sicher und dabei auch für mich Ruhe ausstrahlend, wissen genau, was sie zu tun haben. Oberhalb der Entzündungen setzen sie eine Blockade, und ein Vierteljahr fühle ich mich wie seit zig Monaten nicht mehr.

Na also! Zwar konnte ich immer noch nur sehr schlecht laufen, aber die Schmerzen waren viel schwächer. So schwach, dass ich sie praktisch – an ein Leben mit Angst vor jeder Bewegung und der folgenden körperlichen Inquisition gewöhnt – gar nicht mehr spürte. Hatten die Ärzte im Westen nicht gesagt, der Rollstuhl könne, aber müsse nicht kommen? Nun ging es mir viel zu gut, als dass ich die Wahrscheinlichkeit des Orakels auf unter 100 Jahre angesetzt hätte. Den Rollstuhl, den erlebst du nie, war ich mir sicher. Nur hin und wieder schämte ich mich, weil ich so schlecht lief. Das Paradies nach fast zwei Jahren Hölle hielt nicht lange an: eine dumme Bewegung beim Griff zur Deichsel eines Blumenwagens, und alles war beim Alten. Dr. Annalena Schmidt, Chefärztin der Querschnittsgelähmtenstation in Buch, die später meine Freundin wurde, riet mir damals: »Marianne, quäle dich nicht mit dem Laufen, gewöhne dich an den Rollstuhl.« Immer noch wehrte ich mich dagegen, verdrängte, log. Ich bin oft hingefallen, lehnte aber Hilfe ab, tat vielmehr so, als sei es reine Ungeschicklichkeit gewesen. Der Rollstuhl verursachte mir schreckliche Albträume. Und doch bemühte sich meine Mutter darum, daheim in Ueckermünde ein entsprechendes Gefährt aufzutreiben, was in der DDR nicht ganz problemlos war. In einen mit Stoßhebel, mit den beiden langen Stangen, die man in jeweiliger Gegenrichtung hoch und nieder bewegte, wollte ich mich nicht setzen. Und die Elektrorollstühle waren unbewegliche Kolosse, sahen aus wie Geschütze, die die Rolle von Behinderten als Fürsorgeobjekte visuell regelrecht festschrieben. Ich hatte also Grund, mich zu wehren. Aber erstens waren nicht alle Rollstühle so beschaffen, und zweitens klangen jedes Mal, wenn ich mich hineinsetzte, meine Rückenschmerzen, die mich allmählich aufzufressen drohten, ab. Ich fand mich nach und nach ins Unvermeidliche, begann zu akzeptieren, was durch Negieren nur meine Qualen verlängert und verstärkt hätte.

Je weniger ich lief oder das tat, was davon übrig geblieben war, desto weniger Schmerzen hatte ich. Der Rollstuhl, den ich so gefürchtet hatte, war am Ende so etwas wie eine Erlösung, eine Befreiung für mich. Die Endstation meiner vielen Stationen. Schlechter konnte es im Grunde nicht mehr werden, ich war angekommen. Ganz unten, wie die einen mitleidig-bedauernd meinten. Am Punkt Null, der Startlinie für eine zweites, anderes Leben, wie ich mir trotzig sagte. Ich hatte abgehakt, was nicht zu ändern war, und endlich den Kopf frei für das, was vor mir lag. Nach hinten zu schauen, das brachte nichts mehr, davon konnte ich nichts mitnehmen, ohne dass es mich noch mehr behinderte. Da vorn, da lag mein Leben, von dem ich keine Ahnung hatte, wie es sein würde, was es bereithielt, wohin es führen kann. Ich wusste es nicht, aber ich wusste, dass ich die Jahre davor nicht noch einmal erleben wollte. Als alles durch war, der Körper – inkomplett, gelähmt, unvollkommen, aber fühlbar und vorhanden – entschieden und der Geist endlich akzeptiert hatte, als ich definitiv ein »kompletter Querschnittsgelähmter« war, da verschwanden auf fast wundersame Weise auch die Schmerzen. Dass damit noch lange kein perfekter Umgang mit dem Rollstuhl erreicht sein konnte, dass er quasi erst ein Teil meines Körpers werden musste, das stand auf einem ganz anderen Blatt.

Das, wie auch andere Probleme eines Querschnittsgelähmten zu erlernen, die für einen Nichtbehinderten keine Sekunde des Nachdenkens wert sind, erfordert mühseliges, wochen-, ja monatelanges Training, um Lebensqualität für sich zu erwerben. Nachdem ich so lange in Krankenhäusern, in schmucklosen, weißgetünchten Zimmern mit dem Charme einer Bushaltestelle zu Hause war, in denen meist nur ein colorierter Kunstdruck auf vergilbtem Papier oder ein Kruzifix als ablenkender Schmuck an den Wänden hing, wollte ich nun mein eigenes Leben beginnen. Dafür hatte ich ja bis dahin noch gar keine Gelegenheit gehabt. Als 16-Jährige aus dem beschaulichen Ueckermünde in die Metropole Berlin gezogen, dort als Teenager mit Beruf, Schule und Alltag überfordert, dann schließlich die jahrelange Krankheitsgeschichte mit dem zermürbenden Auf und Ab – eigentlich fing alles erst bewusst an, als es fast schon zu Ende schien. Nach der letzten Operation wusste ich auch, dass ich ihn wollte, den Anfang, den neuen Anfang. Das gab die Kraft und Geduld, langwierige Übungen auf sich zu nehmen. Das Umsetzen vom Bett in den Rollstuhl und umgekehrt, das Umdrehen, um gefährliche Druckstellen am Körper zu vermeiden, das Training von Blase und Darm – das kostet Zeit, Geduld, Nerven und die Aufgabe falscher Schamgefühle. Es darf einem nicht peinlich sein, Windeln zu tragen, auch für simple Verrichtungen Hilfe zu brauchen. In der ersten Zeit schläft man fast nur, öffnet man die Augen, bietet sich einem je nach Lage immer nur die Auswahl unter drei Ausschnitten: Wand links, Fenster rechts, Decke oben. Stets nervend weiß, schon eine hektisch krabbelnde Fliege wird zur freudig beobachteten Abwechslung. Auch ohne Uhr weiß man, wie spät es ist. Fiebermessen, Verbände, Reinigungsfrauen, Schwestern-Rundgänge – jedes Krankenhaus hat seinen

Rhythmus, den man notgedrungen mit annimmt. Und man hat jede Menge Zeit, Leute zu beobachten.

Man entdeckt dabei, dass die Unterschiede zwischen »denen« und »uns Behinderten« geringer sind, als man gemeinhin glaubt. Die Behinderung ist vielleicht sogar dort, wo man Unversehrtheit voraussetzt, größer als bei jenen, denen man das Anderssein so deutlich ansieht. Nichtbehinderten fällt es schwerer, über ihre zweifellos vorhandenen Makel zu reden, weil sie so gern makellos sein wollen. Und wenn die, die ihren Mangel an Vollkommenheit offen zugeben und nicht verstecken, auf die Mehrheit zugehen, dann antwortet diese in einer Mischung aus Verklemmung, Berührungsangst, Unverständnis und Komplexen zumeist mit Abwehr. Darüber kann ich nicht mal in jedem Falle böse sein, wenn ich bedenke, wie lange ich gebraucht habe, um mich selbst in meiner Rolle anzunehmen. Inzwischen spiele ich diesen Part seit mehr als zwanzig Jahren, und was ich zu Beginn als fremd und übergestülpt empfand, das bin inzwischen Ich geworden. Für die Ohren Nichtbehinderter, die die Depressionen, die Versuchung zur Selbstaufgabe, die widersinnige Hoffnung auf das Wunder, die Schmerzen auch durch noch so eindrucksvolle Schilderung nicht nachvollziehen können, hört es sich sicher unglaubwürdig an, aber heute weiß ich: Ich möchte nicht wieder laufen müssen. Die Jahre, in denen ich meinte, ohne die übliche Zweckbestimmung meiner Beine fehle mir ein unentbehrliches Merkmal des Menschseins, sind in meiner Erinnerung meine schwarzen, meine dunklen Jahre.

Erst mit dem Rollstuhl, dem gefürchteten, gehassten, verfluchten, wurde mein Leben wieder bunter.

Erst mit dem Rollstuhl, dem gefürchteten, gehassten, verfluchten, wurde mein Leben wieder bunter. Er war Befreiung und Erlösung zugleich, das vergegenständlichte Endergebnis meiner Krankheitsgeschichte. Vom Oberbauch abwärts spüre ich heute nichts mehr, kann keine Muskeln bewegen. Das war noch anders, als der Rollstuhl in mein Leben trat. Da konnte ich noch frei sitzen, reichte die Lähmung bis zum zweiten Lendenwirbel. Inzwischen bin ich ab zehntem Brustwirbel inkomplett, ab zwölftem komplett gelähmt, nachdem in den Folgejahren Entzündungen im Rückenmarkskanal immer stärkere Verwachsungen verursacht hatten. Doch ich kann inzwischen anders umgehen mit dem Wort »aufsteigend«. Der Rollstuhl hat daran seinen Anteil. Die Albträume nahmen ab, je länger ich mit ihm zusammenlebte. Was man mit Mühe erworben hat, kann man mit Lust genießen, sagt ein Sprichwort. Und ich erlebte von Jahr zu Jahr mehr, wie sehr es die Sache auf den Punkt traf.

Der Rollstuhl und ich, das war keine Liebe auf den ersten Blick, sondern scheue, langsame Annäherung. Wer mal beobachtet hat, wie sich versierte Fahrer – zum Beispiel beim Rollstuhl-Basketball, der in seiner Attraktivität mit jeder Nichtbehinderten-Sportart mithalten kann – in ihrem Gefährt bewegen, der wird, wenn er vorurteilsfrei ist, fasziniert sein. Sprinterin Wilma Rudolph, die ich als Botschafterin für Berlins Olympia-Bewerbung Anfang der 90-er-Jahre kennen lernen durfte, war zu ihrer Zeit eine Athletin mit besonders kraftvoller Eleganz, die ihr den Beinamen »schwarze Gazelle« eintrug. Auch unter den Rollstuhlfahrern gibt es »Gazellen«, die durch die Ästhetik ihrer Bewegungen das etwas andere Sportgerät praktisch vergessen lassen. Nicht umsonst ist Basketball eine Disziplin, in der sich Integration geradezu anbietet. Nichtbehinderte können in den Teams mitspielen, und oftmals sind sie dann die »Behinderten«, weil der Umgang mit einem Rollstuhl eben durchaus komplizierter sein kann, als man es sich gemeinhin vorstellt.

Durch den Rollstuhl, das begriff ich endlich, wurde ich nicht stärker behindert, sondern er nahm mir sogar Behinderungen. Was ich hinkend, schleppend, fallend schon lange nicht mehr erreicht hatte, wurde nun rollend wieder erreichbar. Nicht einfach und unkompliziert, aber immerhin machbar. Es gab wieder so etwas wie eine Zukunft, wo vorher nur ein schwarzes Loch gähnte. Bis dahin wurde ich versorgt, geduldet, gepflegt. Etwas, was mir das Gefühl gab, als würde ich künstlich am Leben gehalten, obwohl man eigentlich schon gar nichts mehr mit mir anzufangen wusste. Und wusste ich es denn? In der Querschnittsgelähmtenstation von Buch wurden weiter dringend »Erzieher« gebraucht, mit dem Rollstuhl hatte ich nun sogar bessere Möglichkeiten dafür als zuvor, als die ständigen Ausfälle durch Behandlungen, Klinikaufenthalte und neue Bandscheibenvorfälle nebst folgenden Operationen ein regelmäßiges Arbeiten überhaupt nicht zuließen. Nun bot man mir sogar eine Beschäftigung als »Volltagskraft« an. Marianne, du wirst gebraucht, sagte ich mir und mir wurde dabei warm ums Herz. Du bist kein nutzloser Krüppel, du kannst etwas weitergeben, was für andere, die deine Hilfe brauchen, wertvoll ist. Ich, jemand, der scheinbar ständig auf Hilfe angewiesen war, konnte Hilfe leisten – ein schönes Gefühl. Auf dem Weg zum Rollstuhl, in den drei, vier Jahren, ehe der vorläufige

Endpunkt meiner Krankheitsgeschichte die Rückkehr ins Leben markierte, war mir zumute, als sei ich weder Fisch noch Fleisch. Alles hat ein Ende, nur die Wurst hat zwei – dieser Schlager von Stefan Remmler ging mir später immer mal wieder durch den Kopf, wenn ich an diese Zeit dachte. Wie viele Enden hatte ich durch? Eins, zwei oder gar noch mehr? Meist hatte ich das Gefühl, dass das, was danach folgte, nur ein neues Ende ankündigte. Nun, 1976, war ich ein hundertprozentiger Rollstuhlfahrer. Ich begann mein zweites, mein bewusstes Leben. Ein Anfang voller Kraft und Schwäche, voller Mut und Angst, voll Festigkeit und Schwanken.

Dein Charakter ist dein Schicksal, wie dein Schicksal dein Charakter ist. Dieser Satz von Gerhart Hauptmann gefällt mir. Er liefert das Subjekt, den Menschen, nicht aus, sondern gibt ihm eine Chance. Jetzt kannst du was aus deinem Leben machen, sagte ich mir, und wagte mich, erst vorsichtig tastend, dann immer mutiger ins unbekannte Dasein vor. Zunächst wartete ich auf die »Geschenke«, die es für mich bereithielt. Als passiver Empfänger, auf die mich andere stießen, indem sie sagten: Marianne, mach doch mal. Ich blieb noch zögernd in der Ecke, in die sich Behinderte oft stellen. Nur nicht auffallen, auf sich aufmerksam machen oder gar Hilfe beanspruchen. Später organisierte ich mir die »Geschenke« selbst. Warum sollte ich nicht Autofahren können? Mobilität, das, was Körperbehinderte am meisten entbehren und vermissen, konnte ich so am besten kompensieren. Warum sollte ich nicht reisen, die Welt sehen? Natürlich ist das komplizierter als bei Nichtbehinderten, die morgens aufstehen, zum Flugplatz fahren, in den Flieger steigen und ein paar Stunden später in Übersee landen. Kapituliere ich vor den Hindernissen, die oftmals nur zu beseitigen sind, wenn man nur gegen sie angeht, dann sperre ich mich selbst ein. Warum schließlich sollte ich nicht Sport treiben, mich selbst erkunden, um meine Leistungsgrenzen auszuloten?

Ich begann mein zweites, mein bewusstes Leben.

Immer wieder habe ich später von Zweiflern, denen das wirkliche Bedürfnis nach Verstehen abgeht, gehört: Sie sind nun schon behindert, müssen Sie auch noch Sport treiben?

Für diese Leute sind Behinderte, erst recht Sportler mit Behinderungen, ein Tabuthema, weil sie nicht ins Schema passen. So wie andere Minderheiten, Frauen mit acht Kindern etwa, oder Homosexuelle. Es reicht nicht, Integration mit Großbuchstaben in Hochglanzbroschüren zu schreiben. Das ist der zweite Schritt vor dem ersten. Der erste ist, den eigenen Kopf freizuräumen von all dem Schutt an Befangenheit und Vorurteilen. Ich selbst merke nicht, dass ich behindert bin, aber durch das Verhalten anderer werde ich immer wieder darauf hingewiesen. Ich möchte das machen, wozu ich Lust habe. So wie jeder Nichtbehinderte. Und ich treibe gern Sport, quäle mich gern. Wenn dann das Ganze abrechenbar ist wie im Wettkampf, umso besser. Beruf und Sport, das wurden wichtige Säulen in meinem Leben, das nicht nur einfach so dahinplätschern, sondern auf eine mich befriedigende Weise erfüllt sein sollte. Dass dazu auch andere Menschen gehören, ist normal. Mit der Behinderung hatte sich zwar mein Freundeskreis geändert, aber am Ende auf eine Weise, die die wirklichen Freunde übrig ließ. Früher waren es vor allem »viele«. Heute habe ich unwahrscheinlich zahlreiche »Bekannte«, aber relativ wenige Freunde. Die erkennt man, die Erfahrung hat wohl jeder mehr oder weniger gemacht, in der Regel erst dann, wenn es einem nicht so gut geht. Da blieben schlagartig manche weg, hatten keine Zeit mehr oder andere Vorwände. Ein paar haben immer zu mir gehalten, egal, was auch passiert war, andere waren plötzlich da und leisteten, ohne viele Worte darüber zu verlieren, Beistand. Ein stilles Wort, das hinter seinen nüchternen Buchstaben bescheiden verbirgt, was es für mich bedeutete: Menschen standen mir bei, indem sie mich nicht an dem maßen, was ich nicht konnte, sondern mich dafür schätzten, was ich war.

Das waren Nachbarn, Patienten, Ärzte, Sportkameraden, Behinderte wie Nichtbehinderte, ganz normale Leute eben und sogar Journalisten, für die ich mehr als nur eine Geschichte verkörperte. Und dann war da noch einer, für den ich etwas ganz Besonderes wurde – was ich in diesem Falle ausnahmsweise gerne hinnehme –, so wie er etwas ganz Besonderes für mich ist: Jörg, Rollstuhlfahrer wie ich, erst mein Patient in Buch, dann seit 1978 mein Mann. Wie ich war er bis zu seinem Motorradunfall »ganz normal«, dann querschnittsgelähmt »ganz anders«. Zwei »Rollis« zusammen, musste das nicht potenziertes Anderssein ergeben?

Aller Anfang ist schwer

Ziemlich langsam hatte ich die Strecke nach Berlin-Buch zurückgelegt. Nachdenklich, ein bisschen ängstlich, grübelnd, rätselnd, Worte drechselnd. Ein paar Bücher über Behinderte hatte ich gelesen, eindrucksvolle Schilderungen über schwer nachvollziehbare Situationen auf dem schmalen Grat zwischen Leben und Tod. Wilhelm Thoms »Rückkehr ins Leben« etwa, ein DDR-Bestseller, der minutiös die Erlebnisse eines halsmarkgeschädigten Querschnittsgelähmten erzählt und dabei nichts auslässt. Ein »erschütternder Bericht, der Mut macht«, wurde auf dem Klappentext mitgeteilt. Mut für Leute, die das gleiche Schicksal zu tragen hatten wie Thom. Mut auch für Nichtbehinderte, teilzunehmen statt auszugrenzen. Doch ein Buch war weit weg, ein Gegenstand, der zwar von viel Leben handeln konnte, aber dennoch tot war. Sensibilität für ein Verdrängungsthema jedweder Gesellschaft – ob ost- oder westverfasst – war mit der Lektüre auf quasi platonische Weise leicht erklär- und vorzeigbar. Erst, wenn es wirklich um die »unheimliche Begegnung mit der dritten Art«, wie Marianne Buggenhagen später scherzhaft einmal sagen sollte, ging, muss der Offenbarungseid geleistet werden.

Und der stand mir nun bevor, an einem trüben Wintertag des so bewegten Jahres 1989. Immer wieder hatte ich mich bei der Sportzeitung, für die ich arbeitete, mehr oder minder lautstark zu Wort gemeldet: Lasst uns doch mal eine Geschichte über Behindertensportler machen, es gibt da eine ganz starke Frau in Berlin ... Also saß ich nun im Auto auf dem Weg zur Rollstuhlfahrerin Marianne B. und übte Begrüßungsformeln, Gesprächseröffnungen, lockere Entspanntheit wie beim Vorstellungsbesuch bei den Schwiegereltern. Bloß keine Fehler machen, bloß keine Versprecher, keinen Fauxpas! Konnte man fragen: »Welcher

Arbeit gehen Sie nach?« Oder war das bereits ein Ausrutscher, der Verlegenheit und Sprachlosigkeit nach sich zog? So, als ob man einen Blinden mit dem Satz begrüßt hätte: Mensch, wir haben uns aber lange nicht gesehen. Wie sollte man sein Mitgefühl demonstrieren, seine Hilfe für die vermeintlich Hilflosen anbieten? Bloß keine Witze machen in einem Haushalt, wo das Leiden wohnt, trichterte ich mir auf dem Parkplatz vor dem Plattenneubau ein und wartete mit dem Aussteigen, weil ich vergessen hatte, wie ich das Gespräch anfangen wollte. Sprich nicht zu laut, mahnte ich mich, eher leise und andächtig, wie auf dem Friedhof bei einer Trauerfeier. Schließlich sollten die beiden Besuchten im Rollstuhl merken, dass mir ihr Schicksal nicht gleichgültig war. Und sofort nach der Vase für die Blumen fragen, damit die Peinlichkeit ausbleibt, weil die Rolli-Dame nicht weiß, wo sie den Strauß lassen soll!

Als ich die Klingel mit der Aufschrift »Buggenhagn«, das »e« war auf der Strecke geblieben, betätigte, hatte ich einen Kloß im Hals und schweißnasse Hände. Sekundenlang passierte nichts, dann ertönte der Türsummer. Ich öffnete und sah nichts als eine Treppe. Wie kommen die in ihre Wohnung, hämmerte es in meinem Kopf? Werden sie jedes Mal hereingetragen? »Die Treppe hoch und rechts«, hörte ich in die Stille hinein, die allein von meinem beschleunigten Herzschlag erfüllt zu sein schien, und folgte der Anweisung schnell. An der Wohnungstür erwartete mich ein neugieriger Blick unter blondem Stoppelhaar, wache Augen auf meiner Brusthöhe und ein verstehendes Lächeln: »Die Tür hier vorn benutzen wir selten. Nur wenn Besucher kommen. Ansonsten geht es hinten über die Terrasse, da sind Ab- und Auffahrten, die mit dem Rollstuhl befahrbar sind.« Na klar, das versteht jeder – zumindest, wenn es ihm gesagt wird. Die Blumengabe quittierte Marianne Buggenhagen mit einem »Danke!« und der Frage »Woher wissen Sie, dass ich so etwas mag?« Die Vase hatte sie längst in der Hand, der Strauß fand seinen Platz neben anderen Pflanzen auf dem Zimmerboden.

Die rollstuhlfahrende Sportlerin ließ für Staunen keine Zeit. »Wenn sie auf dem Tisch stehen, kann ich sie mir doch gar nicht ansehen, weil ich aus dem Stuhl immer nur von unten auf die Blüten schauen würde. Deshalb grünt und blüht es bei mir auf dem Teppich.« Na klar, auch das versteht jeder – wenn es ihm gesagt wird. Marianne Buggenhagen hat es zig mal erlebt, die ungläubigen, fragenden Blicke, die sich aus Angst, etwas falsch zu machen, dann doch nicht zu einer Frage formulieren. »Aller Anfang ist schwer, deshalb gehe ich lieber gleich in die Offensive«, sagte sie forscher, als sie eigentlich ist. Ihr Mann Jörg hatte einstweilen Kaffee gekocht und Kuchen aufgetafelt. Das Tablett auf den Knien, umkurvte er im Rollstuhl mit sichtlichem Spaß angesichts der stummen

Verblüffung des Gastes den Tisch und eröffnete das Gespräch mit der Frage: »Worüber wollen Sie eigentlich schreiben?«

Worüber wollte ich eigentlich schreiben?

Schon ein paar Minuten hatten das Zurechtgelegte über den Haufen geworfen. Vielleicht sollte man sogar besser die Behinderung von Nichtbehinderten im Umgang mit Behinderten zum Gegenstand machen. Stattdessen verlangten meine Notizen, die ich schamhaft zur Seite schob, von mir, danach zu fragen, »wie das alles gekommen ist«, »wie man damit fertig wird«, »wie man trotzdem im Sport große Leistungen erreichen kann«. Die Behinderung, so empfindet es Marianne Buggenhagen, wird in den Mittelpunkt gerückt, nicht das, was sie tatsächlich leistet. Ein paar Jahre später sollte sie bei einem Sportfest gegen die beiden Kugelstoß-Olympiasieger Udo Beyer (1976) und Ulf Timmermann (1988) mit Kugel und Diskus antreten und gegen die beiden Recken, die sich für die Wettbewerbe in den Rollstuhl gesetzt haben, deutlich gewinnen. »Die, die die Zeitungsartikel darüber gelesen haben, haben vielleicht erstmals eine Ahnung davon bekommen, dass das, was die besten Athleten mit Behinderung anbieten, absoluter Spitzensport ist«, konstatiert sie danach mit Genugtuung. Hatte ich diese Ahnung damals schon, bei meinem Antrittsbesuch?

Bin ich ehrlich, muss ich das verneinen. Aber ich war, bei aller Angst, Fehler zu machen, neugierig auf die Menschen, die anders und gleichzeitig ganz normal sind. Eine Neugierde, die anhält. Wir sind Freunde geworden, und ich lerne bei jeder Begegnung von ihnen. Ganz simple Dinge, wie die, dass man mit »heiß« und »kalt« vorsichtig umgehen muss, weil man solche Empfindungen an gelähmten Körperteilen nicht haben kann. Lebensbestimmende Erkenntnisse wie, dass Fröhlichsein nicht an den Körperzustand gebunden ist und die eigene erzwungene Beeinträchtigung und Lachen sich nicht ausschließen. »Ich muss jetzt mal ›klopfen‹ gehen«, sagte Marianne nach zwei Tassen Kaffee unvermittelt. »Das kann ein bisschen dauern, plaudern Sie doch so lange mit Jörg. Es ist nun mal bei Querschnittsgelähmten etwas komplizierter mit dem Pullern und dem großen Geschäft«, fügte sie an und weidete sich an der durch die wechselnde Gesichtsfarbe schwer zu übersehenden Verlegenheit des Gastes. Der Gatte, der die Prozedur der Blasenentleerung bereits hinter sich hatte, setzte derweil zum Exkurs über das Thema an, das für die Alltagsbewältigung von Querschnittsgelähmten wohl das komplizierteste ist. »Was ist besser: Probleme für sich behalten und damit den anderen gar keine Chance zum Verstehen geben und stattdessen Verlegenheit und Wegschauen erzeugen? Oder offen wissen lassen, was los ist, und damit den Nichtbehinderten auf mögliche besondere Situationen vorbereiten?« Na klar, was besser ist, das versteht jeder – wenn man ihm sagt und zeigt, warum. Das tun die beiden auf sympathische Art und Weise, die Angstschweiß schnell trocknet, vorformulierte Texte ad acta legt, über »Sprach«-Fehler lachen lässt. Eine Offenheit, die auch das Gegenüber öffnet, die gibt und nimmt, die die Worte »behindert« und »nichtbehindert« nur als »besonderes Merkmal« wie »blaue Augen« oder »mittelgroß« im Personalausweis und Pass zulässt. Marianne Buggenhagen beschreibt gern ein Erlebnis mit ihrer Mutter, um zu illustrieren, was sie meint, wenn sie von der »Normalität« spricht, die sie nicht als Diskriminierung empfindet. »Als ich meiner Mutter vor einigen Jahren einmal Einweckgläser mitbrachte, fragte sie mich gedankenlos, warum ich sie nicht gleich in den Keller geschafft hätte. Erst war ihr das fürchterlich peinlich, doch dann mussten wir beide herzlich lachen. Sie hat ES einfach vergessen.« Damals, als ich draußen vorm Haus in Buch im Auto saß und mich fast als Behinderten-Missionar mit pastoraler Seelsorgepflicht fühlte, war ES für mich allgegenwärtig. Marianne hat ES einfach weggewischt. Das mit dem Keller, das könnte mir heute auch passieren. Gottseidank.

3 Ganz normal anders

Sport als Rückkehr ins Leben – Meine ersten »Gehversuche« und die andauernde Basketball-Liebe – Veni, vidi, vici: meine Meisterschaftspremiere – Wie man DDR-Rollstühle hochfrisiert – West-Start in Wien und aufmerksame Begleiter – Kriegserklärung beim Friedenslauf – Seoul und wachsender Frust – Ost-West-Gedankenspiele – Die Wende – Die Weltmeisterschaft in Assen – Der 4. Dezember 1994, auch ein Schicksalstag

Kann Sport Leben retten? Rettungsschwimmer möglicherweise oder Kletterer, die Berg-Verunglückte aus einer Steilwand abseilen. Aber Querschnittsgelähmte, die drohen doch – so ein leider verbreitetes Vorurteil – sich mit Sport möglicherweise den »Rest« zu geben. In der Tat muss man als Rollstuhlfahrer wissen, was man sich zumuten kann und was nicht, aber im Grunde besteht da kein Unterschied zu Nichtbehinderten. Für mich war der Sport der wichtigste Bestandteil meiner Rückkehr ins Leben. Kein Lebensretter, das Wort wäre vielleicht zu stark. Aber Lebenshilfe und Lebensbewältigung allemal. Seit ich aktiv Sport treibe, werde ich mit meiner Behinderung besser fertig. Der Sport hilft mir, mit jederzeit möglichen Krankheitsschüben anders umzugehen: Ich beginne zu kämpfen. Dass ich als Rollstuhlsportlerin Meriten erreicht habe, die mir als »Fußgängerin« niemals vergönnt gewesen wären, hat mit meiner Zeit als Volleyballerin beim SC Dynamo Berlin im Grunde nichts zu tun. Vielleicht ist ein Stückchen Ehrgeiz übrig geblieben, ein Stückchen Wissen darum, wie viel Aufwand und Leidenschaft es braucht, um vorn zu sein. Ein Stück Erkenntnis, dass Talent – mit dem ich im Grunde gar nicht gesegnet war – viel, aber bei weitem nicht alles ist. Und ein Stückchen von dem besonderen Gefühl der Befriedigung, wenn man nach aller Schinderei etwas geschafft hatte, was zuvor schlichtweg unerreichbar schien.

Warum sollte ich als Behinderter Sport treiben? Mit welchem Ziel? Titel, Medaillen, Rekorde – das gehörte doch nach dem Glauben der Amtsmedizin und der Öffentlichkeit zum Behindertensport so wenig wie das archaische »Teilnahme ist alles« zu den längst kommerzialisierten Olympischen Spielen. Noch heute müssen wir mit dem Image der ewigen Rehabilitanden kämpfen, spricht man uns die Motivation des Leistungsvergleichs, des Strebens nach dem Ausloten der eigenen Grenzen und die Lust im Wettstreit mit anderen, der oder die Beste zu sein, ab.

Warum treiben Behinderte Sport? Haben Sie den manischen Drang, die krankhafte Sucht, durch den Sport die körperliche Unvollkommenheit zu kompensieren, weil sie nur so ein Wertgefühl für das eigene Leben erreichen können? Nicht nur einmal habe ich solche Urteile hören müssen, die wehtun, weil sie neben den körperlichen Defekt gleichsam noch einen geistigen setzen. Vor den Paralympics in Atlanta haben deshalb die deutschen Sportler, die dort mit »ihren« Olympischen Spielen die Erfüllung ihrer Träume erlebten, auf die sie jahrelang hintrainiert hatten, in einer gemeinsamen Willensbekundung, die den bezeichnenden Titel »Zum Selbstverständnis der Athleten« trug, festgestellt: »Wir betonen, dass wir keineswegs unter pathologischem Leistungszwang stehen und unsere Behinderungen im Sport zu verdrängen suchen. Die psychische Verarbeitung eines Handicaps ist vielmehr eine der wichtigsten Voraussetzungen, um Leistungssport zu betreiben. Wir empfinden unsere Behinderungen nicht als soziales Stigma, sondern als physischen Funktionsverlust, der sich durch sportliche Aktivitäten ein gutes Stück weit wettmachen lässt.« Man kann es auch kürzer und populärer formulieren, aber das hatte auch meine Stimme. Im Übrigen galt es ja nicht nur für uns, sondern für viele andere Athleten, wenn man das Wort »Behinderung« nur nicht zu eng als körperliche Schädigung sah, sondern weiter definierte. Ist Sport nicht auch für Nichtbehinderte ein Mittel, sich selbst zu verwirklichen, Selbstbewusstsein und Stärke aufzubauen, Anerkennung zu finden? Ich hatte es doch erlebt, als ich von Ueckermünde als verspottete dürre »Bohnenstange« nach Ostberlin gezogen war, unter den Volleyballerinnen beim SC Dynamo plötzlich meine »Behinderung« loswurde und mir ganz neue Ziele erschloss.

FÜR MICH WAR DER SPORT DER WICHTIGSTE BESTANDTEIL MEINER RÜCKKEHR INS LEBEN.

Warum also treibt ein Körperbehinderter Sport? Es kann im Grunde keine andere Antwort geben als bei denen, die die »normale« Welt als nichtbehindert bezeichnet. Warum bleiben Läufer nicht stehen, Schwimmer nicht an Land, Fußballer nicht in der Kabine, Gewichtheber nicht beim Biergläser-Stemmen? Muss man überhaupt erklären, was dem Menschen als Fähigkeit gegeben ist, die jeder nach eigenem Willen nutzen kann? Dass ich als Behinderte zum Sport zurückkehrte, ist im Grunde Zufall. Nicht jeder Top-Athlet, der durch einen Unfall oder andere Umstände plötzlich querschnittsgelähmt ist, ist später auch automatisch ein Behindertensportler. Zu dramatisch verändert ist die persönliche Situation, zu gewandelt die Lebensbedingungen, als dass ein direkter Weg prognostiziert werden kann. Jeder entscheidet für sich, jeder weiß um die Wichtigkeit für sich selbst. Mag sein, dass es für sehr erfolgreiche Nichtbehinderten-Sportler sogar schwerer ist, bei den Paralympioniken neu anzufangen, weil im Kopf immer der Vergleich da ist. Fakt indes ist, dass ein mehr oder weniger austrainierter Körper, geübt im Gebrauch seiner muskulären Möglichkeiten, mit Sicherheit auch bei behinderten Sportlern hervorragende Erfolgsvoraussetzungen schafft. Doch davon konnte bei mir fürwahr keine Rede sein. Das bisschen Volleyball und die noch kürzeren Leichtathletik-Versuche konnten bestenfalls als bescheidene Körperertüchtigung gewertet werden, und in den vier, fünf Jahren Krankheitsgeschichte war selbst das Versprechen auf überdurchschnittliche Bizeps beim besten Willen nicht mehr erkennbar. Von der Rollstuhl-Athletin, als die ich mich heute getrost bezeichnen kann, war ich so weit entfernt wie ein Frosch vom Fliegen. Ich saß im Stuhl wie eine Ente, trotz Rückenstatik und Bewegungstherapie. Für Rolli-Kollegen bot ich vermutlich einen amüsanten Anblick. Unbeweglich, dick und faul – und im Umgang mit dem fahrbaren Untersatz jemand, der ein großes »A« am Wagen verdient hätte.

Von der Rollstuhl-Athletin, als die ich mich heute getrost bezeichnen kann, war ich so weit entfernt wie ein Frosch vom Fliegen.

Bewusst war es mir schon, dass Änderung not tat, blieb nur das »Gewusst wie«. Der Zufall kam mir zu Hilfe, als ich eines Tages auf dem Weg zu meiner Arbeitsstätte im Klinikum Buch Rollstuhl-Basketballer beim Training sah. Ich war fasziniert: Welch eine Wendigkeit, welche Schnelligkeit, welche Tricks auf engstem Raum! Nie für möglich gehalten hätte ich es, dass man mit dem sperrigen Rollstuhl sich so rasant und elegant zugleich drehen und wenden konnte. Das gab es doch gar nicht! Wie machten die das? Ich konnte nicht wegsehen, hatte eine fast kindliche Freude an dem, was mir die Männer vorexerzierten. Ich wollte mich auch so gut bewegen können. Noch am selben Tag hab‘ ich den Betreuer angerufen, gefragt, ob ich nicht mitmachen darf. »Komm vorbei«, lautete die knappe Auskunft. Ich kam und musste um meine Akzeptanz kämpfen. Mein erster Versuch fand während der Arbeitszeit statt, ich trug einen weißen Kittel – und wurde erstmal ignoriert. Wollte da etwa eine Schwester mitspielen? Kein Wort, keine Beachtung, stattdessen Skepsis – ich trollte mich enttäuscht von dannen. Trainer Hans Jähne aber gab mir noch mit: »Beim nächsten Mal, da ziehst du dich richtig an.« Eine Woche später war ich wieder da. In Sporthose, Trikot und mit geborgtem Rollstuhl, denn meiner war damals noch nicht fertig. Die Greifringe meines »Schlachtrosses« hatten Noppen, was vor allem dann problematisch wurde, wenn sich die Rollstühle – was beim Basketball praktisch unvermeidlich ist – ineinander verhakten. Doch das gerät zur Nebensächlichkeit, wenn man sich, erst einmal losgelassen, im besten Sinne des Wortes austoben kann. Der große Emil Zatopek hat mal gesagt, Marathonläufer schwitzen, aber sie schwitzen glücklich. Wie Recht hat er, und natürlich nicht nur für die Renner auf der klassischen Strecke.

Ich war glücklich, nach dem Training erschöpft und müde zu sein.

Ich war glücklich, mich selbst zu entdecken. Glücklich, meinen Körper zu spüren, der doch mehr als ein Wrack oder Ersatzteillager war. Ich war glücklich, nach dem Training erschöpft und müde zu sein. Ich war glücklich, wenn ich am nächsten Tag Muskelkater hatte. Viel mehr als vor Jahren bei den Volleyballerinnen gehörte nun der Sport zu meinem Leben. Damals eher Zufallsprodukt – ich war eben nun mal groß –, jetzt wollte ich ihn. Schwer vorstellbar, wie diese zwanzig Jahre seit dem Basketball-Erlebnis ohne Sport verlaufen wären. Ärmer, freudloser auf jeden Fall. Dabei hatte ich zu Beginn natürlich nicht den geringsten Schimmer, dass ich mich zweieinhalb Jahrzehnte später als siebenmalige Olympiasiegerin und vielfache Weltmeisterin feiern lassen durfte. Mit dem Basketball, den ich bis heute ganz besonders liebe, weil es ein Mannschaftssport ist, bei dem man sich nicht nur für sich selbst, sondern vor allem für andere reinhängt, hatte ich »Blut geleckt« für mehr – es gab ja so viele Disziplinen, die ein »Querschnitt« mit oder ohne Rollstuhl für sich erobern konnte. Und ein bisschen konnte ich dabei auch mit meiner sportlichen Vorbildung anfangen. »Willste nicht mal mit ‘ner Kugel stoßen«, fragte mich Hans Jähne nach kurzer Zeit, als er beim Basketballtraining meinen relativ kraftvollen Umgang mit dem Medizinball registriert hatte. Versuch macht klug, dachte ich mir, schnappte mir das Vier-Kilo-Gerät und schaffte fast fünf Meter. Nicht schlecht, dachte ich mit ein bisschen Stolz, aber dennoch schulterzuckend, weil ich keinen Vergleichsmaßstab hatte. Hans war derweil die Kinnlade heruntergeklappt: »Mensch, Marianne, das ist ja fast DDR-Rekord! Da kannste was draus machen. Wenn du ein bisschen mehr trainierst, kannst du bei den Meisterschaften mitmachen.«

Meisterschaften? Hatte ich nicht eben noch meine Unsportlichkeit beklagt? Unglaublich! Bloß nicht blamieren, dachte ich, Meisterschaft, das war etwas Großes. Da kannst du nicht mit solch mickrigen Leistungen hingehen, sagte ich mir. Für ein solches Ereignis musst du dir richtig Mühe geben, willst du nicht ausgelacht werden. Ich begann mehr zu trainieren, statt einmal nun zwei-, drei-, viermal in der Woche. Das schlug frappant an. Bei den »DDR-Meisterschaften und 12. Zentralen Sportspielen der Querschnittsgelähmten« bescherte ich der BSG Medizin Buch, meinem Sportverein, einen wahren Medaillensegen und Rekorde in Serie. Achtmal Gold, zweimal Silber, zweimal Bronze – das »Kam, sah und siegte« passte als Beschreibung auf meinen Auftritt trefflich. Nicht nur in der Leichtathletik mischte ich vorn mit, auch im Tischtennis, Schwimmen, Kegeln, Pfeilwurf oder Rollstuhlgeländefahren sammelte ich Urkunden und Edelmetall. Jahr für Jahr stockte ich meine Titelsammlung auf, mal waren es acht, mal neun, mal zehn. An die 130-mal werde ich wohl DDR-Meister gewesen sein, als sich das Drei-Buchstaben-Land 1990 in den Staub der Geschichte verflüchtigte. Eine Schätzzahl, die mal überprüft werden müsste, denn genau weiß auch ich es nicht.

Irgendwann versuchten die Veranstalter der Ehrungsflut auf ihre Weise Herr zu werden: Die Siege wurden flugs auf einer Urkunde zusammengefasst, für die Fahrdisziplinen von 60 bis 4000 Meter reichte ebenso ein Blatt wie für die Würfe oder die Schwimmwettbewerbe. Dass dabei auch mal Formulierungskuriositäten durchrutschten, ich 1984 für meine Leistungen im 100- und 400-Meter- sowie im Slalom-»Lauf« dekoriert wurde, war ebenso nebensächlich wie die Zahl der Urkunden. Bei einem anderen Ereignis, das allerdings tatsächlich den Titel »Lauf« trug, war ich im gleichen Jahr 1984 erstmals dabei. Die 20 Kilometer des »Berliner Friedenslaufes« beendete ich nach 1:20:14 Stunden als

»Rolli«-Vierte. In einem normalen Alltagsgefährt, denn an Rennrollstühle war damals in DDR-Breiten nicht zu denken. Das hatte Vor- und Nachteile. An internationale Top-Leistungen war mit dem vorsintflutlichen Know-how nicht zu denken. Aber die hätten eh, wenn man es denn überhaupt mitbekam, keinen anderen Effekt als den der persönlichen Befriedigung gehabt, da der DDR-Versehrtensportverband der Weltföderation nicht angehörte und damit an entsprechenden Championaten nicht teilnahm. Andererseits war der Sport für jeden bezahlbar, jeder konnte an DDR-Meisterschaften teilnehmen. Es wurde mit den gleichen Rollstühlen gefahren, aus den gleichen Gefährten geworfen. Mithin gab es echte Konkurrenz, in der Material keine Rolle spielte. Das ist natürlich heute ganz anders. Ich habe jetzt das Glück, über einen Sponsor aus der Branche zu verfügen, dessen Hilfe mich von der materiell-technischen Seite her wettbewerbsfähig macht.

Erst allmählich fingen wir in der DDR an, unsere Rollstühle »aufzurüsten«, sie quasi »hochzufrisieren« und andere Modelle – natürlich aus dem Westen – nachzubauen. Jeder bastelte rum, versuchte, sich einen kleinen Vorteil gegenüber den Konkurrenten zu verschaffen. Man beschaffte sich Fotografien und wusste dann annähernd, was am Ende herauskommen sollte. Blieb nur noch das Kunststück, im Mangel-Land DDR die notwendigen Teile zu »organisieren«. War das gelungen, wurde geschweißt und geschraubt. Die Räder wurden aus dem anderen deutschen Staat besorgt, das kleinere für vorn einem ausgedienten Kinderwagen entnommen. Ein Leipziger Querschnittsgelähmter mit Konstrukteurstalent spezialisierte sich auf solche Nachbauten, die unter dem schönen Namen »Bummi-Blitz« allgemein bekannt wurden. Für 800 Mark bekam man einen Rahmen ohne Räder, von dem man sich versprach, dass man damit – komplettiert natürlich – ein paar Sekunden schneller werden könnte. War das Fahren noch relativ simpel zu bewerkstelligen, so bedurfte es in den Wurf- und Stoßwettbewerben wesentlich größerer Umstände. Die Rollstühle konnten nicht, wie heute üblich, am Boden festgemacht und -gezurrt werden. Sie wurden sozusagen »menschlich« fixiert: einer

Die Räder wurden aus dem anderen deutschen Staat besorgt, das kleinere für vorn einem ausgedienten Kinderwagen entnommen.

setzte sich vorn auf die Füße, ein anderer hielt hinten fest. Bei entsprechender Kraftentwicklung ein kompliziertes Unterfangen, bei dem, wenn es nur unzureichend gelang, schon mal drei Leute parterre landen konnten.

Das waren Dinge, die auf der einen Seite nervten, an die man aber andererseits gewöhnt war: Man kannte es ja nicht anders. Aber dennoch und trotzdem mochte ich unsere Sportfeste in der DDR. Sie waren trotz des Wettkampfes lustig, verbindend und nicht verbissen. Das Füreinander und Miteinander hatte große Bedeutung. Nach dem sportlichen Wettstreit lief man nicht sofort auseinander, es gab richtig schöne Abschlussfeiern nach den Wochenenden, bei denen man gerade mal 15 Mark für Unterkunft und Essen aufwenden musste. Im Rollstuhl – ja, auch dafür taugten die fahrbaren Untersätze – wurde ein Fass Bier herangefahren und zur Musik aus der Steckdose kräftig getanzt. Die vielen Schadensklassen produzierten endlose Siegerehrungen, die eine Ewigkeit dauerten und dennoch von niemanden gekappt worden wären, weil sie einfach dazugehörten. Das Herbstsportfest in Leipzig, die Städte-Meisterschaften in Berlin, Magdeburg oder Wettkämpfe in Tangerhütte und Stavenhagen – im Rückblick knüpft sich ein Netz an Erinnerungen, das nur durch wenige Belastungen eingetrübt wird. In Wien durfte ich 1985 sogar meinen ersten West-Start bei einem Internationalen Rollstuhlsport-Meeting absolvieren. Natürlich fuhren wir nicht ohne »politisch-ideologische Unterweisung« ins »kapitalistische Ausland«. Im Trainingslager in Bad Blankenburg, das dem Trip in die Donau-Metropole vorangesetzt wurde, galt der täglichen geistigen »Ertüchtigung« mindestens ebenso viel Aufmerksamkeit wie der körperlichen. Allein gelassen mussten wir uns ausnahmsweise mal nicht fühlen, denn das versierte Begleitpersonal war schwer zu übersehen. Es hatte einen Auftrag, von dem im Grunde jeder wusste, obwohl so gut wie nie darüber gesprochen wurde. Einmal waren es Trainer und Funktionäre, bei einem zweiten Österreich-Trip Rollstuhl fahrende Sportler. Man sparte halt einige Themen aus, wenn sie in der Nähe waren – besonders die Polen-Krise bewegte die Gralshüter der Linientreue daheim –, und damit hatte es sich. Zugleich muss ich aber auch sagen, dass sich die Kontrollposten keine sonderliche Mühe gaben, uns etwas zu entlocken. Ob es Ungeschickheit oder bewusste Zurückhaltung war, weil sie der Phantasie bei ihren Berichten an »Mielkes Firma«, also an das einstige Ministerium für Staatssicherheit, vertrauten, vermag ich nicht zu sagen.

Ihr Eifer gegenüber den Beargwöhnten war, wie so häufig, unangebracht und erzeugte erst, was er vermeiden sollte: Zweifel, Fragen, Unsicherheit. Ich jedenfalls hatte in Wien nur ein Ziel: Ich wollte die Westdeutsche Monika Bartheidel, die kurz zuvor mit der Kugel über sieben Meter gestoßen und Weltrekord erreicht hatte, unbedingt schlagen. Die packst du, sagte ich mir, und die Kontrahentin von »nebenan« hatte meinen übermotivierten Eifer wohl bemerkt und mir listig eine Tüte mit Süßigkeiten geschenkt, die ich verbotenerweise annahm, ohne es weiterzumelden. Bezwungen habe ich Monika an dem Tag übrigens nicht.

In Wien hatte ich erstmals den wirklichen Vergleich mit der internationalen Elite meines Sports, bekam mit, dass ich ohne besonders großen Trainingsaufwand nicht allzuweit von den Weltrekorden entfernt war. Das änderte nichts daran, dass man uns auch weiterhin keine Chance gab, bei internationalen Meisterschaften jene »Diplomaten im Trainingsanzug« zu sein, als die die DDR ihre Athleten so gerne zum Siegen ins Ausland schickte. Dabei hätten wir diese Rolle besser und vor allem erfolgreicher ausfüllen können als die Legionen von Fußballmannschaften, in die man Millionen steckte, ohne dass die Kicker dafür mit internationalen Erfolgen zurückzahlten. Der sonst so auf Reputation bedachte Staat vergaß, was uns Sportler mit Behinderung angeht, nicht nur einmal, wie viel »Staat« mit uns zu machen gewesen wäre und wie gut damit der humanistische Anspruch, den der reale Sozialismus so plakativ vor sich hertrug, untermauert worden wäre. Wir waren, geradezu gesagt, schlichtweg zu teuer. Die DDR hätte sich schwer getan, uns das nötige Material zu stellen, das man gebraucht hätte, um mit den Weltbesten konkurrieren zu können. So, wie wir ausgerüstet waren, hätten wir das gewollte Bild konterkariert. Mit unseren Einheitsrollstühlen, die – verglichen mit den westlichen Top-Modellen – einem Trabant unter lauter Mercedes glichen, hätten wir, so befanden die nüchternen Pragmatiker in der Sportführung, nichts Gutes für die DDR getan, wo sie doch sonst so sozial war. Daraus resultierte, dass man uns zwar duldete, aber keineswegs förderte, und wenn es die »schöne Außendarstellung« erforderte, sogar versteckte.

Wie beim Berliner Friedenslauf 1985, der wegen der IOC-Tagung in der DDR-Hauptstadt auf den Juni vorgezogen wurde. 20 Rollstuhlfahrer hatten sich an der Startlinie eingefunden, um wie gehabt fünf Minuten vor dem Läuferpulk auf die 20-Kilometer-Strecke geschickt zu werden. Der Spanier Juan Antonio Samaranch sollte dem Ereignis mit seiner IOC-Präsidentenwürde die besondere Weihe verleihen. Eine große Ehrentribüne war installiert worden, um dem winkenden Landesfürsten Erich Honecker und dem obersten Funktionär des internationalen Sports den Blick aufs rennende Volk zu erleichtern. »Rollendes Volk« war da offenbar unerwünscht. Zunächst bat man uns zehn Meter nach vorn, um aus dem Schwenkbereich der Kameras zu verschwinden, dann wurden es 100 Meter, schließlich eine Nebenstraße, in die uns kräftige junge Männer in ziviler und dennoch Fast-Einheitskleidung expedierten. Die Begründung war unverfroren und dreist: Man könne es den Fernsehzuschauern nicht zumuten, wenn nach dem Start minutenlang Behinderte im Bild zu sehen seien. Wir haben lange überlegt, ob wir einfach abhauen sollten – aber vielleicht war es ja genau das, was man wollte. Also sind wir die 20 Kilometer gefahren, wütend, enttäuscht, verbittert. Wir wollten ankommen und nun gerade an der Tribüne über die Ziellinie fahren. Die konnte man ja nicht auch noch in eine Nebenstraße verlegen. Er sollte uns sehen, der hofierte Spanier, und vielleicht würde er sich und nicht nur sich dann fragen, woher eigentlich die Rollstuhlfahrer plötzlich kamen. Eine Art leiser Widerstand gegen die Ausgrenzung, der am Ende aber den erhofften Adressaten nicht erreichte. Samaranch hatte seinen Protokollbesuch in der Ostberliner Karl-Marx-Allee längst beendet. Behinderte, so bin ich überzeugt, kamen damals in seiner sportlichen Welt noch gar nicht vor, und sie tun es im Grunde auch heute nicht. Bei den wohlfeilen Sätzen des IOC-Präsidenten über Behindertensport habe ich meine Zweifel. Warum verweigert sein Gremium unseren Spielen den Namen »Olympia«, warum dürfen wir das Symbol der fünf Ringe nicht verwenden, sondern mussten erst auf fünf Tropfen, und als das noch zu nahe lag, auf drei ausweichen? Jeder weiß, dass Vermarktungsgründe dafür ausschlaggebend sind. Die Olympischen Spiele wollen nicht touchiert werden von uns »Kaputten«, nicht durch einen Hauch von »Behindert-Sein« auch nur eine müde Sponsorenmark einbüßen. Jedenfalls die Olympischen Spiele, die das geschäftstüchtige IOC meint.

Ich lebte, was meine sportlichen Ambitionen anging, im Sperrbezirk.

Dinge, über die ich damals wenig nachgedacht habe. Denn die Paralympics, das Behinderten-Olympia, lagen für mich in unerreichbarer Ferne. Mein Land nahm daran schlichtweg nicht teil, und so würde es wohl immer bleiben, solange es bestand. Ich lebte, was meine sportlichen Ambitionen anging, im Sperrbezirk. Zwar war für mich als Invalidenrentnerin die Mauer durchlässig, aber als Athletin durfte ich mich international nicht beweisen. Die Ausnahme Wien hatte den Frust darüber allmählich wachsen lassen, weil der Vergleich mit den anderen klarstellte, dass ich zumindest um einen Teil des Lohnes meiner Anstrengungen betrogen wurde. Die Paralympics in Seoul 1988, das heißt, die kleinen Bruchstücke, die davon per Fernsehen und Printmedien zu mir gelangten, steigerten den Zorn und die Entrüstung über die verordnete Entmündigung. Ich verglich die Ergebnisse mit dem, was ich zu leisten imstande war, und wusste danach: Marianne, du könntest jetzt mehrfache Olympiasiegerin sein! Was bis dahin wie ein ferner Traum, eine Spinnerei, ein Märchen schien, dass war plötzlich fassbar, in Zahlen nachweisbar – und dennoch irreal. Real war die gesellschaftliche Wirklichkeit der DDR, die Behinderten zwar eine gewisse soziale Sicherheit garantierte, die ihren unleugbaren Wert hatte, aber uns dennoch zu »Fürsorge-Objekten« ohne eigenen Gestaltungswillen degradierte.

Was wollte ich noch in diesem Land? War ich undankbar, wenn der Gedanke, wegzugehen, immer stärker wurde? Ich wollte meine Grenzen ausloten, im Beruf, im alltäglichen Leben, vor allem aber im Sport. Dass mir geographische Grenzen eben das unmöglich machen sollten, konnte ich nicht akzeptieren. »Wir müssen hier raus, sonst kriegst du nie die Chance, was aus deinen Möglichkeiten zu machen«, sagte Jörg immer bestimmter. Bei Bekannten und Westverwandten erkundigten wir uns, ob es möglich war, »drüben« finanziell zu überleben. Aus 120 Mark Unterstützung im Osten wären auf der anderen Seite der Elbe 1200 geworden, mit den Renten die Absicherung garantiert. Bei Reisen gen Westen hatten wir angesichts der begrenzten Umtauschmöglichkeiten stets erzgebirgische Nussknacker im Auto mitgeschleppt, um mit deren Absatz zu ein bisschen Geld zu kommen. Eine groteske Betteltour. Stück für Stück, Erlebnis für Erlebnis wuchs der Frust daheim und im gleichen Zug das Verlangen, das eigene Leben leben zu können. Ich hing sehr an meiner Familie, hatte Angst vor Repressalien gegenüber meiner Mutter – als Stationsschwester hatte sie eine »leitende Position« – und meinem Bruder, den man womöglich nicht mehr zur See fahren ließ, wenn ich »abhaute«. Doch irgendwann im Jahre 1988 gab ich dem Drängen von Jörg nach. »Schluss, aus! Fang' an, unseren Abgang zu organisieren«, sagte ich ihm und delegierte die Entscheidung, die so schwer fiel, an ihn. »Ich gehöre zu dir. Wenn du es machst, komme ich mit.« In Rendsburg stellten wir einen Antrag auf Rentenberechnung, der sich in der Bearbeitung über ein Jahr hinzog. Ein Jahr, nach dem sich die Welt auf vorher unvorstellbare Weise verändert wiederfand.

Die Wende war uns bei der geplanten »Republikflucht« dazwischengekommen. Die Beweggründe für einen Weggang hatten sich mit einem Schlag erledigt. Ich musste nichts aufgeben, was ich nicht aufgeben wollte. Und sportlich lag plötzlich das ganze Universum vor mir. Ich kam mir vor wie der russische Kosmonaut Juri Gagarin, der erste Mensch im All, den ich mir in jungen Jahren als Vorbild auserkor, weil er etwas geschafft hatte, was noch keiner vorher vollbrachte. Jetzt konnte ich »fliegen«, wohin mich meine Flügel trugen – nicht als blinder Passagier oder mit Tarnkappe, wie ich es in den Jahren zuvor durchhatte. Schon 1985 nämlich war ich bei einem Sportfest im württembergischen Bad Krautheim gestartet. Illegal und sozusagen unter »strengsten Sicherheitsvorkehrungen«. Was offiziell als Verwandtenbesuch galt, wurde sportlich umfunktioniert – und die SG Krautheim durfte sich über einige unverhoffte Erfolge freuen, denn »DDR« konnte naturgemäß in den Wettkampfprotokollen hinter meinem Namen nicht stehen. In Erinnerung ist mir geblieben, dass ich ein Dampfbügeleisen als Siegprämie gewann, das noch heute gute Dienste tut, und dass ich alle Hände voll zu tun hatte, das anwesende ZDF-Kamerateam davon abzuhalten, mich ins Bild zu setzen und damit eventuell mein »Fremdgehen« auffliegen zu lassen. Mit dem Fall der Mauer war ich diese Sorge definitiv los. Das Ereignis, das die deutschen Biografien in West, vor allem aber in Ost so nachhaltig beeinflusste, hatte ich eher unbewusst mitbekommen. Als ich die ersten Bilder am Abend des 9. November 1989 mit Schabowskis Auftritt im Fernsehen sah, dachte ich im Stillen: Wer weiß, was da abläuft, vielleicht ist das Ganze eine »Ente«. Ich wäre nie auf die Idee gekommen, dass wirklich auseinander ging, was nicht zusammengehörte: ein auf staatsbürgerlichen Gehorsam trainiertes Volk und eine Führung, die sich als »Fügung« verstand. Erst als ich tags darauf den Jubel erlebte, der nicht abebben wollte, wurde mir allmählich bewusst, dass sie diesmal ernst machten, die Triebkräfte der Geschichte. Ich habe meine Mutter angerufen, zusammengepuzzelt, was ich an Informationen hatte, und in die praktische Aufforderung gebündelt: »Du musst unbedingt nach Berlin kommen und dir das Begrüßungsgeld abholen!« Ich war überzeugt, dass die Öffnung nur vorübergehend sein konnte, ein taktisches Manöver der da oben, um für Ruhe zu sorgen. War die hergestellt, würden die Einschränkungen zurückkommen. Skepsis, die immer wieder enttäuschte Hoffnung genährt hatte. Wie angenehm war es später, nicht Recht behalten zu haben.

Im Sport hatte sich schon vor dem friedlichen Ungehorsam der DDR-Bürger gegen ihre »Volksvertreter« eine behutsame Wende angedeutet. Der Versehrtensportverband hatte den Antrag auf Aufnahme in die internationale Föderation gestellt, trat im Juni 1989 bei, den Athleten wurde die Teilnahme an den Weltspielen der Behinderten im Sommer 1990 im niederländischen Assen in Aussicht gestellt. Sogar ein Ausrüstervertrag mit der bundesdeutschen Rollstuhl-Firma Meyra war abgeschlossen worden. Die sportlichen Normen für einen Start bei dem Championat allerdings waren hochgehängt. Man musste mindestens 90 Prozent des Weltrekordes erreichen, um dabei sein zu können. Der Anreiz für mich war gewaltig. Nachdem so lange jedes Träumen schon durch das Motto »Teilnehmen ist alles« befriedigt gewesen zu sein schien, wollte ich nun mehr als einfach nur »Mitläufer« sein. Dafür brauchte ich einen Trainer, der wusste, wie man Spitzenleistungen aus einem herauskitzeln konnte. Der mich als Athletin mit der Ambition, die Beste zu sein, annahm, und nicht als Behinderte, der ein bisschen Rehabilitationssport ja nicht schaden könnte. Eine Haltung, die bei vielen heute noch Standard ist. Die Leute vom ARD-Gesundheitsmagazin »Praxis« kann ich, ehrlich gesagt, inzwischen nicht mehr sehen. Bodo Heinemann, in Berlin-Buch als Sportlehrer für Behinderte mein Arbeitskollege, hatte einst in Cottbus exzellente Hürdenläufer wie Christian Rudolph, Vize-Europameister 1971, und Karin Roßley, 1980 Weltrekordlerin auf der 400-m-Strecke, trainiert. 1983 zog er mit seiner Lebensgefährtin Gunhild Hoffmeister, in den 70er-Jahren eine der weltbesten Mittelstrecklerinnen, nach Berlin, war erst Lehrer, dann kurze Zeit Verbandstrainer im DDR-Versehrtensportverband und landete schließlich 1988 in Buch. Einmal in der Woche betreute er »nebenbei« die Rolli-Leichtathleten der BSG Medizin. Zwar hatte er zunächst von der Spezifik Querschnittsgelähmter keine Ahnung, aber dafür kannte er sich im Umgang mit Menschen in komplizierten Stresssituationen aus, hatte Erfahrungen als Trainer und mit Funktionärsapparaten.

Er achtete weniger auf die Behinderung, als vielmehr auf die Bewegungsabläufe und vermochte so gerade deshalb eine Menge zu bewegen. Lag er mal daneben, habe ich ihm das offen gesagt, und er hat jeden Ratschlag dankbar angenommen. Was Bodo mit den Besten anstrebte, war ein absolutes Leistungstraining, das sich von dem der nicht behinderten »Läufer« in Zielsetzung und Methodik wenig unterschied. Nur die eingesetzten Mittel waren auf unsere spezielle Situation zugeschnitten, nicht die Belastung an sich. Ohne Bodo wäre mein sportlicher Erfolg nicht denkbar – und Assen, das über mich kam wie ein Frühlingsgewitter, hätte mich vielleicht wie ein Blitz erschlagen. Wir hatten beide Bammel, wussten in der Vorbereitung nicht, wie weit man gehen konnte, weil ja noch nie unter solchen Voraussetzungen und mit solchen Vorgaben gearbeitet worden war. Ich trainierte bis zu vier Stunden am Tag, selbst bei Schnee und Eis. Bodo schoss einige Male über das Ziel hinaus, sodass ich ihn korrigieren musste. Das geschah ohne Stress und Aggressionen, unser Verhältnis war immer eins des gegenseitigen Gebens und Nehmens. Wenn ich etwas nicht erreiche, werde ich ungenügsam, wenn ich überfordert bin, aggressiv. Bodo wusste das und ließ mich meinen »Gefühlsüberschuss« an den Gewichten im

Kraftraum abarbeiten. Man merkte ihm an, dass seine Arbeit mit Behinderten für ihn nichts Minderwertiges war – verglichen mit den »Fußgänger«-Athleten, die er betreut hatte und mit denen er ungleich größere öffentliche Aufmerksamkeit einfuhr. »Eure Freude ist ehrlicher«, sagte er und freute sich über jede noch so minimale Verbesserung eines seiner Schützlinge, mit der diese nachwiesen, dass sie zu Top-Leistungen in der Lage und keine Hätschelkinder sind. Seine Kompetenz und mein Ehrgeiz gingen eine einträgliche Verbindung ein, die sich schon in Assen auszahlen sollte.

Ganz wenige Momente im Leben haben sich mir so eingeprägt wie diese WM. Zum ersten und letzten Male waren Rollstuhlfahrer mit dem DDR-Emblem auf Trainingsanzügen und Trikots bei einem großen Championat am Start. Ein seltsames Gefühl zwischen Erleichterung, innerem Jubel und Wehmut. Das hättet ihr schon viel früher haben können, dachte ich bei der emotionalen Eröffnungsfeier, die unter die Haut ging, in Richtung jener Funktionäre, die so lange über uns und gegen uns entschieden hatten, ohne überhaupt einen Behinderten an sich heranzulassen. Und ich dachte es erst recht, als die 18-köpfige Mannschaft nach den Wettkämpfen mit 33 Medaillen, neun goldenen und je 12 silbernen und bronzenen, wieder »vollzählig«, worauf niemand mehr achtete, in die Heimat zurückkehrte. Wenn Gefühl leichter in Worte zu setzen wäre, könnte ich vielleicht mehr als nur eine Ahnung des »Himmelhochjauchzend« vermitteln, in das mich die Tage in Assen versetzten. Es war unbeschreiblich schön, so etwas hatte ich noch nie erlebt. Das Stadion, das rund 20 000 Zuschauern Platz bot, war stets voll besetzt. Die ganze Stadt huldigte einem Ereignis, das in Deutschland – wie ich vier Jahre später bei den nächsten WM in meiner Heimatstadt Berlin feststellen musste – kaum auf wenigstens höfliche Aufmerksamkeit rechnen durfte. Kein Haus, das nicht irgendwie geschmückt war und auf die Weltspiele hinwies. Und wenn es nur das Maskottchen – ein Löwe mit Knoten im Schwanz – war, das an jeder Haustür klebte. Wir waren aufgenommen in eine große Familie, die

WENN ICH ETWAS NICHT ERREICHE, WERDE ICH UNGENÜGSAM, WENN ICH ÜBERFORDERT BIN, AGGRESSIV.

keinen Unterschied machte zwischen »normal« und »anders«. Hier war jeder »ganz normal anders« und »ganz anders normal«.

Wir waren aufgenommen in eine grosse Familie, die keinen Unterschied machte zwischen »normal« und »anders«.

Alles war auf die Weltspiele abgestimmt. Abgeflachte Bordsteine, Auffahrtsrampen für die Busse, Geschäftseingänge zu ebener Erde – ein Vorgriff auf die Zukunft. Ich hatte nicht ein einziges Mal das Gefühl, behindert zu sein. Der dreiwöchige Aufenthalt für jeden der 2180 Teilnehmer aus 46 Ländern kostete nur 100 Dollar, weil das Championat zu großen Teilen durch Spenden der Bevölkerung finanziert wurde. Alles paletti, nur meine Aufregung vor dem ersten großen internationalen Start, die wurde ich nicht los. Nur Hinsehen reichte, und ich war das reinste Nervenbündel. Im Auftaktwettbewerb mit dem Diskus schaffte ich nur 19,88 Meter, obwohl ich im Training nie unter 20 Meter geblieben war – Platz 2 hinter der US-Amerikanerin Laura Schwanger. Laura, die in den kommenden Jahren stets meine schärfste Kontrahentin blieb, war happy, ich schwer enttäuscht. Nach dem Wettkampf hatte sie mir etwas mitzuteilen, was sich angesichts gegenseitiger Fremdsprachenunkenntnis – sie konnte kein Wort deutsch, ich kein Wort englisch – als schwierig erwies. Immer wieder schlug sie die Faust gegen eine Hauswand, nahm die Hände schützend über den Kopf. War ihr Haus eingestürzt? Rätsel raten, gestikulieren, fragende Blicke. Endlich die Auflösung: Ich freue mich, dass die Mauer gefallen ist und wir nun gemeinsam um den Sieg streiten. Lauras Botschaft wollte ich Taten folgen lassen. Bodo Heinemann beruhigte mich nach dem Diskus-Flop: »Mädel, du bist doch die Beste. Du wirst dein Ding schon machen.« In der Tat gewann ich mit Kugel, Speer und sogar im Fünfkampf – ich schwebte auf »Wolke sieben«. Vor allem nach dem Mehrkampfsieg. Den Rennrollstuhl für die Fahrdisziplinen hatten wir erst im Mai bekommen, und ich musste ihn mir mit einem anderen DDR-Athleten, Hubertus Brauner, teilen. Mit großem Punktvorsprung war ich in den abschließenden Wettbewerb, die 1500 Meter, gegangen. Ich musste im Grunde nur noch ankommen. Doch nachdem ich eingekeilt worden war, hatte ich in meinem Rad eine Beule, die keine

»Acht« mehr, sondern eine »Sechzehn« war. In den Kurven musste ich auf die Außenbahn, um danach wieder einigermaßen geradeaus fahren zu können. Ich hatte gekeult wie verrückt, um anzukommen – und am Ende meine dritte Goldmedaille um den Hals hängen.

Ein wunderbares Gefühl, das mich wärmte und das ich zugleich zu verstecken und für mich zu behalten suchte. Ich habe mir schon in Assen angewöhnt, die Medaillen immer gleich wieder abzunehmen. Irgendwie war es mir peinlich, so herausgehoben und dekoriert zu sein, dass es einem jeder gleich ansehen konnte. Schade nur, dass ich als Kehraus nicht noch einmal die DDR-Hymne hören konnte, weil stattdessen eine neutrale Melodie gespielt wurde. Erst 1992 bei den Paralympics in Barcelona wurde erstmals eine Nationalhymne für mich intoniert. Da hatte ich in Siegerehrungen einstweilen schon einige Übung, in Assen kam ich mir noch unbeholfen und wie im Kino vor. Ich sah mir selber zu und musste innerlich lächeln. Ich wusste nicht, wie ich mich bewegen, ob ich die Händen falten oder kneten sollte, wohin ich blicken sollte. Die sehen alle nur auf dich, schwante mir und zugleich forderte ich von mir selber: Marianne, du musst jetzt an etwas denken. Hinterher fragen dich garantiert alle, woran du bei der Siegerehrung gedacht hast. Und ganz nebenbei betrachtete ich mir schon mal aus den Augenwinkeln meine »westdeutschen Kollegen«, die ja in naher Zukunft meine Kontrahenten um einen Auswahlplatz sein würden. Stark, unauffällig, arrogant – ich machte mir mein Bild. Die gleiche Währung hatten wir ja bereits. Ein Glück für mich, denn die Prämie, die der DDR-Sportverband zahlte, potenzierte sich damit noch.

Mit Assen war ich angekommen im »großen Sport«. In der DDR, wo man im Sport – teils in ehrlicher, teils in Alibi-Absicht – etwas aufarbeiten zu müssen glaubte, wurde ich nach der Rückkehr zumindest eine mittelgroße Berühmtheit. Presse- und Fernsehanfragen häuften sich, als erste ostdeutsche Sportlerin erhielt ich das Goldene Band der Berliner Sportjournalisten – und rechtfertigte solcherart Vertrauen mit anhaltendem sportlichen Erfolg in den folgenden Jahren. Beim traditionellen Rollstuhl-Meeting 1991 im britischen Stoke Mandeville gewann ich zweimal Gold, im Jahr darauf bei den mitreißenden Paralympics in Barcelona gleich viermal – im Unterschied zu Assen war ich auch im Diskuswerfen Nummer 1. 1993 holte ich als Centerin mit der Rollstuhl-Basketballauswahl in Berlin EM-Silber. 1994 absolvierte ich ein Mammutprogramm mit gleich drei Weltmeisterschaften: Bei den Leichtathletik-WM sammelte ich abermals vier Titel, mit den Basketballerinnen wurde ich WM-Fünfte, bei den Marathon-WM, im Rahmen des Berlin-Marathons der »Fußgänger« ausgetragen, Sechste. 1995 folgte Gold bei den Mehrkampf-EM, 1996 bei den

Paralympics in Atlanta schließlich ein Medaillen-Trio – zu zwei Olympiasiegen mit Kugel und Diskus gesellte sich Speer-Bronze. Und das sollte es noch lange nicht gewesen sein.

Ein erfülltes Sportlerleben? Ja und nein. Erfüllt, weil ich mir selbst und vielen anderen bewiesen habe, das man – wie Hemingway sagt – zerstört wer-den kann, aber nie aufgeben darf. Das habe ich, durch alle Zweifel, Ängste und Schwächen hindurch, so geschafft, dass ich heute sagen kann: Seht her, ich bin Marianne Buggenhagen. Ich habe meine Behinderung, die eine zweifache – körperlich und seelisch – zu werden drohte, besiegt. Ich hatte lange totale Minderwertigkeitskomplexe, habe geweint, wenn mich jemand bloß angesprochen hat. Fünf Jahre bin ich nicht zu Klassentreffen gefahren – aus Angst vor unvorhergesehenen Situationen. Natürlich werde ich nie wieder laufen können, aber der Gedanke daran beherrscht mich schon lange nicht mehr. Es ist die Geschichte vom Optimisten und Pessimisten und ihrer unterschiedlichen Sicht auf die Dinge: Ist das Glas Wasser halb voll oder ist es halb leer? Was ich nicht kann, regt mich nicht auf, weil es nicht veränderbar ist. Was ich dagegen kann oder könnte, das regt mich an und im positiven Sinne auf. Meine Lebenszeit wird nicht ausreichen, alles auszuprobieren. Das Nicht-Erfüllte in meinem Sportlerleben hat weniger mit mir als mit der Umwelt zu tun. Leistungsorientierter Behindertensport hat nach wie vor wenig Lobby, eine geringfügige Akzeptanz und wird häufig über die Mitleidsschiene reflektiert: Was die armen Kerle trotz fehlender Arme, Beine, trotz fehlenden Augenlichts oder Rollstuhl leisten! Ob dieser Aspekt eine Rolle gespielt hat an jenem 4. Dezember 1994, der so etwas wie der »Tag meines Lebens« wurde? Ich weiß es nicht, veranschlage den Vorweihnachts-Effekt, der gute Christenmenschen zur Demonstration von Nächstenliebe treibt, in diesem Zusammenhang eher gering. Der 4. Dezember 1994, das war der Tag, an dem ich Franziska van Almsick und Steffi Graf besiegt habe, ohne geschwommen zu sein oder zum Tennisschläger gegriffen zu haben. 6,78 Millionen Fernsehzuschauer staunten vermutlich genauso ehrfürchtig wie ich, als der TED-

Ich habe meine Behinderung, die eine zweifache – körperlich und seelisch – zu werden drohte, besiegt.

→ **DAS LEBEN IST EINE ZUCKERTÜTE ...**

AM 1. SEPTEMBER 1959 WERDE ICH IN UECKERMÜNDE EINGESCHULT: EIN BISSCHEN STOLZ, EIN BISSCHEN VERLEGEN, EIN BISSCHEN UNSICHER.

→ …, voller Überraschungen.

Kleider machen Leute, erst recht, wenn man abstehende Ohren hat.

Von Kopf bis Fuss im Chic der Endsechziger – und die Schrankhöhe lässig überboten.

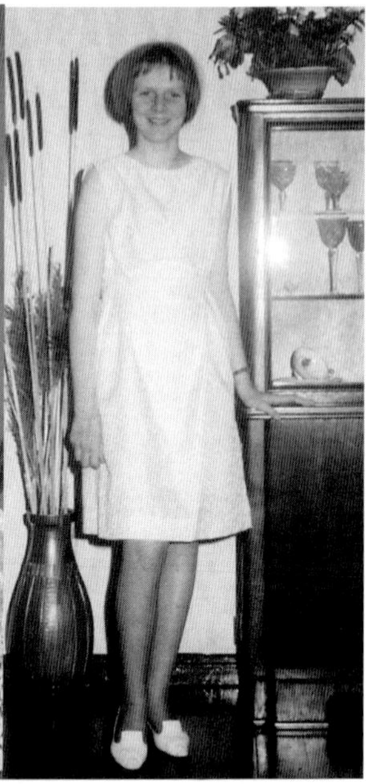

Die Kraft holt man sich in der Familie oder später in Berlin an der Hantel (rechts).

BUDDELN IM SAND (OBEN), BAGGERN AUF DEM VOLLEYBALLFELD (MITTE) – EINE UNGEWÖHNLICHE KARRIERE.

MEINE ERSTEN ROLLENDEN ERFAHRUNGEN: 1953.

Klassentreffen. Ueckermünde, 1964. Mein Schulzeugnis bescheinigt: »Marianne schwatzt in jeder Unterrichtsstunde.« Beim Foto hielt ich den Mund: mittlere Reihe, zweite von links. Ueckermünde, 1994. Marianne schwatzt noch mehr. Dreissig Jahre Leben bieten jede Menge Stoff zum Erzählen.

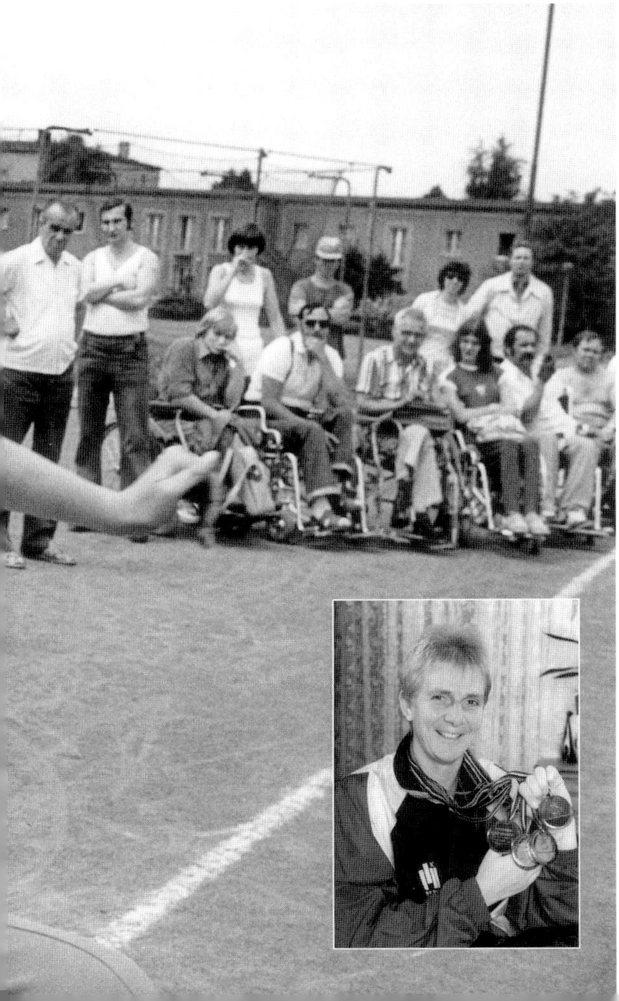

Eine Kugel bringt alles ins Rollen.

Ein Quartett der besonderen Art: viermal Olympiagold bei den Paralympics 1992 in Barcelona.

→ Mein Fuhrpark

Für die einen ist es ein angstmachendes Martyrium, für mich ein wunderbares Sportgerät: mit dem Rollstuhl bin ich beweglicher als viele Nichtbehinderte auf ihren Beinen. Beim Fahren, beim Basketball, bei der Leichtathletik, beim Training.

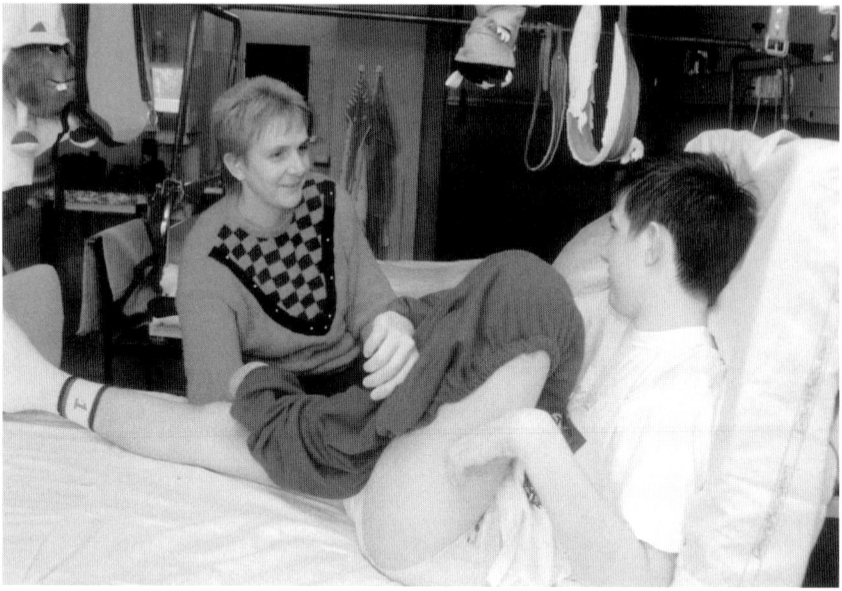

Gewusst wie in der Klinik: Jedes Zehwackeln ist ein Erfolg.

Gewusst wie zu Hause: Bis auf Fensterputzen und Gardinenaufhängen haben Jörg und ich alles im Griff.

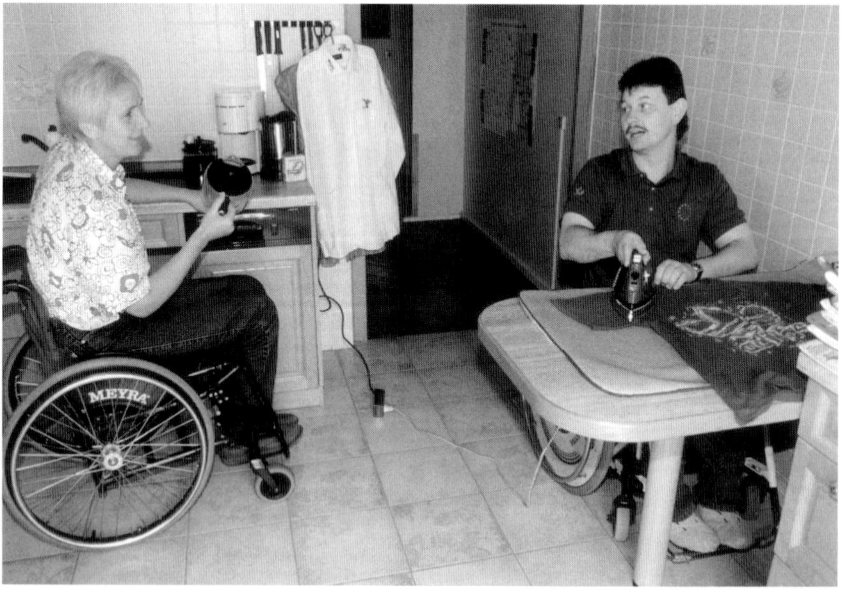

Balken bei der Wahl zur »Sportlerin des Jahres«, der meine Stimmen repräsentierte, immer noch weiter nach rechts lief, als der von Franziska van Almsick und Steffi Graf längst stehen geblieben war. 37,4 Prozent der Anrufer hatten mich gewählt, über 400 000, 23,8 Prozent Franzi, rund 14 Prozent Steffi – unfassbar! Schon dass ich unter die fünf Auserwählten für den Endausscheid geraten war, neben den Genannten gehörten noch Katja Seizinger und Heike Drechsler dazu, erschien mir wie ein Wunder.

Eine Woche vorher hatte man mir mitgeteilt, dass ich in der Vorabstimmung mit vorn lag, angefragt, ob ich nach Stuttgart-Ludwigsburg kommen könnte. Mit meinem Trainer Bodo Heinemann begab ich mich auf die wundersame Reise in die Welt der Stars, in die ich doch eigentlich gar nicht so richtig gehörte. Ich durfte in den VIP-Raum, setzte mich in eine Ecke und wurde von den Kameraleuten fast umgestoßen. Mich störte es nicht, völlig unbeachtet in Ruhe gelassen zu werden, im Gegenteil. Im Saal meinen Platz einzunehmen, das war schon komplizierter. Ich musste eine riesige Treppe heruntergetragen werden, um Position in der zweiten Reihe zu beziehen, wo ein Sitz herausgelöst worden war, um für den Rollstuhl Raum zu schaffen. Verdammt behindertengerecht, lautete mein erster schlechter Kurzeindruck. »Wenn Sie auf die Bühne müssen, kommen Sie dann die Rampe hoch?«, wurde ich gefragt, und in der Tat sah ich eine ziemlich steile Auffahrt, die nur mit einem mittleren Kraftakt zu bewältigen war. Aber wieso Bühne? Musste ich denn auf die Bühne? Ich bekam nasse Hände, in meinem Bauch begann es zu rumoren, ich hatte Angst, Blase und Darm könnten plötzlich verrückt spielen. Fast wie in Trance erlebte ich die nächsten Minuten, sah wie durch einen Schleier die blauen Balken, die je nach Länge mehr oder starke Zuschauergunst verkörperten. Unwirklich entfernt hörte ich die Stimme von Moderator Gerhard Delling »Franzi schwimmt, schwimmt, schwimmt ... « – doch dann hörte sie auf zu schwimmen, und ich lief, besser: rollte, immer noch. Um mich herum brach Geschrei und Jubel aus, ich umarmte Bodo, riss ihm dabei die Brille von der Nase und wusste es plötzlich: Marianne, du hast gewonnen! Manfred von Richthofen, am Tag zuvor zum Präsidenten des Deutschen Sportbundes gewählt, hatte mir vorher leise zugeraunt: Marianne, du schaffst es. Was sollte ich schaffen? Ich hatte doch bereits alles erreicht, was machbar war. Erstmals war eine behinderte Sportlerin unter den fünf Finalistinnen, unter denen die schwere Glaskugel mit der ARD-Eins in der Mitte vergeben wurde.

Dabei hatte es schon vor dem TED-Wettlauf Symptome dafür gegeben, dass Ungewöhnliches passierte. Im Hintergrund hatte ich leises Wispern gehört: Wo ist die Rampe? Die Ehrung der Frauen – an sich zuerst vorgesehen – wurde plötzlich nach hinten versetzt. Auf mich, so rekonstruierte ich später, war niemand so recht vorbereitet. Als ich mit Michael Schumacher, der bei den Männern auf Platz 1 gelandet war und mir spontan gratuliert hatte: »Diese Ehrung haben Sie sich verdient!«, und Henry Maske später zusammenstand, auf ein Interview wartete und Kopfhörer aufhatte, konnte ich die interne Fernsehkommunikation mitverfolgen. Frage: »Wer hat eigentlich bei Männern und Teams gewonnen? Bei den Frauen stand ja Franziska van Almsick schon fest ...« Antwort: »Franzi hat nicht gewonnen. Sie ist Zweite hinter Marianne Buggenhagen.« Neue Frage: »Marianne Buggenhagen? Wer ist denn das?« Mir war klar, dass eine Wahl nicht alles verändert. Ich bin illusionslos, aber auch kein Schwarzseher. Ich glaube fest, dass es nicht nur eine Mitleidswahl war, sondern dass damit auch die Entwicklung des Behindertensports honoriert wurde. Für mich ist diese Auszeichnung unermesslich viel wert. Nicht materiell, sondern ideell. Vor allem, weil sie eine Ermutigung für alle die meinesgleichen ist, die sich noch ängstlich verstecken.

FÜR MICH IST DIESE AUSZEICHNUNG UNERMESSLICH VIEL WERT. NICHT MATERIELL, SONDERN IDEELL. VOR ALLEM, WEIL SIE EINE ERMUTIGUNG FÜR MEINESGLEICHEN IST, DIE SICH NOCH ÄNGSTLICH VERSTECKEN.

Als ich auf der Bühne stand, befragt wurde, da war plötzlich alles ganz leicht. Die Zuschauer und die Scheinwerfer habe ich gar nicht mehr gesehen. Ich habe geantwortet, was mir gerade einfiel und über die Zunge kam. Als ich später das Video einlegte, dachte ich: Mensch, das hättest du viel besser sagen können. Vorbei – und offenbar hatten es viele auch so verstanden. Viele, aber nicht alle. Nach der Ehrung kam WDR-Sportreporter Heribert Faßbender zu mir, gratulierte. »Ich freue mich, dass Sie es geworden sind. Aber ich glaube, die Medien haben noch gar nicht mitbekommen, was hier passiert ist.« Waren da nicht immer wieder die kleinen, großen Unterschiede, die das »Gleiche unter Gleichen« so schwer fühlbar machten? Radio, Presse, Fernsehen scharten sich um die Gesichter, die die Zeitungsseiten eh für sich haben. Eine »Verliererin« Franziska van Almsick gab für viele allemal eine bessere Geschichte ab als eine behinderte Siegerin. Mir war das nicht unlieb, ich hatte eigentlich nur Hunger nach all dem Stress – aber keinen Hunger auf einen Schwall von Journalistenfragen. Was mich eher ärgerte war die Tatsache, dass man ausgerechnet bei mir von der Tradition abging, die Gewinner dieser Wahl ins »Sportstudio« einzuladen. Die Anfrage vom Gesundheitsmagazin hatte ich wohlbedacht abgelehnt, da gehörte ich nicht hin. Einer, der mit den größten Anteil an meinem sportlichen Aufstieg hatte, der war nicht dabei am 4. Dezember in Stuttgart-Ludwigsburg: mein lieber Mann Jörg. »Mit Begleitung« hatte es geheißen auf der Einladung, eine Formulierung, die – mit Bedacht gewählt – voraussetzte, dass ein Rollstuhlfahrer ja Hilfe braucht. So nahm mein Trainer Bodo diese Rolle ein, und Jörg jubelte zu Hause in Buch am Bildschirm. Im Trubel nach der Ehrung hatte mir jemand ein Funktelefon in die Hand gedrückt: »Bitte, Sie können Ihren Mann anrufen ...« Das verschob ich auf den nächsten Morgen, denn ich wollte allein sein bei diesem Anruf, mit dem teilen, mit dem ich seit 1978 alles teilte. Da gehörte kein anderer hinein. Zig Leute hatten daheim Telefon-Dauerläuten erzeugt, Jörg hatte sich vor Freude einen angetrunken. Es klang ein bisschen schwerzüngig und simpel, als er sagte »Meine Kleene ist nun eine ganz Große«, aber es war schöner als jede andere Rede, die für mich gehalten wurde.

Ganz anders normal 4

Der Tag sagt »Guten Morgen« – Ein Patient namens Jörg Neubert – Vorwand, Einladung, Enttäuschung – Ein Verliebter lässt nicht locker und sticht einen Verlobten aus – Hochzeit und Flitterwochen – Liebe und Sexualität: Wie machen Rollstuhlfahrer das? – Der Wunsch, ein Kind zu adoptieren: Sie doch nicht! – Der Umgang mit dem Körper will gelernt sein

Morgens 5.30 Uhr klingelt mein Wecker. Ganz normal. Es ist ein Geschenk der Sparkasse zu meinem 40. Geburtstag, das mir musikuntermalt in fünf Sprachen »Guten Morgen« sagt. Ich schalte die am Abend zuvor vorbereitete Kaffeemaschine an. Normal. Ich gehe ins Bad, putze mir die Zähne und dusche. Normal, aber auch ein bisschen anders. Duschen findet bei einem Querschnittsgelähmten im Sitzen statt. Es dauert etwas länger, sich vom Rollstuhl in den Badewannensitz und nach der Wasserkur zurück in das Gefährt zu hieven. Schminken findet nur in Ausnahmefällen statt, ich bin auch am eigenen Körper für Natur. Zeitung holen, Müsli zubereiten, eine Schnitte essen. Auch normal. Ich lese die Überschriften auf den ersten Seiten der Tageszeitung, die folgenden Sportrubriken etwas intensiver – Frühstück, wie es viele kennen. Danach wechsle ich vom Wohnungs-Rolli auf den Straßenrollstuhl, begebe mich zum Auto. Was passiert, ist fast immer das Gleiche wie bei Nichtbehinderten, nur das »Wie« ist oft ein bisschen anders. Jörg ist in dieser Zeit im Bett geblieben. Dass er nicht mit aufsteht, ist kein Mangel an Zuneigung oder Aufmerksamkeit. Jeder hat seinen eigenen Rhythmus, und der braucht neben Zeit auch Platz. Es bringt nichts, sich im Wege zu sein. Stattdessen wollen wir die Zeit, die uns beiden gehört, so intensiv wie möglich gemeinsam erleben.

Daran hat sich nichts geändert, obwohl wir inzwischen 22 Jahre verheiratet sind. Kennen gelernt habe ich ihn als einen meiner Patienten. Fußballer war er im erzgebirgischen Olbernhau, Stahl hieß seine Mannschaft, und wie das so ist bei Kickern waren der Ball, schnelle Motorräder, schöne Mädchen und Skat die Dinge, die im Leben am wichtigsten schienen. Kellner hat er gelernt, etwas, wovon ich heute noch profitiere, wenn ich mich bedienen und verwöhnen lasse. Bei

Belastungen, wenn er ein volles, schweres Tablett auf dem Arm hatte, wurde ihm hin und wieder schwarz vor Augen. Es hänge mit der Halswirbelsäule zusammen, erklärte der Arzt, verpasste ihm eine Spritze und verschrieb regelmäßig zu konsumierende Medikamente. Eingenommen schlossen diese Motorradfahrten auf der geliebten 350er Jawa aus. Abgesetzt aber könne er durchaus auf den Zweisitzer steigen, wenn er sich gut fühle, hieß es. Ein Freifahrtsschein mit Folgen: In einer Kurve verlor Jörg die Besinnung, stürzte und fiel so ungünstig, dass er nur schwer verletzt überlebte. Die Ärzte übersahen beim Röntgen eine Quetschung zwischen dem vierten und fünften Brustwirbel. In den acht Wochen, die er danach lag, starb deshalb das Rückenmark ab. Mit einem Dauerkatheter wurde er am Leben erhalten, doch sein Zustand verschlechterte sich so stark, dass unter den Ärzten die Meinung vorherrschte: Den kriegen wir nicht durch. Mit einigen Beziehungen konnte er nach Berlin verlegt werden, nachdem man sich den Patienten vorher angesehen hatte, ob sich der Aufwand und die Mühe überhaupt noch lohnten.

WAS PASSIERT, IST FAST IMMER DAS GLEICHE WIE BEI NICHTBEHINDERTEN, NUR DAS »WIE« IST OFT EIN BISSCHEN ANDERS.

Jörg kam nach Buch in die medizinische Rehabilitation. Er lag ein halbes Jahr Tag und Nacht auf dem Bauch, weil ein gefährliches Loch am Steißbein erst einmal geschlossen sein musste, ehe er später mit dem Rollstuhltraining beginnen konnte. Erst danach war an berufliche Rehabilitation zu denken – mein Betätigungsfeld mit »frisch verunfallten Querschnittsgelähmten«. Es war jene Zeit, in der ich den Patienten Jörg Neubert in die Hände bekam. Ein verdammt armes Schwein, dachte ich und fühlte mich für den kleinen, zierlichen und blassen Burschen besonders verantwortlich. Er bekam selten Besuch, fuhr nicht einmal Weihnachten nach Hause. Als er halbwegs wiederhergestellt war, wies man ihm eine so genannte Test-Wohnung zu, um seine Fähigkeit, selbstständig zu leben, zu überprüfen. Bestimmte Sachen bei ihm waren ziemlich kaputt, weniger direkt körperlich als vielmehr im Ergebnis der Folgeerscheinungen der Lähmung. Tagelang fuhr er mit der »Ente« zwischen den Beinen umher, um die unkontrollierte Blasenentleerung zu kompensieren.

Wie wir zueinander kamen, das ist eigentlich wenig aufregend. Keine Liebesgeschichte aus dem Dreigroschenroman, eher ein zufälliges Produkt stetigen Werbens und langsamer Annäherung. Jörg hatte mit seiner nichtbehinderten Freundin Schluss gemacht, die Wochenenden in Buch waren für ihn nun erst recht langweilig und unausgefüllt.

Ein Zimmerkollege wusste Rat: »Unten auf der Station ist eine Erzieherin, Rollstuhlfahrerin wie wir. Ich glaube, die sucht einen. Lass dich einladen, sie soll eine schöne Plattensammlung haben.« Herr Neubert ließ sich das nicht zweimal sagen. Wenig später klopfte es am Dienstzimmer: »Entschuldigen Sie bitte, Frau Buggenhagen, ich habe da ein paar Versicherungsfragen ... « Als ich antwortete, dass ich im Moment keine Zeit hätte, aber er doch einfach am kommenden Sonnabend um 16 Uhr zum Kaffeetrinken zu mir kommen solle, schien er mir auf unerklärliche Weise zufrieden zu sein. Später gestand er mir, dass er nach diesem kurzen Gespräch gewusst habe: »Das ist sie! Die musst du haben.« Seine Liebe auf den ersten ist Liebe nach dem zigtausendsten Blick geblieben, und mir hat er mit seiner beharrlichen und zärtlichen Zuneigung mein verschüttetes Selbstwertgefühl als Frau zurückgegeben. Was langsam wächst, das steht auf festem Halm – ich liebe ihn und brauche ihn. Ganz normal, wie das eben in einer solchen Beziehung ist. Als er an jenem Samstagnachmittag kam, hatte er sich in sein feinstes Textil geworfen und war schwer enttäuscht, als ihm ein unbekannter Mann die Tür öffnete. »Entschuldigen Sie, ich wollte eigentlich zu Frau Buggenhagen«, hörte ich, und die Antwort von meinem damaligen Verlobten Klaus kam prompt: »Da sind Sie hier richtig, Sie werden schon erwartet, und der Kaffeetisch ist gedeckt.« Das war übrigens nicht meine erste »feste Verbindung« zum anderen Geschlecht. Schon in meiner Zeit in der Psychotherapie hatte ich mich einmal verlobt. Hans-Jürgen Krüger war ein sehr aufmerksamer Mann, wenn er mich sonntags besuchte, brachte er stets Rosen mit. Ein für die DDR beachtliches Kunststück in der Organisation von Raritäten. Ich hatte zu tun mit meiner »psychogenen Gangstörung«, er mit »psycho-

WAS LANGSAM WÄCHST, DAS STEHT AUF FESTEM HALM – ICH LIEBE IHN UND BRAUCHE IHN.

genen Kopfschmerzen«. Wir nahmen uns gegenseitig einander an, wohl weil wir beide spürten, dass geteiltes Leid halbes Leid ist. Eine Zweck-, Not- und Solidargemeinschaft, die in der Liebe so bedeutend war wie in der Beziehung von Prinz Charles mit Lady Di. Er war ein Waisenkind, einsam und mithin bedauernswert – ein Fall für Marianne! Stadtgänge, Bootsfahrten, gemeinsame Wochenenden – wichtig war die Präsenz des anderen. Küsse oder Zärtlichkeiten konnten zwar mal vorkommen, aber sie waren nebensächlich, ohne tiefere Bedeutung. Den Psychotherapeuten gefiel die Verbindung nicht sonderlich, sie sahen – ohne es näher zu erläutern – den Behandlungserfolg gefährdet. Davon ließ ich mich natürlich nicht abschrecken, ich zog mit in seine Wohnung, wir schafften uns gemeinsam eine Anbauwand an. Soll heißen: Ich bezahlte, und er kaufte sie. Er brauchte jemanden, ich brauchte jemanden – zu diesem Zeitpunkt war unsere Paarung für beide etwas, an dem man sich vage festhalten konnte. Wie an einem Rettungsring, während ringsum der Boden unter den Füßen versank. Hans-Jürgen konnte mich vorzeigen, so wie andere stolz ihr Motorrad präsentierten: Das ist meine Freundin! Später hatte er einen Unfall in einem Schwimmbad. Er rutschte aus, zog sich einen Halsmarkschaden zu und muss seither im Rollstuhl sitzen. Nimmt man alle Ereignisse, die die allgemeine menschliche Bewertung als »Unglück« fasst, dann scheint es mir manchmal rückblickend, als sei ich von einer höheren Macht dazu auserkoren, einen möglichst großen Anteil davon abzukommen.

Derweil saß der brave Jörg weiter in meinem Wohnzimmer. Vielleicht brauchte er auch nur jemanden zum Vorzeigen, quasi wie als Einlösung einer stillen Wette mit seinem Zimmerkumpel, der ihm gesagt hatte, auf der Station sei eine Schwester, die wohl jemanden suche. Und dem er nach meiner Einladung mit emporgerecktem Daumen berichtet hatte – »die Sache läuft«. Der Kuchen indes schien ihm nicht recht zu schmecken, und auch die Versicherungsfragen fielen zu meiner Überraschung nicht so schwerwiegend aus, als dass man sie nicht irgendwann in der Klinik im Schnelldurchgang hätte abhandeln können. Mir dämmerte, dass hinter der bemühten Aufmerksamkeit des jungen Mannes für mich mehr steckte als ein paar Auskünfte zwischen »Haftpflicht« und »Antragsausfüllung«. Fix und alle sei er gewesen nach dem Besuch, habe eine Gefühlsamplitude von Himmelhochjauchzend – »Die kriegste!« – bis Zu-Tode-betrübt – »Die Sache ist für dich gelaufen« – durchlitten, erzählte er mir später. Doch immer wieder war er da, warb unübersehbar, aber auch unaufdringlich um mich. Jörg machte mir ganz einfach den Hof, er flirtete und versteckte sein Verliebtsein nicht. Ein schönes Gefühl für eine Frau, begehrt zu sein und zu werden. Zwei, drei Monate vergingen, und die Vertraulichkeit wie das Vertrauen zwischen uns waren stetig gewachsen. Im Dezember 1977 ging er dann nach einem Krippenspiel in der Bucher Kirche in die Offensive. Wir waren längst per du, und länger konnte Jörg die Last seiner unerklärten Liebe wohl nicht mit sich herumtragen. Draußen an der kalten Winterluft rollte er plötzlich auf mich zu und fragte mit angestrengter Stimme, als habe er seinen Text wie ein Schauspieler wieder und wieder geübt: »Marianne, was hältste davon, willste es nicht mal mit mir probieren? Ich liebe dich, ich brauche dich.«

EIN SCHÖNES GEFÜHL FÜR EINE FRAU, BEGEHRT ZU SEIN UND ZU WERDEN.

Ein Moment, der mich unvorbereitet traf, obwohl ich geahnt hatte, dass er irgendwann kommen würde. Eine Ahnung, die eine Mischung aus uneingestandener Erwartung, aus Furcht und Hoffnung war. Wie sollte ich mich verhalten? Ich mochte den Jungen, doch liebte ich ihn auch? Also: Zeit gewinnen. War es Jörg wirklich so ernst mit mir, wie er demonstrierte, würde er mir diese lassen, auch, wenn es ihm schwer fiel. Ein Zufall kam mir zu Hilfe, um eine Entscheidung zu treffen. Die berufspraktische Ausbildung konnte er zwar in Berlin absolvieren, aber einen Arbeitsplatz hätte man ihm – das war das übliche DDR-Prinzip – in seinem damaligen Heimatbezirk Karl-Marx-Stadt zugewiesen. Jörg hätte im Pflegeheim wohnen müssen, »unter lauter alten Leuten«, wie er sagte. Das Ende der Lehre erschien ihm auf diese Weise als das Ende eines lebenswerten Daseins. »Wenn das passiert, ist Schluss für mich, dann habe ich keine Lust mehr. Feierabend!« Ich kannte seine Akte, wusste, dass er bereits einen Versuch, sich mit einem Strick aus scheinbar auswegloser Lage davonzustehlen, hinter sich hatte, und dachte mir »Einmal reicht!« Danach hatte er fast ein ganzes Jahr in einem Pflegeheim im sächsischen Reitzenhain zugebracht, um – so die Ärzte – wieder zu sich zu finden. Im September 1977 kam er wieder nach Buch, begann eine Ausbildung zum Facharbeiter für Schreibtechnik – und war durch die berufliche Rehabilitation in meine Betreuung gelangt.

Dumm kann man sein, man muss sich nur zu helfen wissen. Also entwickelte ich eine Lösungsidee für das Problem, die im direkten Wortsinne Gold wert war. Ich würde

Jörg heiraten, um das Wohnungs- und Arbeitsstellenproblem, das der Hauptgrund für die angeordnete Rückkehr in die Heimat war, auf einfache Art und Weise zu lösen. Man konnte sich ja nach einem halben Jahr, wenn alles in richtige Bahnen gelenkt war, wieder scheiden lassen. Ich ahnte nicht, wie schnell das überflüssig wurde. Erst viele Jahre später habe ich Jörg erzählt, welche Ehe-Antriebe ich gehabt hatte. Meine Liebe war langsam, aber stetig gewachsen, wie eine Efeuranke, die allmählich immer weiter nach oben klettert. Eine immergrüne Pflanze mit unbegrenzter Haltbarkeitsdauer.

Am 5. August 1978 haben wir in Olbernhau, in Jörgs Heimatstadt, geheiratet. Im »Stadt Olbernhau«, jenem Hotel, in dem er gelernt hat, das aber inzwischen abgebrannt ist, ließen wir uns bedienen. Dort haben wir gepoltert, mit vielen Freunden gefeiert, eigens ein Armee-Festzelt im Hof aufgebaut. Ein Polterabend zweier Rollstuhlfahrer – und doch ganz normal. Vielleicht sogar zu »normal«. Jedenfalls für meinen zukünftigen Mann Jörg. Der hatte natürlich seine sämtlichen Fußballkumpels eingeladen, und mit jedem nicht mindestens einmal, besser aber mehrfach anzustoßen, wäre unverzeihlich gewesen. Meine Mutter raunte mir zwischendurch leise zu »Marianne, ich glaube, du musst dich um deinen Gatten kümmern«, aber war der nicht groß genug?

Leise Zweifel kamen mir, als er, die kräftigen Arme zum Festhalten zwischen die Latten gesenkt, am Zaun der Nachbarin hing und fröhlich mit ihr plauderte. Der Rollstuhl lag zwei, drei Meter umgestürzt daneben. Ich richtete ihn auf, schob ihn in Jörgs Nähe und dachte mir, soll er doch, schließlich heiratet er – hoffentlich – nur einmal im Leben. Es wurde gesungen, getanzt – vor allem meine Freundin und Stationsärztin Annalena Schmidt und ihr Mann Werner, der sich als »Gitarrero« hervortat, erwiesen sich als tolle Stimmungskanonen. Jörgs Alkoholpegel war einstweilen weiter kräftig geklettert, er war, um es kurz und knapp auszudrücken, sternhagelvoll. Spätestens, als er triumphierend durch den Garten rollte und sein Urinar triumphierend über dem Kopf schwenkte wie ein Indianer den Skalp eines Gegners, war das jedem klar. Diese Vorrichtung, die heute zum normalen Inventar von Querschnittsgelähmten gehört und eine das Leben erleichternde Selbstverständlichkeit ist, war in der DDR nicht zu haben. Abenteuerlicher Eigenbau war angesagt. Vielleicht kann die folgende Beschreibung als Gebrauchsanweisung für Notfälle dienen. Man nehme ein Kondom, in der DDR hatte die Marke Mondos das Monopol, verlängere dieses mit Hilfe eines Benzinschlauches und setze ans Ende als »Auffangbecken« einen in Krankenhäusern üblichen und besonders reißfesten medizinischen Plastebeutel – fertig ist das Urinar. Allerdings ist es für den artistischen Gebrauch, den Jörg im vorehelichen Überschwange zelebrierte, weniger zu empfehlen. Kurz vor Mitternacht brachte ich ihn mithilfe von Frau Dr. Schmidt zu Bett, allzu viel war nicht mehr mit ihm los. Nur die instinktive Furcht vor Bestrafung durch die Stationsärztin verschaffte ihm einen kurzen lichten Moment. »O, Frau Doktor! Bitte keine Ausgangssperre, hallo Ballo«, hauchte er und sank wieder in den Schlaf. Noch heute begrüßt sie Jörg oft mit einem hintersinnigen »Hallo Ballo!«

Am nächsten Morgen hatte er nur gebremsten Hunger, aber als um 11 Uhr die Standesbeamtin ins Hotel kam, konnte er immerhin ohne Formulierungsschwierigkeiten ein lautes, freudiges »Ja« über die Lippen bringen. Mein Rollstuhl hatte einen »Platten«, und obwohl ich keinen Ersatzschlauch mithatte, konnte diesen Tag nichts eintrüben. Jörg nahm meinen Namen an, weil er enttäuscht darüber war, dass von seiner Familie so gut wie keine Hilfe in der für ihn dramatischen Situation seines Lebens kam. Man verdrängte, weil das Unbekannte Angst machte, weil man im Stillen dachte, was ich nicht weiß, macht mich nicht heiß. Ein Vergessen, das weh tat, das im Gegenzug eben auch nicht vergessen werden kann. Vergeben, das ist in gewisser Weise möglich. Sie mussten ja auch lernen, mit der Behinderung umzugehen. Was verdammt schwer war und ist, weil die meisten Menschen ja nicht einmal mit den eigenen Gefühlen umgehen können. Sie verstecken sich unter kantiger Unnahbarkeit, legen sich eine seelische Hornhaut zu, um nur nichts an sich heranzulassen. Sicher, manchmal braucht man die, um nicht zu ertrinken, wenn das Wasser zu hoch zu steigen droht. Aber sie darf nicht undurchdringlich sein. Jörg und ich sind mit den Jahren von innen her toleranter geworden, das Verhältnis zu seiner Familie ist ein anderes geworden – aber wirkliche Nähe kann es eben nur geben, wenn sie von beiden Seiten gewollt wird.

Auf die turbulente Heirat sollte eine fast ebenso turbulente Hochzeitsreise folgen. Wir fuhren mit dem Zug nach Greifswald zu einer Verwandten, wollten ein paar schöne Tage an der Ostsee, der »Riviera« der DDR, verbringen. Weil wir mit den Rollstühlen nicht in die engen Abteile passten, wurden wir in den Gepäckwagen verfrachtet, und wie Gepäckstücke, die man irgendwo lieblos abgeworfen hatte, kamen wir uns auch vor. Es war kalt, hat geregnet und wahnsinnig gezogen. Pitschnass kamen wir als Flitterpaar in Greifswald an. Statt »Sommer, Sonne, Strand« folgte eine Grippekur für Jörg, der die Reichsbahnbeförderung nur mit einer Blasenerkältung überstanden hatte. Angekommen, machte ich ihm zwei Flaschen Bier warm, und danach kam das, was ich vom Polterabend kannte: Er war betrunken. Ein heilsamer Rausch, denn relativ schnell war er wieder fit, und wir erlebten noch schöne Tage an der See – jedenfalls so weit uns die Räder trugen. An rollstuhlgerechte Architektur, an entsprechende Nahverkehrsmittel, an zugängliche – ein trügerisches Wort, denn gemeint sind berollbare – Kulturstätten war damals noch nicht im Mindesten zu denken.

Doch was machte das schon in diesem Moment? Wir genügten uns selbst, freuten uns, miteinander zu tanzen, liebten uns. Nichtbehinderte bekommen schnell Probleme mit dieser Wortwahl. Lieben, Tanzen? Begriffe, die in der »Fußgänger«-Welt fast ausschließlich mit Körperlichkeit verbunden werden. Können Querschnittsgelähmte, können Rollstuhlfahrer lieben? Können Sie tanzen? In einem Beitrag in einer Frauen-Illustrierten, im Großen und Ganzen nicht mal unsensibel aufgeschrieben, fand sich die Zwischenüberschrift »Nie mehr laufen, lieben, tanzen ...« Da fehlt eigentlich nur noch »Nie mehr lachen!« Welch ein hirnverbrannter Unsinn! Ich rolle statt zu laufen. Aber ich liebe mit der gleichen Leidenschaft, Wärme und Zärtlichkeit wie jemand, der läuft statt zu rollen. Womöglich sogar intensiver, weil mein aus gelebten Erfahrungen erweitertes Blickfeld ein größeres ist. Und im Rollstuhl zu tanzen, ist so wunderbar, wie seine Beine im Takt zu bewegen. Der Unterschied ist minimal, erst recht, wenn man zur heutigen Rockmusik einen aufs Parkett legt. Nichtbehinderte stehen rum und wackeln mit dem Oberkörper, wir sitzen eben rum. Rollstuhltanz ist längst eine faszinierende sportliche Disziplin geworden, mit wunderbarer Ästhetik und Bewegung, mit Grazie und Kraft. Sogar Rock'n'Roll ist nicht tabu. Wir haben uns auf den Boden gekniet oder mit den Rollstühlen getanzt. Sind wir »unter uns«, ist es kein Problem, sind wir es nicht, ist die Toleranz der Nichtbehinderten gefordert. Zwei Rollstuhlfahrer, die miteinander tanzen, brauchen Platz. Platz, den man ihnen geben oder lassen muss. Mit den Riesen-Geschossen zu DDR-Zeiten konnte es da schon mal passieren, dass man fast die ganze Tanzfläche benötigte.

Wir genügten uns selbst, freuten uns, miteinander zu tanzen, liebten uns.

Die Erfahrungen damit sind eher negativ. Ich erinnere mich noch gut, wie wir Anfang der 80-er im Metropol-Café plötzlich einen Herrn in Kellner-Livré neben uns hatten und ihn sagen hörten: »Bitte verlassen Sie die Tanzfläche, einige unserer Gäste sehen das nicht so gern ...« Getanzt wird in unserer Ehe inzwischen eher weniger – wann auch bleibt die Zeit dafür –, geliebt aber um so intensiver.

Oft wird uns gesagt, wir gingen miteinander um, als wären wir frisch verliebt. Meist habe ich das Gefühl, als wäre in das Staunen darüber eine stille kritische Selbstprüfung einbezogen. Es ist in der Tat so, dass uns das lange Zusammensein nicht, wie in den meisten Beziehungskisten üblich, voneinander entfernt, sondern uns einander näher gebracht hat. Nur einmal, nach etwa einem Jahr, hatten wir so etwas wie eine kleine Ehekrise. Jörg hat sich so untergeordnet, dass er praktisch nicht mehr er selbst war: Ja, Marianne, aber gewiss, Marianne, du hast Recht, Marianne ... Ich will kein Spielzeug, sondern einen Mann mit eigener Meinung, habe ich ihm gesagt. Es war ein reinigendes Kurzgewitter. Wir haben eine prima Arbeitsteilung in unserer Beziehung. Ich bin zuständig fürs Einkaufen und die Wäsche, mein »Hausmann« für die Reinigung, das Kochen, das Bügeln und den ganzen bürokratischen Kram. Er ist so etwas wie mein Manager, und ich bin mit seiner Individualbetreuung hochzufrieden. Hilfe brauchen wir nur beim Fensterputzen und bei den Gardinen, alles andere erledigen wir selbst. Ohne Jörg hätte ich im Sport nie so erfolgreich sein können, wie ich es war und bin. Er hält mir den Rücken frei, und wenn ich abends, vom Nachmittagstraining ermattet, beim Versuch, einen Film im Fernsehen länger als ein Drittel seiner Spieldauer zu verfolgen, in seinen Armen einschlafe, dann gibt es nichts, wo ich ohne Worte mehr spüren kann, wie sehr man zueinander gehört. Natürlich streiten wir uns auch, mitunter sogar heftig, aber wir nehmen eine Auseinandersetzung nie mit in die Nacht. Wunden, und sind sie noch so klein, müssen schnell behandelt werden, ehe sie zu Narben werden können. Die Zeit ist zu kostbar, als dass man damit so leichtfertig umgehen könnte, als habe man sie im Überfluss. Dass zur Liebe auch Sexualität gehört, ist ganz normal. Bei Behinderten wie Nichtbehinderten. Aber die »können« doch gar nicht mehr, höre ich sofort von denen, für die die körperliche Liebe ausschließlich auf den Orgasmus festgelegt ist. Doch sie »können« – nur eben ein bisschen anders.

Die Verhaltensliturgie ist sozusagen auf den Kopf – oder sollte man besser sagen »auf die Füße«? – gestellt. Das Vorspiel wird zur Hauptsache, zum Höhepunkt. Der Orgasmus, der nach üblichem Muster eigentliche Akt, gerät, so er denn überhaupt nötig, erwünscht oder möglich ist, zur Nebensache. Ist das zu bedauern? Sicher ist die körperliche Vereinigung in ihrer höchsten Form eine Art von Ineinandersein, die, so sie nicht auf den einen winzigen Moment reduziert ist, sondern im Kopf miterlebt wird, etwas Wunderbares. Aber auf der anderen Seite ist unsere Gefühlswelt, die von Querschnittsgelähmten, auf erzwungene Weise bereichert. Das Werben umeinander ist intensiver und ausgeprägter, man geht bewusster miteinander um, lässt die Phantasie spielen. Zärtlichkeit und Sex gehören auch für uns Querschnittsgelähmte zum Leben. Nur eben etwas anders als bei den Nichtbehinderten. Es ist ein Lieben, das man auch lernen muss, indem man in sich und den anderen hineinhört. Ein Lieben, das Übung braucht. Dass Behinderte keine Sexualität haben oder brauchen, ist blanker Unsinn. Was sie allerdings nicht brauchen, ist die schematische Übertragung von Erfahrungen und Praktiken der Nichtbehinderten auf ihr Leben. Nur weil sich dort körperliches Begehren wie ein geradliniger Marsch auf ein Ziel zu darstellt, müssen wir das nicht imitieren. Sicher hängt vieles auch von der Partnerkonstellation ab. In einer Beziehung zwischen einer »Fußgängerin« und einem Querschnittsgelähmten wird jener einem »klassischen« Orgasmus seiner Frau zuliebe nicht abgeneigt sein, auch wenn er ihn nicht fühlen kann. Natürlich hat Jörg Erektionen – ohne zu wissen, wann und warum sie auftreten –, natürlich ist mit Hilfsmitteln zwischen uns fast alles möglich – aber wir können uns auf andere Weise viel näher sein und spüren.

Wenn wir uns lieb haben wollen, dann liegen wir oft stundenlang beieinander, streicheln uns, sehen uns in die Augen, tauschen Zärtlichkeiten – da, wo wir sie fühlen. Im Grunde gibt es nichts, was man nicht kann, aber man tut das, was etwas bringt, wovon man etwas hat. Jörg spürt seinen Körper bis in Brusthöhe, das heißt, dort spürt er auch meinen. Meine Haut auf seiner, das ist mehr Vereinigung als ein Geschlechtsakt mit irgendwelchen Hilfsmitteln. Das sind so viele Höhepunkte, die nicht nach ein bisschen Sperma enden. Die Couch in unserem Wohnzimmer ist unser Liebesnest, das Schlafzimmer ist zum Schlafen da. Erstaunte Fragen von Besuchern nach dem Grund hintereinander postierter Betten sind simpel zu beantworten. Zwei Rollstuhlfahrer brauchen Bewegungsfreiräume und eine auf ihre körperlichen Bedürfnisse abgestellte Wohnumwelt. In unserer ersten Wohnung hatten wir es mit einem Doppelbett versucht und damit die Erfahrung gemacht, dass wir uns gegenseitig mehr behinderten als nahe kamen. Also war eine praktikablere Schlafordnung nur logisch. Und Lieben nur im Schlafzimmer – das war vielleicht zu Uromas Zeiten üblich, aber heute …

WENN WIR UNS LIEB HABEN WOLLEN, DANN LIEGEN WIR OFT STUNDENLANG BEIEINANDER, STREICHELN UNS, SEHEN UNS IN DIE AUGEN, TAUSCHEN ZÄRTLICHKEITEN – DA, WO WIR SIE FÜHLEN.

In den Ehejahren seit 1978 haben Jörg und ich gelernt, uns immer wieder neu zu entdecken, uns langsam aneinander ranzutasten. Er war dabei der, der immer etwas stärker drängte, ich die, die den eher schüchternen Part übernahm. Vielleicht ein Rest vom klassischen Rollenspiel: Frauen wollen erobert sein. Die durch den Sport bedingten häufigen längeren Trennungen haben sich als Stimulans für unsere Liebe erwiesen. Es ist schön, intensiv an den anderen zu denken, ihn zu streicheln, auch wenn er körperlich gar nicht präsent ist. Sich zu sehnen nach der Umarmung und den warmen, weichen Lippen, die bei der Rückkehr auf dem Flughafen warteten. War es da nicht logisch, dass man sich ein Kind wünschte? Kein unerfüllbarer Wunsch. Ärztliche Untersuchungen von Jörgs Sperma hatten ergeben, dass er nicht – wie ich vermutet hatte – infolge der Querschnittslähmung unfruchtbar geworden war. Ein »Retortenbaby«, das ich dann ausgetragen und per Kaiserschnitt zur Welt gebracht hätte, war also möglich. Doch die Probleme lagen bei mir. Man hatte einen Nierenschaden festgestellt, der die Schwangerschaft komplizieren würde. Es blieb ein Restrisiko für Mutter und Kind, das wir nicht eingehen wollten. Das war schwer zu verdauen, doch wir fanden uns relativ schnell damit ab, denn es gab ja noch andere Möglichkeiten.

Anfang der 80-er-Jahre hatten wir die Idee, ein Kind zu adoptieren, Freunde und Bekannte rieten uns zu. Wer sollte besser geeignet sein als ihr, sagten sie. »Jörg ist einer der fürsorglichsten Männer, und du, Marianne, kannst blendend mit Kindern umgehen.« In der Tat hatte ich im Klinikum ständig mit 30 behinderten Jugendlichen zu tun, betreute in den Ferien stets die Kinder meines Bruders, die von der Küste nach Berlin kamen. Später hatte man mir am 7. Oktober 1988, am »Tag der Republik«, sogar die Artur-Becker-Medaille der Freien Deutschen Jugend (FDJ) in Gold verliehen, »in Anerkennung und Würdigung hervorragender Verdienste bei der kommunistischen Erziehung der Jugend der DDR«. Was daran »kommunistisch« war, wenn ich Querschnittsgelähmten ein Stück Lebenstüchtigkeit zurückgab, ihnen beibrachte, wie man auf geschickte Weise einen Kamm hält und damit seine Behinderung überlistet, das konnte mir zwar keiner sagen, aber sei's drum – offenbar war man davon überzeugt, dass ich einigermaßen gut mit Menschen umzugehen wusste. Dachte ich – und täuschte mich. Nachdem mehrere Adoptions-Anträge abgelehnt wurden und uns beschieden wurde, wir seien an der falschen Adresse, erhielten wir letztlich eine Vorladung vor ein Sechser-Gremium, in dem Leute verschiedener Einrichtungen vertreten waren und nun darüber befinden sollten, ob ich einem elternlosen Kind die neue Mutter und Jörg der Vater sein durfte.

Der schmucklose »Warteraum« im Bucher Klinikum, wo die »Anhörung« stattfinden sollte, hatte eine seltsam bedrückende Atmosphäre. Das Gefühl, wie in der Schule eine Leistungskontrolle zu absolvieren und danach benotet zu werden, passte für meinen Geschmack nicht zum Anlass. Es ging doch um die Zukunft eines Kindes, konnte die wie ein bürokratischer Behördenakt abgehandelt werden? Warum waren die Prüfer nicht mal zu uns gekommen, hatten sich angesehen, wie wir leben, was wir können und vielleicht was nicht? Warum hatten sie nicht nachgefragt, nicht mal Interesse gezeigt? Vor uns war eine allein stehende Frau dran, stark behindert, im E-Wagen und kaum beweglich, die ebenfalls den Wunsch nach einem Kind hatte. Die Ablehnung konnte ich nachvollziehen, diese Frau war sicher nicht in der Lage zu bewältigen, was mit einem Heranwachsenden auf sie zukam. Doch deshalb alle Rollstuhlfahrer über einen Kamm scheren? Unsere Vorgängerin hatte »Eindruck gemacht«, Vorurteile bestätigt und verfestigt. Im Nachhinein schien mir die Entscheidung schon festgeschrieben, als wir in das Zimmer rollten. Die Tische waren in L-Form aufgestellt, wir wurden in die Mitte gebeten, sollten erklären, warum wir das wollten, ein Kind adoptieren. Danach wurde erst gar nicht beraten, sondern gleich abgelehnt. »Kinder können gemein sein und weglaufen. Was wollen Sie dann tun?« Eine seltsame Frage. Sie zäumten das Pferd vom Schwanz auf. »Auch Erwachsene können gemein sein«, antwortete ich. »Wir wollen unser Kind so erziehen, dass es gar nicht auf den Gedanken kommt wegzulaufen.« Das Gremium reagierte verständnislos:

Warum nur weigerten wir uns zu begreifen?

Die resolute Dame, die den Part der Sprecherin übernommen hatte, half nach: »Sie sitzen beide im Rollstuhl. Wir suchen für Kinder aber die bestmöglichen Familien. Da kommen Sie doch wohl nicht in Frage, oder?«

Oder? Natürlich oder! Ich hatte die ganze Zeit das Gefühl, dass schon ein bisschen Gehen oder Stehen alles verändert hätte. Wie sehr hasste ich mich in diesem Moment für meine Behinderung, wie gerne wäre ich einfach aufgestanden und hätte plötzlich Wärme und Freundlichkeit in der metallisch harten Stimme hinter dem Tisch gespürt, die nur unnahbare Kälte verkörperte.

»Kinder können gemein sein und weglaufen. Was wollen Sie dann tun?« Eine seltsame Frage.

Versuchen Sie es in der nächsten Instanz, aber finden Sie sich damit ab, dass sie nicht die geringste Chance haben, klirrte es über unsere Verzweiflung und Trauer hinweg.

Hatte es Sinn zu reden und zu erklären, wo man nicht hören und verstehen wollte? Wir fühlten uns vor Gericht gezerrt, wurden beschuldigt, wofür wir nicht konnten. Mussten wir uns entschuldigen, im Rollstuhl zu sitzen, waren wir arrogant und selbstherrlich, etwas vom Leben zu erwarten? Sollten wir nicht vielmehr dankbar sein, überhaupt am Leben gelassen zu werden, anstatt ein Kind zu begehren?

Leise fragte ich: »Haben Sie schon einmal mit Behinderten zu tun gehabt? Wissen Sie, wie sie leben und arbeiten? Haben Sie sich einmal mit eigenen Augen überzeugt, wie ›normal‹ wir sind?«

Die Antwort war so kalt wie jedes Wort davor. »Was wir gesehen haben, reicht uns.« Materiell und körperlich gab es im Grunde kein Hindernis. Wir hatten alles, was nötig war, um ein Kind behütet aufwachsen zu lassen. Uns fehlte nur eine einzige Voraussetzung: Wir waren keine Nichtbehinderten.

Wir hatten alles, was nötig war, um ein Kind behütet aufwachsen zu lassen. Uns fehlte nur eine einzige Voraussetzung: Wir waren keine Nichtbehinderten.

Oft habe ich später darüber nachgedacht, wie heute in einem solchen Falle entschieden werden würde. Genauso, nur mit subtileren Begründungen, oder ganz anders? Ich halte beides für möglich, so wie auch damals beides möglich gewesen wäre. Nicht der Staat hatte uns damals ein Kind verweigert, es waren Menschen, die kraft ihres Amtes ihren beschränkten Horizont in Beschlüsse umsetzten, die wie Gerichtsurteile für Unschuldige waren. Es hat weniger mit Ideologien zu tun als mit ganz persönlichen Haltungen: mit Intoleranz, Gleichgültigkeit, Feigheit, Flucht.

Wir waren zu verletzt, um danach aufzubegehren und vielleicht noch einmal Ähnliches erleben zu müssen. Ein Jahr später haben wir uns einen Zwergpudel zugelegt. Immerhin war nun ein kleines Lebewesen da, für das wir dasein mussten, um das wir uns zu kümmern hatten, den wir »erziehen« durften und mit dem sich prima etwas unternehmen ließ. Ein Ersatz, der keiner sein konnte, so sehr wir den kleinen Irrwisch auch liebten. Wir wollten, wie in allen Fällen, nicht die Kopie, sondern wenn irgendmöglich das Original.

Fliegen, Reisen, Autofahren, Reiten, Tanzen, Berge »besteigen«, Kino, Theater, Angeln – nichts ist unmöglich, wenn man es lernt, mit sich selbst richtig umzugehen, den eigenen Körper zu beherrschen, statt sich dem Motto »Der Mensch denkt, der Körper lenkt« auszuliefern. Was dabei zunächst am meisten belastet, ist der quälend lange Prozess, in dem man das unkontrollierte Wasserlassen und die Darmtätigkeit in den Griff bekommen muss. Man trainiert sich Abführtage an – einen Drei-Tages-Rhythmus etwa –, was nicht von heute auf morgen geht, sondern Wochen und Monate dauert, ehe es mehr oder minder reibungslos funktioniert. Oftmals passiert »es« anfangs unter der Dusche, weil warmes Wasser den Darm anregt. Wie peinlich das den meisten ist, muss nicht näher erläutert werden. Die Unsicherheit ist anhaltend, doch scheibchenweise, sozusagen Millimeter für Millimeter, lernt man sich besser kennen, achtet auf bestimmte Körperreaktionen, die entsprechende Dinge ankündigen.

Ich habe schnell gelernt, dass Paprika und Johannisbeeren bei mir eine durchschlagend anregende Wirkung haben, und mithin vom Kostplan gestrichen sind. Wenn sich die Haare an meinen Armen aufstellen, als fröstele mir, dann weiß ich, dass ich noch zehn bis 15 Minuten Zeit habe, um auf das stille Örtchen zu gelangen. Dumm ist das nur dann, wenn ich im Auto sitze, fünf Kilometer vor Buch, und die Ampel beharrlich auf Rot bleibt. Doch auch mit solchen Situationen hat man umzugehen gelernt. Man weiß, dass Vorsorgen besser als Heilen ist, und erledigt vorher, was nachher in die Hosen gehen kann. Jörg und ich brauchen dank des jahrelangen Körper-Erfahrungskurses keine Windeln mehr, die ansonsten vor Malheuren schützen können. Was Außenstehende amüsieren und peinlich berühren mag, ist für uns eine normale Vorsichtsmaßnahme: »Pampers« im Gepäck. Muss man das schamhaft verschweigen? Nein! Ich muss es nicht vor mir hertragen, aber wer wirklich mehr über mich wissen will, vor dem muss ich aus dem »Anderssein«, was nach all dem Normalen kommt, kein Geheimnis machen. Was im Übrigen genauso umgekehrt gilt.

Der innere Dialog mit meinem Körper signalisiert mir meistens, wann ich was zu tun habe. Ich erhalte Anweisungen, die, wenn ich sie nicht ignoriere, Probleme vermeiden helfen. Ich erfühle, wenn meine Blase voll ist, die mir das unverschuldete Geschenk bereitet, mit 1275 Milliliter Fassungsvermögen mehr als doppelt so aufnahmefähig wie normal zu sein. Um sie zu entleeren, klopfe ich mit der Hand am unteren Rand, drücke dann am Beckenrand und rolle nach innen ab. Das animiert und garantiert in der Regel schnellen Erfolg. Freunde und Bekannte wissen, was abläuft, wenn ich »klopfen gehe«. Ähnlich verhält es sich mit den größeren »Geschichten«. Jeder hat so seine Tricks, den Darm zu reizen, die meisten benutzen Zäpfchen. Alle drei Tage nach 20 Uhr, so ist mein

Turnus, und man kann dann einige Zeit damit zubringen. Man richtet sein Leben auf diese lieb gewordenen Gewohnheiten ein. Wenn man zum Beispiel auf Reisen geht, sollte man dies in Berücksichtigung der individuellen Besonderheiten tun. Stehen mir – wie gesagt – die Haare zu Berge, dann weiß ich eben, dass ich jetzt nicht das Haus verlassen kann. Gehen wir aus, informiere ich mich in der Regel vorher, ob es in dem Theater oder Kino eine Behindertentoilette gibt. Man erlegt sich von selbst die Disziplin auf, sich beim Trinken einzuschränken oder nichts Treibendes zu essen, vergisst das Urinar nicht.

MEIN KÖRPER IST MEIN PARTNER, GEHE ICH SCHLUDRIG MIT IHM UM, ZAHLT ER ES MIR SEHR ZÜGIG UND OFT SCHMERZHAFT ZURÜCK.

Als wir unser Hochzeitsreisen-Dacapo – dem etwas verunglückten Ostsee-Trip von 1978 folgte Ende 1994, Anfang 1995 ein Sieben-Wochen-Urlaub in Florida – in Angriff nahmen, da haben wir uns, oder besser unsere Körper, Tage vorher darauf vorbereitet. Man kann nicht einfach am nächsten Tag fliegen. Natürlich werden die Möglichkeiten für spontane Entschlüsse damit ziemlich eingeschränkt, aber das muss man nun einmal akzeptieren. Mein Körper ist mein Partner, gehe ich schludrig mit ihm um, zahlt er es mir sehr zügig und oft schmerzhaft zurück. Die Durchblutung in den gelähmten Gliedmaßen ist eingeschränkt, deshalb muss man darauf achten, gerade diese Partien zu bewegen, zu drehen, Haltungen zu verändern. Wie schnell sitzt man lange in einer Position, womöglich auf einem Gegenstand und merkt es nicht. Die entstehenden Druckstellen sind gefährlich, weil das Fleisch absterben kann und dann ein Dekubitus, eine offene Wunde, die Folge ist. Heiß oder kalt wird auf der Haut nur oberhalb der Schädigung empfunden, darunter hat bei mir schon manchmal eine auf dem Knie abgestellte Tasse mit kochend heißem Kaffee Brandblasen hinterlassen. Die Gefahr von Verbrennungen ist groß. Dass dieses Handicap auch eine ganze Reihe von Situationen schafft, mit der man die nichtbehinderte Umwelt verblüffen und später darüber herzlich lachen kann, ist die Kehrseite.

Jörg, bis zum vierten Brustwirbel gelähmt, kann sich zum Beispiel beim Baden in aller Seelenruhe ins Wasser wagen, das die übrigen Besucher als eiskalt empfinden. Erst wenn es Brusthöhe erreicht hat, fängt er plötzlich an zu schreien. Es sind diese Kleinigkeiten, bei denen man nie auslernt, die wichtig sind. Mit dem Rollstuhl klarzukommen, ist das Geringste. Schneidet man sich in den Zeh, bekommt man es erst nicht mit, dann dauert die Heilung ewig. In der Kleiderwahl sind Hosen mit Taschen oder Knöpfen auf der Rückseite unangebracht, weil auch da wieder Druckstellen die unangenehme Folge sein können. Man muss lernen, sich überhaupt erst einmal eine Hose anzuziehen. Wer jetzt lächelt, dem empfehle ich einen praktischen Test: Versuchen Sie es, den textilen Zweibeiner – ohne aufzustehen – auf den Leib zu bekommen. Bis zur Hüfte ist es noch relativ einfach, aber wie kriegt man das Ding über den Hintern? Auch ich habe lange gebraucht, bis ich die Techniken für alles, was »untenrum« passiert, intus hatte. Schuhe zum Beispiel sollten generell zwei Nummern größer sein. Ich habe mir beim Anziehen des Fußwerks schon mal einen Zeh gebrochen. Offenbar hatte er sich hoch gestellt, was ich nicht bemerkte und den Schuh halt mit brachialer Kraftanwendung »passend« machte. Ich wunderte mich danach, dass der Zeh sehr dick wurde und »überbeweglich« war – Schmerzen empfand ich naturgemäß keine. Das Empfindungssystem hat sich verändert, man bemerkt oft auch an äußeren Dingen, wenn etwas organisch im Körper nicht stimmt. Bei mir sind es zum Beispiel Spasmen der Beine, die anfangen zu »spinnen« und sich in Zuckungen selbstständig machen. Das sind Warnzeichen, die man erkennen muss. Tut man das, ist alles zu bewältigen. Ich weiß es aus eigener Erfahrung, aus jahrelangem Lernen. So bin ich auch mit einer Situation im Frühjahr 1995 fertig geworden, als ich für einen Moment einem bedrohlichen Schicksal auf der Schippe saß. Aus Melbourne kommend, war ich 32 Stunden im Flugzeug unterwegs gewesen, hatte dabei die Stationen Sydney, Bangkok, Athen, Saloniki und Düsseldorf kennen gelernt, ehe ich wieder daheim in Berlin landete. Einen Tag blieb ich zu Hause, dann folgte eine 21-stündige Autofahrt ins französische Avignon, wo ein Trainingslager stattfinden sollte. Als ich ankam, rächte sich mein Körper für die Überforderung, spielte verrückt. Die unkontrollierten Spasmen der Beine waren das eine, aber auch innerlich war einiges durcheinander. Ich konnte nichts mehr essen, nicht trinken, die Gefäße verkrampften, die Arme wurden dick. Schließlich bekam ich vieles gar nicht mehr mit, wurde im Rettungsflieger – Manfred von Richthofen hatte bei der Organisation geholfen – nach Heidelberg verfrachtet. Eine Computertomographie war nicht machbar, weil ich nicht auf dem Rücken liegen konnte.

Drei Wochen lag ich in der Klinik, dann ließ ich mich entlassen, obwohl ich kollabierte, sowie ich mich aufsetzte. Doch das Abhängig-Sein nervte. Immerzu bitten müssen, das ist nicht mein Ding. Dass ich irgendetwas nicht kann, ist die einzige Angst, die ich habe. Jörg sagte damals zu mir, »Mariannchen, wir beide schaffen das!« Und ich war auch tatsächlich überzeugt, dass mir die heimische Umgebung nur gut tun konnte. Schon, weil da keiner meine Schwäche und Hilflosigkeit sah. Irgendwie ging es immer weiter, und nach einem halben Jahr hatte sich der Muskeltonus gelegt, im Sommer wurde ich in Novo Mesto Europameisterin im Mehrkampf. Das Ende ist da, wo man sich aufgibt. Genau das sage ich immer wieder meinen Schützlingen im Klinikum, die eben diese Erfahrung noch nicht haben können, die zwischen Angst, Verzweiflung und Selbstaufgabe nach dem Strohhalm suchen, der das Weiterleben lohnt.

5 Auf Station: Hilfe zur Selbsthilfe

Gebraucht werden: Beruf und Berufung – Warum mich die Patienten auf besondere Weise akzeptieren – Wie ich helfe, den Körper zu entdecken – Die Angst des Mannes um seine Männlichkeit – Autofahren: Nichts ist unmöglich! – Fahrstunden im Wald und eine Frage: Wer legt den Gang ein? – Das Glück, das ein Zehwackeln beschert

Ich habe schon viele schöne Namen für das gelesen, was ich im Klinikum Buch auf der Querschnittsgelähmtenstation bis 1998 getan habe. Krankenschwester, Hilfserzieherin, Sozialtherapeutin – von allem bin ich ein Stückchen, und darüber hinaus noch einiges mehr. Mein Job, den ich ungern so bezeichne, macht mich zugleich zur Seelsorgerin, Beichtschwester, Vertrauten, Ersatz-Mutter, zur Trostspenderin, Mutmacherin, Intimfreundin und Geheimnisträgerin. Meine Arbeit in der beruflichen Rehabilitation auf der Bucher Station, die mir als Spezialaufgabe die Betreuung »frisch Verunfallter« – welch fürchterliches Mediziner-Deutsch – zuweist, war für mich ein Glücksfall. Weil ich wohl nirgends sonst ein solches Gefühl des Gebrauchtwerdens, des Zu-etwas-nutze-sein hätte. Das Geld, das ich dafür monatlich erhalte, spielt eine untergeordnete Rolle. Ich darf wegen der gezahlten Invalidenrente eh nur einen kleinen Betrag dazuverdienen, doch ich würde auch ohne die paar Mark diese Beschäftigung nicht aufgeben. Das gilt genauso für meine neue Tätigkeit auf der Neurologischen Station in Buch, in die ich vor zwei Jahren gewechselt bin, nachdem die »Querschnitte« in Europas größte Unfallklinik nach Berlin-Marzahn verlegt worden sind. Dort kümmere ich mich jetzt vor allem um Schlaganfall-Patienten.

An mehreren Wochentagen bin ich vormittags zwei, drei Stunden in der Klinik – und es ist für mich genauso, wenn auch auf andere Weise, wichtig wie für die Patienten. Ich vermute, dass Klischees von solchen Stationen Beschreibungen wie trostlos, traurig, bedrückt, trübselig oder hoffnungslos implizieren. Muss man nicht depressiv werden, wenn man sich täglich mit »tragischen Schicksalen« umgibt? Man muss es nicht! Natürlich herrscht auf den Fluren nicht immer lärmende Fröhlichkeit, aber sie sind keineswegs eine Zwischenlagerstätte für Scheintote. Lachen ist nicht verboten, es muss nicht geflüstert und es darf geflucht werden. Auch Tragik hat eine Dimension, die nicht unermesslich steigerbar ist. Auch Querschnittsgelähmte erzählen sich Witze, sind an trivialem Klatsch interessiert, fordern den Schiedsrichter, den »Dünnbrettbohrer«, ans Telefon, wenn sie bei einer Fernsehübertragung eine Fehlentscheidung entdeckt zu haben glauben.

Wie geht es zu auf einer Querschnittsgelähmtenstation? Meine Gedächtnisprotokolle sind vielleicht weniger spektakulär als vermutet: Kurz vor sieben morgens komme ich in die Stille der Station, die allmählich, ganz allmählich erwacht. Ich wecke die Patienten, die ich an diesem Tag betreuen werde. Helfe ihnen, sich umzusetzen, für das Duschen fertig zu machen. Es sind simple Dinge, die ich ihnen nahe zu bringen suche. Wie funktioniert das mit dem Zähneputzen, wie streift man einen Waschlappen über die Hand? Viele Bewegungen und Gesten sind noch unkontrolliert, der Kreislauf ist oft nicht stabil, sodass der Körper schnell nach hinten kippt. Hinlegen, aufrichten, Hilfestellung, um in den Rollstuhl zu gelangen, anziehen. Immer ein Stückchen mehr. Zunächst ist meist am Hals Endstation, wenn das Oberteil über den Kopf gezogen ist. Wie weiter? Wer wüsste es besser als ich, wie man fertig werden konnte mit der eigenen Unfertigkeit. Kleine Tricks machen das Leben um so vieles leichter. Und für mich ist es jedes Mal ein mindestens ebenso großer Erfolg wie für einen meiner Schützlinge, wenn der sich selbst waschen und ohne fremde Hilfe vom Rollstuhl ins Bett wechseln kann. Klar ist, dass ich für die Patienten so eine Art erster Ratgeber in allen Lebenslagen bin. Gerade, weil ich wie sie nicht forsch im weißen Kittel durch die Zimmer laufe, sondern mich rollend fortbewege. Ich bin eine von ihnen. Nicht schweigend erdulden, sondern reden, reden und nochmals reden, das ist das Wichtigste.

NICHT SCHWEIGEND ERDULDEN, SONDERN REDEN, REDEN UND NOCHMALS REDEN, DAS IST DAS WICHTIGSTE.

Einige dürfen nur zwei, drei Stunden am Tag aufstehen. Ich ermutige sie, diese Zeit nicht wegzuwerfen. Wer sich nicht bewegt, erstarrt. Im Durchschnitt sind die Leute ein halbes Jahr auf der Querschnittsgelähmtenstation. In den Zimmern sind meist vier Patienten, auf altersgerechte Belegung und Vermeidung von Einseitigkeit, was den Stand der Verarbeitung des Vergangenen angeht, wird geachtet. Vier Frischverunfallte gemeinsam in einem Raum, das wäre unklug. Gut ist, wenn »Neue« und Leute, die schon viel weiter sind, zusammen liegen. Die Zimmer sind relativ klein, steht vor jedem Bett noch ein Rollstuhl, kann es verdammt eng werden. Zwei Schränke, einige Regale mit medizinischem Kram und alltäglich benötigtem Zubehör – Katheter und Windeln etwa – fügen sich zu einem Bild dreidimensionaler Zweckmäßigkeit. Nicht Gemütlichkeit oder Behaglichkeit ist oberste Devise, Zurechtkommen mit den Klippen der Bau- und Wohnarchitektur ist angesagt. Das Bett muss in jede Richtung verstellbar sein, alle Querschnittsgelähmten müssen zweistündlich gedreht werden. Eine Arbeit, die kräftige Muskeln verlangt. Überall im Zimmer liegen Schaugummikissen herum, die zur Stabilisierung der Körperlagen gebraucht werden. Insgesamt 70 Patienten waren die Regel auf der Bucher Station. Unterschiedlich schwere Fälle. Welche, die für mich fast Alltag sind, aber auch schwere, die mich erschüttern, wenn sehr junge Menschen davon betroffen sind, die – so der triviale Allgemeinsatz, der aber dennoch zutrifft – das ganze Leben noch vor sich haben. Motorrad-, Auto- und Badeunfälle sind in der Mehrheit für die Querschnittslähmungen verantwortlich, das sinnlose Rätseln aus »Hätte, wenn und aber« – »wäre ich mit dem Bus gefahren, dann könnte ich heute meinen Surf-Urlaub vor Sylt genießen« – ist eine der selbstquälerischen Hauptbeschäftigungen in den ersten Tagen.

Das hat zwar keinen therapeutischen Effekt, aber es ist besser, der tief sitzenden Verzweiflung, ja, auch dem Selbstmitleid, am Anfang ihren Lauf zu lassen und nur sanft gegenzusteuern. Wer einen solchen fürchterlichen Einschnitt in das Leben, in Träume, Hoffnungen, Zukunftspläne erfährt, der hat das Recht auf ängstliche Niedergeschlagenheit. Am Ende stehen meist leiser Mut und Aufbruch. Das ich meinen kleinen Anteil daran habe, macht mich stolz und zufrieden. Es ist schön zu erleben, wenn ein zunächst vollkommen Hilfloser vor der Entlassung Sport treibt, sich selbst versorgt, arbeiten wird. Gerade Sport hat einen hohen Anteil am langsam zurückkehrenden Selbstbewusstsein der Gelähmten: Rollstuhlfahren, Tischtennis, Bogenschießen, Schwimmen – meist ist es viel mehr, als die Patienten in ihrem ersten Leben als Nichtbehinderte für ihren Körper getan haben. Einige wissen, dass ich als Sportlerin im Rollstuhl außerordentlich erfolgreich bin, sie fühlen sich in gewisser Weise geschmeichelt, von einer Olympiasiegerin betreut zu werden. Einer der Gründe dafür, dass ich bei ihnen in aller Regel mehr erreiche als eine nichtbehinderte Schwester. Die Akzeptanz ist eine andere, bestimmte Bitten, Vorschläge oder Anordnungen werden eher hingenommen, auch dann, wenn der Sinn zunächst nicht einleuchtet. Die muss es schließlich wissen, sagen sich meine Schützlinge, tun schon mal Dinge für mich, um es mir leichter zu machen. Meine Kolleginnen geraten des Öfteren ins Staunen: »Mensch Marianne, wie hast du das gemacht? Als ich gefragt habe, war er nicht bereit, sich auch nur einen Zentimeter zu bewegen.« Sie kommen und sagen »Mach mal!«, und fast immer schaffe ich es dann auch, dass die Gemeinten mitmachen.

Klar, dass alles ohne Druck geschehen muss. Man kann niemanden gegen seinen Willen zu seinem Glück zwingen. Das bedeutet, sich Zeit zu nehmen füreinander. Die Rehabilitation dauert so lange sie eben dauert. Es kann keine Vorgaben geben, in die man die Entwicklung des Patienten presst – und wenn diese nicht aufgehen, einen Misserfolg konstatieren. Es muss genau umgekehrt sein, die Vorgaben richten sich nach dem individuellen Verlauf bei jedem Einzelnen. Da kann es sein, dass sich wochenlang nichts tut, man sich selbst hinterfragt, warum passiert nichts, warum spricht er nicht an, reagiert nicht. Und plötzlich ist ein regelrechter Sprung da, gelingen Dinge, die auf so wunderbare Weise entschädigen für das lange Tief davor. Wenn man endlos nur gelegen hat wie ein zwar denkendes, aber steif-regungsloses Stück Fleisch, das von den Händen anderer von Zeit zu Zeit gedreht werden muss, um nicht zu faulen, ist jedes noch so kleine Stück zurückgewonnene Mobilität ein immenses Glücksgefühl. Das Umsetzen vom Bett in den Rollstuhl hat deshalb große Bedeutung. Wem noch Stützfunktionen in Armen und Oberkörper geblieben sind, dem gelingt es meist früher. Andere brauchen ein Rutschbrett oder müssen sich wie Halsmark-Geschädigte in den Stuhl hineinrollen.

Gemeinsam probieren wir die Varianten durch, um zu sehen, was für den jeweiligen Patienten das Beste ist. Die Muskulatur, die noch vorhanden ist, muss trainiert werden, weil sie entscheidend dazu beitragen kann, die Lebensqualität eines Querschnittsgelähmten zu verbessern. Sie hilft, sich im Bett zu drehen, sich selbst anzuziehen, um nicht hilflos mit der Hose unterm Hintern liegen zu bleiben. Die Bewältigung aller Alltagsdinge hängt direkt davon ab, wie gut ich das benutzen kann, was mein Körper mit seinen eingeschränkten Möglichkeiten noch zu leisten in der Lage ist. Es immer wieder zu versuchen, diese Möglichkeiten zu erkunden gegen die scheinbar übermächtige Lähmung, die einem flüsternd suggeriert »Lass sein, das hat doch alles keinen Sinn!«, das ist verdammt schwer und verlangt vor allem Kopfarbeit. Man schafft nicht alles, was man nur will, aber man schafft mehr, als man am Beginn des Kampfes um das bisschen Existenz jemals glaubte.

Relativ wenige Stunden pro Woche schreibt mir mein Arbeitsvertrag vor, doch die Uhr spielt keine Rolle an meinen Tagen im Klinikum. Die investierte Zeit wird vielfach an mich zurückgezahlt. Wenn ich spüre, es geht aufwärts bei einem Patienten, ist das ein Gefühl, als verlängere, verschönere sich damit auch mein Leben. Ich kann mich eigentlich an keinen Fall erinnern, wo wir miteinander gar nichts erreicht hätten. Schon dadurch, dass ich zu vielen Problemen glaubwürdige Auskunft geben kann, die meine Schützlinge belasten, die sie aber aus Scham unterdrücken oder gegenüber Nichtbehinderten nicht anzusprechen wagen. Bei Männern ist es meist die Frage nach dem Geschlechtsleben, die oft vor allen anderen gestellt wird. Wie geht das jetzt? Ist es für immer vorbei? Werde ich je wieder eine Frau »glücklich« machen und mit ihr schlafen können? Es scheint so, als ob in einer Welt, die »Männlichkeit« und Manneskraft oder -attraktivität über das »Leistungsvermögen« des bisschen Wurmfortsatzes definiert, der Verlust von körperlicher Liebesfähigkeit als Verlust von Lebenssinn empfunden wird. Nicht nach dem Umgang mit anderen Körperfunktionen, nicht nach dem Erhalt der Arbeitsstelle wird gefragt, stattdessen: Bleibt meine Frau jetzt überhaupt bei mir, wenn ich *das* nicht mehr kann? Was ich, so formuliert, natürlich nicht beantworten kann. Wo doch schon der konstruierte Zusammenhang nicht aufgeht. Das versuche ich, meinen Patienten zu vermitteln. Zum einen ist *das* weiterhin möglich, zum anderen kann man sein Liebesleben völlig neu entdecken. Kein pastoraler Trost, sondern aus eigenem Erleben und mit praktischen Beispielen belegbar. Ich werde nach Hilfsmitteln gefragt, und gebe darüber Auskunft. Geradezu und konkret natürlich, es gibt keine Literatur zu diesem Thema, und die Geschichte von der Biene und der Blume, die passt auch bei Querschnittsgelähmten nicht.

Wenn ich spüre, es geht aufwärts bei einem Patienten, ist das ein Gefühl, als verlängere, verschönere sich damit auch mein Leben.

Nichts ist unmöglich – manchmal stimmt sogar ein Werbemotto aus der Autoindustrie für uns »Kaputte«. Das gilt im Übrigen, um im Bilde zu bleiben, auch für das Bewegen einer »Benzinkutsche« selbst. Die Möglichkeit, ein Auto zu fahren, ist enorm wichtig, weil damit Mobilität verbunden ist – das, was einem Querschnittsgelähmten am meisten fehlt. Ich wusste frühzeitig, dass ich unbedingt »wollte«, und machte mich Ende der 70er-Jahre daran, Fahrtüchtigkeit zu erwerben. Nachdem der Medizinische Dienst geprüft hatte, ob ich dazu physisch und psychisch überhaupt in der Lage wäre, und diese Frage positiv beschieden hatte, wurden mir »für den Fall der Fälle« folgende Auflagen erteilt: Sicherheitsgurt – damals noch keine Pflicht –, kompletter Umbau für Behinderten-Bedürfnisse, Gleitschutz am Lenkrad, rechter Außenspiegel. Es war ein biberbrauner Wartburg Tourist, der mir schließlich auf den Leib geschneidert wurde. Die Fahrerlaubnis erwarb man generell mit dem eigenen Fahrzeug. Mit anderen Worten: Erst musste das Auto da sein, dann konnte man loslegen. Eine Dringlichkeitsbescheinigung sorgte dafür, dass der Wagen innerhalb eines halben Jahres zur Verfügung stand und ich nicht die widersinnige Wartezeit von einem Jahrzehnt und länger, die in der DDR normal war, in Kauf nehmen musste. Da die Fahrschule in der Milastraße, gleich neben der Schönhauser Allee im Berliner Stadtbezirk Prenzlauer Berg, alles andere als behindertengerecht war, stattdessen steile Treppen in die Lehrräume aufwies, durfte ich daheim für die mündliche Prüfung lernen. »Rufen Sie an, wenn Sie glauben, dass sie so weit sind«, hieß es. Mit den praktischen Übungen ging das, versteht sich, natürlich nicht. Als ich plötzlich nachmittags halb vier im dicksten Großstadtverkehr über die »Schönhauser« nach Buch chauffieren musste, hatte ich »weiche Knie« – jedenfalls soufflierte mir das mein Kopf – und schwitzige Hände. Doch ich kam an und fühlte mich zunehmend sicherer. Ich lernte relativ schnell, durfte mich bald über das Stück Papier freuen, das aus einer Querschnittsgelähmten mit kleinem Bewegungsradius eine machte, für die fast nichts unerreichbar war, wenn nur eine Straße hinführte.

Zugegebenermaßen, ich hatte heimlich geübt, um überhaupt erstmal mit der Technik halbwegs zurechtzukommen. Links am Lenkrad war die Kupplung installiert, die man beim Schalten heranziehen musste, rechts ein Drehgriff, mit dem Gas zu geben war und über ein Gestänge zum Motorraum gebremst werden konnte. Da beide Hände mit Lenken bzw. Gasgeben beschäftigt waren, wurde vor allem das Anfahren an Kreuzungen zum Problem. Die Frage »Wer legt den Gang ein?« war knifflig, und so gewöhnte ich mir an, bereits 60-80 Meter vor solch sensiblen Stellen so langsam zu fahren, dass ich den ersten Gang wählen konnte, um danach wieder gut wegzukommen. Das trug einem zwar den Ärger der hinter einem Fahrenden und eindeutige Fingerzeige zur Stirn ein, aber was half's? Wat mutt, dat mutt.

Meine heimlichen Testfahrten vor der Prüfung hatten wechselnden Erfolg. Im Ueckermünder Wald hatte ich mir eine schöne Strecke ausgeguckt, wo Erwischtwerden praktisch ausgeschlossen war. Den Wartburg Tourist hatten Jörg und ich vorher regelrecht gewienert. Wenn schon Autofahrer, dann wollte man daheim bei Muttern auch etwas hermachen. Alles ging bestens, bis ich in ein Modderloch fuhr, aus dem es scheinbar kein Entrinnen gab. Zwei Rollstuhlfahrer im Wald im Morast – was tun? Wir waren der Verzweiflung nahe. Zweige und Äste und schließlich tatkräftige Anschubhilfe meiner Mutter sorgten dafür, dass wir nach zwanzigminütigem Schlammbad – der Wartburg sah aus wie nach einem Geländecross – wieder »flott« waren.

Trotz dieses Erlebnisses und mancher anderer »Fallen« (es ist zum Beispiel im Prinzip unmöglich, nachts sein Auto an einer Selbstbedienungstankstelle mit Sprit zu versorgen, weil das Personal nicht herauskommen darf, aber andererseits wegen der rechts neben dem Fahrzeug befindlichen Benzinsäule kein Rollstuhlfahrer handlungsfähig ist, es sei denn, es naht gerade Hilfe in Gestalt anderer Autofahrer) bleibt das vierrädrige Lieblingsspielzeug vieler Deutschen gerade für uns ein wichtiges Stück Lebensqualität. Schon vor der Wende hatten wir das Glück, ein Stück vom »Golf«-Strom abzubekommen. Nachdem wir bei einer »Sonderlieferung« von einigen tausend Mazda, die unter das begierige DDR-Volk geworfen worden waren, noch Pech hatten, gehörten wir bei der nächsten ähnlichen Aktion zu den Auserwählten, die einen Viertürer aus Wolfsburg erhielten. Eine Wahnsinnserleichterung, denn erstmals durften wir die Vorzüge einer Automatik-Schaltung genießen, die zum Beispiel das geschilderte Anfahrproblem behob. Was Automarken angeht, sind wir einstweilen ziemlich versiert, denn später folgten mit Opel Astra, einem Golf 3, dem VW Passat und schließlich dem Audi A6 TDI weitere PS-Kutschen – allerdings weit pflegeleichtere als die von früher.

Zwei Rollstuhlfahrer im Wald im Morast – was tun? Wir waren der Verzweiflung nahe.

Doch auch mit denen kam man zurecht, selbst bei Pannen. Ein kaputter Reifen? Kein Problem wäre geschwindelt, aber ich habe es geschafft, den neuen aufgezogen. Am schwierigsten war es, als wir 1983 bei der Rückkehr aus der Bundesrepublik zehn Kilometer hinter der Grenze einmal den Keilriemen wechseln mussten. Obwohl wir ein Rollstuhlfahrer-Zeichen an unserem Wartburg hatten, hielt niemand an der Pannennische an, sogar ein Krankenwagen brauste vorbei. Da wir vorne im Auto keinen Rollstuhl hatten, bin ich auf dem Po um das Fahrzeug rumgerutscht, habe den Rolli aus dem Kofferraum gezottelt, um schließlich den Wagen wieder flottzumachen. Was ziemlich kompliziert ist, wenn man sich nicht aufrichten und die Dinge von oben sehen kann. Inzwischen haben die Autos einen anderen Komfort, in den Kofferraum unseres aktuellen Pkw passen bequem zwei Rollstühle, das Einsteigen ist kein Problem. Ich erinnere mich, wie ich mich vor Jahren in unserem Wartburg Tourist über die Ladefläche von hinten ins Fahrzeug bugsierte, die Beine hinterherwarf und sie mir genau ins Gesicht schleuderte. Mit kurioser Folge. Ich hatte mir mit den eigenen Knien das Nasenbein angebrochen! Das soll erstmal einer nachmachen! Der Arzt, dem ich den Hergang schilderte, hatte alle Mühe, einen Lachkrampf zu unterdrücken. Auf das Auto sollte kein Behinderter verzichten – ich lege pro Jahr allein durch den Sport rund 40 000 Kilometer zurück. Es gibt nur wenige Ausnahmen, auch bei Querschnittsgelähmten, die das Fahren unmöglich machen. Die Fahrzeuge sind für fast alle Behinderungsgrade so zu modifizieren, dass sie handbar sind, ohne sich selbst oder andere zu gefährden. Es kann weiter geliebt, es kann weiter Auto gefahren werden – hatte ich das meinen Schützlingen klargemacht, sie davon überzeugt, dass es bei ihnen ganz persönlich genauso ist, dann war bereits viel gewonnen. Dorthin zu kommen, wo ich bin, das zu erreichen, was der Bettnachbar, der schon zwei, drei Monate länger rehabilitiert wird, erreicht hat, ist Motivation und Anreiz zugleich.

Logisch ist, dass keiner in einem Dauerhoch lebt. Kein Nichtbehinderter, erst recht kein Querschnittsgelähmter, der ständig auf seine Grenzen gestoßen wird. Der vergleicht mit seinem Leben davor – »Das werde ich nie wieder können« –, muss mit quälend langsamen Fortschritten und manchmal auch Rückschlägen leben. Wie muss man reagieren, wenn der Partner des Behinderten nicht stark genug ist, mit der neuen Situation zu leben, wenn sich Mann oder Frau von einem Patienten trennen, weil sie mit einem »Krüppel« nicht leben wollen? Für solche Fälle ist psychologische Betreuung da, die Kurzschlussreaktionen verhindern und – trotz allem – Positiv-Denken anregen soll. Es kommt vor, dass einer in solcher Lage sagt »Ich mag nicht mehr«, aber ich habe noch niemanden betrauern müssen, der in diesen Situationen seinem Leben ein Ende machte. Zumal, es mag makaber klingen, viele Patienten dazu auf Grund ihrer Schädigung gar nicht in der Lage wären. Oft denke ich daran, dass auch Jörg und ich solche depressiven Momente hatten. Das muss man akzeptieren, weil es einfach dazugehört. Wichtig ist es in diesen Momenten, dem anderen zu zeigen, dass man »versteht« und dass dennoch mit einem wie auch immer gearteten »Ende«

mehr verloren als gewonnen wird. Natürlich machte es mich betroffen, wenn ein 14-jähriger Junge nach einem Badeunfall mit Halsmarkschaden in die Klinik eingeliefert wurde. Doch auch dann bemühe ich mich darum, Stärke herauszukehren: Es gibt immer Wege, auf denen es weitergeht.

Man muss zuhören können, auch mal ganz still, einfach nur da sein. Die Patienten lassen, wenn sie Vertrauen gewinnen, die Schutzhülle aus Verletzlichkeit, Schamgefühl, Angst fallen und mich auf intime Weise in ihr Leben. Eine Öffnung, die ich mit Offenheit beantworte und die eine verständnisvolle Nähe erzeugt. Das Gespräch ist manchmal für sie wichtiger als das ganze andere Instrumentarium an therapeutischen Maßnahmen. Dafür muss jede Zeit da sein, und wenn ich darum gebeten wurde, hatte ich sie selbstverständlich. Nicht nur an den Wochentagen, die mein Arbeitsvertrag vorschrieb. Das es eine Beziehung der besonderen Art ist, belegt, dass ich von meinen Schützlingen oftmals zur Vertrauensperson in Fällen gewählt werde, in denen es Probleme mit dem medizinischen Personal gibt. An meinem Beispiel sehen die Patienten, was machbar ist mit einer Querschnittslähmung. Zum Teil kennen sie mich aus Fernseh- oder Zeitungsberichten, erzählen Geschwistern und Eltern stolz, dass sie von Deutschlands »Sportlerin des Jahres 1994« betreut werden. Damit können diese meist nicht allzu viel anfangen, aber wenn sie die Namen der Platzierten – Franziska van Almsick und Steffi Graf – hören, dann ist mir ehrfurchtsvolle Bewunderung sicher. Und so bin ich wohl – obwohl ich diese Rolle für mich selbst gar nicht empfinde – häufig eine Art Vorbild. Kein abgehobenes, entrücktes auf einem Sockel, sondern eines, das zu ihnen gehört.

Die Patienten lassen, wenn sie Vertrauen gewinnen, die Schutzhülle aus Verletzlichkeit, Schamgefühl, Angst fallen und mich auf intime Weise in ihr Leben.

Ich trage in der Klinik stets Trainingssachen oder normale sportliche Kleidung, dem weißen Schwarm bei der Chefarzt-Visite gehe ich wohlweislich aus dem Wege. Zwei, drei Patienten pro Tag habe ich auf der »Querschnitt«-Station betreut, die Zeitdauer hing von der inneren und äußeren Beschaffenheit des Einzelnen ab. Fünf Monate lang habe ich zum Beispiel einmal mit einem damals 28 Jahre alten Kubaner gearbeitet, der durch eine Kinderlähmung schwer geschädigt war. »Zeigen Sie mir doch, was Sie können«, forderte ich ihn immer wieder auf, und es tat sich nichts. Ganz allmählich wurde sein steifer Arm beweglicher, eine wichtige Voraussetzung auch für den Umgang mit dem Rollstuhl. Als Carlos entlassen wurde, konnte er wieder für sich selbst sorgen. »Sie haben mir ein neues Leben gegeben«, schrieb er mir später, und hatte es sich doch selbst erarbeitet. Noch heute bekomme ich von ihm regelmäßig Post, eine schöne Bestätigung dafür, dass meine Arbeit Sinn macht.

Natürlich bin ich angewiesen darauf, dass ein Patient auch bereit ist, sein neues Dasein anzunehmen. Es ist schwer, jemanden zu erreichen, der sich selbst »Nur überleben!« verordnet hat, weil es doch niemals so wie früher werden würde. Die Hoffnung nicht aufzugeben ist das, was so leicht formuliert und so schwer zu leben ist. Zumal, wenn alles lahm gelegt zu sein scheint, nur die »Denkzentrale« im Kopf nicht, die für schlechte Nachrichten so viel empfänglicher scheint als für gute.

Die Hoffnung nicht aufzugeben ist das, was so leicht formuliert und so schwer zu leben ist.

Können Sie sich vorstellen, welch eine Bedeutung es hat, wenn dann nach Wochen der Starre jemand plötzlich nur einen Zeh bewegen kann, bewusst bewegen kann? Wenn er erschreckt, ungläubig, fassungslos registriert, dass etwas an seinem Körper geschieht und dass er selbst es geschehen lässt? Wieder und wieder probiert er, mal reagiert der Zeh, mal nicht. Ein Zehwackeln, das wie ein Erdbeben für die Seele des Patienten wirkt. Das ein glückliches Lächeln auf ernste Gesichter zaubert, das übersprudelndes Mitteilungsbedürfnis produziert, »Du wirst es nicht glauben, was mir passiert ist …« Geteilte Freude ist vervielfachte Freude, ist vervielfachte Hoffnung, vervielfachtes Aufbegehren gegen fatalistisches Stillhalten. Wie es Wilhelm Thom, selbst Halsmark-geschädigter Querschnittsgelähmter, in seinem Buch »Rückkehr ins Leben« beschrieben hat: »Ich seh für uns drei Wege. Erstens: Gashahn, Strick oder Puls auf, und alles ist vorbei. Großes Geheule bei der Familie, das sich bald legt. Zweitens: Alles aus dir rausholen, was noch drin ist.

Drittens: Die Karre laufen lassen, wie sie läuft, vergammeln, verblöden, zum Trottel werden.« Thom hatte sich für das Zweite entschieden, lernte gar mit Hilfen trotz gelähmter Finger wieder selbst zu schreiben. Auch ich war nach einigen Irrwegen bei dem Entschluss gelandet, alles aus mir herauszuholen. Das zum Lebensprinzip zu machen, wollte ich an meine Patienten in der Klinik weitergeben, möglichst so, dass ihnen die Irrwege erspart bleiben.

Für jeden ist dabei der Pfad, auf dem man zu diesem Ziel gelangt, ein anderer. Für Thom war es die Verarbeitung seiner Erfahrungen in seinem Buch, für mich wurde es der Sport. Beides als Lebenshilfe von unschätzbarem Wert. Weil damit die Möglichkeit da war, zu beweisen, dass Rollstuhlfahrer keine abhängigen, hilflosen Geschöpfe und Außenseiter der Gesellschaft sind. Das ändert nichts daran, dass Nichtbehinderte noch oft weit davon entfernt sind, das ebenso zu akzeptieren. Das Bild von uns in der Öffentlichkeit ist ziemlich schief, vor allem, weil die Unkenntnis gewaltig ist. Diese Tatsache bekommt jeder von uns fast täglich auf dem Tablett serviert. Querschnittsgelähmt? Ach ja, das sind die im Rollstuhl, die sich nicht so recht bewegen können, aber das kriegt man doch irgendwie hin? Oder? Machen wir uns nichts vor, das ist die Realität, die sich nur scheibchenweise ändert. Die meisten Menschen verhalten sich abwartend, wenn nicht abwehrend, ängstlich und bemitleidend. Vielleicht sollte man – analog einem Frauen- oder Weltkindertag – mal einen Internationalen Rollstuhlfahrer-Tag einführen, an dem auch die »Fußgänger« zur Benutzung unseres fahrbaren Untersatzes verpflichtet wären. Es wäre vielleicht die beste Chance, das gedankenlose Darüberwegschauen zu besiegen und für jedermann fühlbar zu übersetzen, wie viele veränderbare Behinderungen es nach unserer unveränderbaren Behinderung gibt. Oktay Urkal, ein Berliner Boxer türkischer Abstammung, der inzwischen eine doppelte Staatsbürgerschaft besitzt, hat einmal – nach dem rassistischen Brandanschlag in Solingen – einen Satz gesagt, der mich sehr berührt hat: »Erst wenn die Deutschen nach einem solchen Verbrechen an Ausländern genauso weinen wie wir, werde ich mich hier wirklich zu Hause fühlen.« Es ist dies auch das Problem aller Minderheiten, nur auf anderer Ebene. Erst wenn Nichtbehinderte die Barrieren, die Behinderten in ihrer Umwelt willkürlich und unwillkürlich in den Weg gestellt werden, ebenfalls als solche sehen und empfinden, dann ist Integration nicht mehr nur eine leere Worthülse, sondern ein Versprechen auf die Zukunft.

Behindert wird man gemacht 6

An den Rand gestellt – Die Behinderung durch Behinderungen – Meine Probleme beim Currywurst-Essen – Barrieren in der Architektur und in den Köpfen – Warum ich Berlins Olympia-Botschafter wurde – Popularität als Mittel zur Veränderung – Wenn ein »Rolli« eine Reise tut … – Nadja Auermann und der Rollstuhl – Wie ich zum Model wurde

Ganze Scharen von Definitionskünstlern haben sich in der Vergangenheit daran versucht zu formulieren, was »Behinderung« ist. Ein einschlägiges Universallexikon macht es sich einfach, klassifiziert uns als »Menschen, die in ihren körperlichen bzw. geistig-seelischen Fähigkeiten durch Krankheit beeinträchtigt sind«. Nicht ganz zutreffend, wie ich finde. Bin ich krank? In einem jüngst erschienenen Taschenbuch zum Thema werden wir dagegen als »Menschen mit Beeinträchtigungen, die durch gesellschaftliche Umstände zu behinderten Menschen werden«, beschrieben. Das kommt meinem Verständnis schon viel näher, weil es durch vielerlei gelebte und erlebte Erfahrung gedeckt ist. Ein Forum behinderter Juristen hat Eigen-Erkenntnis in ähnlicher Weise formuliert: »Eine Behinderung ist jede Maßnahme, Struktur oder Verhaltensweise, die Menschen mit Beeinträchtigungen Lebensmöglichkeiten nimmt, beschränkt oder erschwert.«

Es ist im Grunde genommen das, was ich mit meinen eigenen Worten immer so benannt habe: Behindert ist man nicht, behindert wird man gemacht. Durch Architektur, durch andere Menschen, die meist sogar in guter Absicht handeln, durch schwer durchschaubare Rechtsprechung, durch Gedankenlosigkeit oder im Extremfall durch bewusste Diskriminierung. Rund sieben Millionen Menschen in Deutschland haben einen Behindertenausweis. Die Dunkelziffer jener, die aus Furcht vor Benachteiligungen erst gar keinen Antrag auf Feststellung ihres Status abgegeben haben, steigert diese Zahl noch einmal beträchtlich. Kann man da eigentlich noch von einer Minderheit sprechen? Zumal Behinderung immer auch eine Frage der Sichtweise ist.

In den Möglichkeiten der geistigen und körperlichen Entfaltung »behindert« ist letztlich fast jeder. Der eine mehr, der andere weniger. Sitzt man im Rollstuhl, ist die Behinderung für jeden sichtbar. Ist man funktionaler Analphabet, wird sie das nur, wenn man etwas schreiben muss. Kann man sich keine Zahlen merken, erst dann, wenn man seinen Lotto-»Fünfer« verschwitzt.

In einer »Handreichung des Deutschen Sportbundes zum Sport Behinderter« werden Angst (»Ob manche Behinderungen nicht doch ansteckend sind?«), Unsicherheit (»Vielleicht mache ich genau das Verkehrte«), Selbstbezogenheit (»Was kümmern mich andere? Ich habe mit mir genug zu tun«) und Vorurteile (»Man tut sowieso schon zu viel«) als höchste Hürden Nichtbehinderter auf dem Weg zum besseren Verständnis der »Anderen« angegeben. Das trifft so ziemlich den Kern. Wie auch die moralisierende Schlussfolgerung: »Integration heißt zu allererst, sich gegenseitig so anzunehmen, wie man ist. Dazu braucht man keine Ausbildung und auch keine besonderen Fähigkeiten.« Nur eine gediegene Erziehung der Gefühle.

Gemeinhin werden Behinderte als Randgruppe bezeichnet. Ein verräterisches Wort. Denn der Rand ist da, wo man hingestellt wird.

Tragfähig, so lese ich, sei eine Gesellschaft nur, wenn sie immer wieder erprobt werde. »Auch eine Gemeinschaft zwischen Behinderten und Nichtbehinderten muss immer wieder eingeübt werden.« Wann fangen wir ernsthaft mit dem Üben an? Mehr voneinander wissen, mehr miteinander erleben, auch mehr miteinander streiten – nur das kann der Ausgangspunkt für Integration statt Isolation sein.

Gemeinhin werden Behinderte als Randgruppe bezeichnet. Ein verräterisches Wort. Denn der Rand ist da, wo man hingestellt wird. Behinderung wird so zur gesellschaftlichen Zuschreibung. Und das, obwohl seit dem 30. Juni 1994 im neu gefassten Grundgesetz der Bundesrepublik und damit im Grundrechte-Katalog ausdrücklich festgeschrieben ist: »Niemand darf wegen seiner Behinderung benachteiligt werden.« Von den 629 abgegebenen Stimmen gaben 622 der Formulierung ihr »Ja«, immerhin drei Abgeordnete waren nicht damit einverstanden, vier enthielten sich.

Verfassungstext zur gelebten Realität werden zu lassen, das ist indes eine ganz andere Sache. Das kann man im großen Rahmen sehen, aber auch in vielen kleinen, ganz alltäglichen Dingen. Über 20 Prozent der Schwerbehinderten sind arbeitslos, die gesetzlich vorgeschriebene 6-Prozent-Beschäftigungsquote in Betrieben mit mehr als 16 Arbeitnehmern wird nicht mal im öffentlichen Dienst erfüllt. Stattdessen ist Ausgliederung aus Arbeit und Beruf gang und gäbe. Wie oft schon waren die – gekennzeichneten – Behindertenparkplätze einfach von nichtbehinderten Autofahrern belegt. Was hilft in diesen Fällen ein »Knöllchen« und ein Strafobolus von 30 Mark, wenn die Konsequenzen für Behinderte irreparabel sind. Ganz wenige denken darüber nach, warum die Parkplätze mit dem blauen Rollstuhlfahrer-Zeichen breiter sind als die ansonst üblichen. Schließlich muss man aus dem Fahrzeug aussteigen können, daneben für den Stuhl Platz finden. Ist das nicht der Fall, wird denen, die ein Recht darauf haben, die Mobilität genommen. So, als bände man einem »Läufer« die Beine zusammen und fordere ihn auf: »So, jetzt geh mal los!«

Ist das noch verzeihbare Gedankenlosigkeit? Nicht nur einmal wurde uns im Winter bei Räumaktionen der Schnee vors Auto geschoben, nicht nur einmal Splitt gerade auf den Wegen gestreut, die wir mit unseren luftbereiften Rollstühlen befahren müssen, sodass man oft mit einem »Platten« zu kämpfen hatte. Gedankenlos? Vielleicht. Aber wie lange dauert Gedankenlosigkeit, wie lange muss man sie hinnehmen? Wer still abwartet, dass sich diese Dinge durch Einsicht ändern, der nimmt Diskriminierung hin. Ich schreibe dies auf, um Wissen um und über uns zu vermitteln, um die Ausrede »gedankenlos« oder »das habe ich nicht geahnt« ein Stückchen unmöglicher zu machen. Dafür benutze ich meine Popularität und jene Personen mit Einfluss oder gar Macht, die ich dadurch kennen lerne. Ich erinnere die »Promis«, die schnell etwas versprechen, an ihre Aussagen, damit sie sie nicht vergessen. Die Beispiele für »Behinderung durch Behinderung« sind Legion, jeder, der im Rollstuhl sitzt, der amputiert, blind oder gehörlos ist, wird sie mit eigenen Erlebnissen verlängern können.

Das Tankstellen-Exempel, das ich schon erzählt habe, ist eins mit den deutlichsten Folgen. Viele werden zweifeln, aber es ist eine Tatsache, dass ich schon mal über zwei Stunden »auf der Autobahn nachts um halb eins« zugebracht habe, ehe ich mit Sprit im Tank meine Fahrt fortsetzen konnte. Große Kaufhäuser kenne ich im Prinzip nur von außen. Schon zwischen den Ständen vor den Eingängen ist es so eng, dass man als Behinderter so etwas wie einen Shopping-Bummel vergessen kann. Und drinnen – das ist für Rollstuhlfahrer eh Sperrgebiet. In Postämtern oder anderen Einrichtungen sind Schalterfenster oft so hoch angebracht, dass man als jemand, der eine Etage tiefer sitzt, schlichtweg übersehen wird. Stattdessen werden Hintermann oder -frau angesprochen, »Was kann ich für Sie tun?« Gedankenlos? Vielleicht. Auch ein Behinderter hat mal eine Einzahlung zu tätigen – Bank oder Sparkasse aber machen das zu einem kraftaufwendigen, artistischen Akt. Übertreibung einer vom Verfolgungswahn besessenen Rollstuhl-Minderheit? Dann setzen Sie sich in meinen und versuchen, an einem der Pulte in Geldinstituten ein Formular an den richtigen Stellen mit Zahlen oder Unterschrift zu versehen! Schwer zu machen, denn von da unten kann man gar nicht auf den kleinen Zettel sehen. Was bleibt, ist bitten um Hilfe, fürsorgliche Entmündigung statt Selbstbestimmung, Aussonderung statt Teilhabe.

Nicht mal eine Currywurst könnte ich ohne Probleme essen. Denn die runden Tische vor den Kiosken haben eine solche lichte Höhe, dass ich sie fast unterfahren könnte. Meine Currywurst müsste ich blind tastend suchen – also werde ich zum Verzicht gezwungen. Nicht anders wird mit dem Begehren eines Behinderten, aus einer öffentlichen Zelle zu telefonieren, umgegangen. Die gelben beziehungsweise inzwischen grau-lilafarbenen Quadrate sind von so bedrückender Enge, dass sich Benutzung fast von selbst verbietet. Gedankenlos? Auf jeden Fall. Häufig ist es schwierig, in Bahnhöfe und auf Bahnsteige zu gelangen, geschweige denn eine Toilette zu benutzen. Zu schmale Türen verhindern schon, dass man in die Kabinen gelangt.

Selbst im renovierten Roten Rathaus von Berlin war das der Fall, auf energische Intervention – unter anderem von uns – ist das nachträglich geändert worden. Ein Umbau, der viel höhere Kosten verursachte, als hätte man von vornherein auch an Behinderte gedacht. Es ist nun mal schnurzpiepegal, ob man eine 70 oder 90 Zentimeter breite Tür einbaut. Zumindest für die Kalkulation. Wird der schmalen Pforte gedankenlos der Vorzug gegeben, dann bleibt für uns nur noch der erste Wortbestandteil übrig, denn für Rollstuhlfahrer ist es eben alles andere als »egal«. Das Kostenargument, hinter dem man sich so oft versteckt, um solche Fehler zu entschuldigen, ist fast in jedem Falle nicht schlüssig. Barrierefreies und behindertengerechtes Bauen, von vornherein in Planungen, Entwürfen und schließlicher architektonischer Umsetzung berücksichtigt, ist in aller Regel keinen Pfennig teurer. Erst die nachträglichen Korrekturen gehen ins Geld.

Ein behindertengerechtes Berlin, das ist ein Traum, der in diesem Jahrtausend keine Realität mehr werden kann. Zwar hat man mittlerweile das Abgeordnetenhaus berollbar gemacht, zwar gibt es nun ein paar mehr als nur 34 öffentliche Toiletten für Behinderte wie noch vor zwei Jahren, zwar sind mehr Lernbehinderte als früher in integrative Schulmodelle einbezogen, aber es bleiben jede Menge Defizite.

Auf jeden Fall sollte alles, was neu gebaut wird – bei Androhung von Strafe bei Nichterfüllung –, dem Anspruch »behindertengerecht« genügen. Meine Vorstellung von einer Stadt, die für alle da ist, war es auch, die mich zu einem entschiedenen Befürworter der Berliner Olympia-Bewerbung für das Jahr 2000 machte. Ich habe nicht bei allem Hurra geschrien, was in diesem Zusammenhang unternommen wurde. Es war zum Teil erstaunlich, wie großzügig mit Geschenken für Leute umgegangen wurde, von denen man meinte, dass sie wichtig sein könnten. Ehrlich gesagt, habe ich darüber nicht ernsthaft nachgedacht. Erst später, als ich zum Beispiel in einer Parfümerie den Preis für ein extravagantes Duftfläschen las, das ich und hunderte anderer Gäste bei einem Empfang mechanisch eingesteckt hatten, sagte ich mir: Muss das sein? Vielleicht hätte man ja mit dem, was an finanziellem Aufwand dahintersteckte, die Maßnahmen bezahlen können, mit denen die Behinderten-Weltmeisterschaften ein paar Monate darauf im Olympiastadion zu einem Erfolg geworden wären.

Dass ich Olympia-Botschafter für das wenig akzeptierte gelb-schwarze Bärchen geworden war, das als Paralympics-Maskottchen mit einem roten Auge versehen wurde, hatte weniger mit Sport denn mit meiner Hoffnung auf Veränderung zugunsten der 350 000 behinderten Berliner zu tun, von denen rund 20 000 Rollstuhlfahrer sind. Schon damals, als ich auf Promotion-Tour für die Vision war, der es am Ende schlichtweg gerade an Vision mangelte, sagten mir Freunde angesichts der von vielen anderen Problemen gebeutelten Hauptstädter und der Bewerbungspannen: »Eher schneit es im August, als dass Berlin den Zuschlag bekommt.« Meine Antwort war aus »Gruppen-Sicht« möglicherweise etwas egoistisch, aber sie hatte auch etwas für sich: Wenn wir die Spiele nicht kriegen, suche ich noch in 20 Jahren auf dem Alex vergeblich nach einer behindertengerechten Toilette. Die Praxis ist das Kriterium der Wahrheit, ich hoffe, ich werde bald Lügen gestraft. Eine barrierefreie Stadt, fürchte ich, wird nun vielleicht erst im Jahre 3000 Realität. Ich aber hätte sie gerne noch selbst erlebt, am liebsten schon vorgestern. Mit Olympia, das wird keiner leugnen, wäre vieles schneller gegangen, man hätte nicht jedes Mal einen Titanenkampf vor sich gehabt, wenn man mal die U-Bahn benutzen

Ein behindertengerechtes Berlin, das ist ein Traum, der in diesem Jahrtausend keine Realität mehr werden kann.

wollte. Und natürlich wäre es auch sportlich für mich eine Riesenherausforderung gewesen, in der eigenen Stadt als Athletin anzutreten, auch bereits im dann reifen Sportler-Alter von 47 Jahren. Mit Abstand sehe ich manches distanzierter. Berlin kann sich durchaus noch einmal bewerben, aber ein Vierteljahrhundert warten sollte man mit einem solchen Schritt schon. Nach dem frustrierenden Erlebnis der WM im Sommer 1994, die unter chronischer Zuschauerverweigerung litt und eine verheerende Außenwirkung hatte, war ich fast froh über die gescheiterte Olympia-Ambition Berlins. Das hatten die Behinderten nicht verdient.

WENN WIR DIE SPIELE NICHT KRIEGEN, SUCHE ICH NOCH IN 20 JAHREN AUF DEM ALEX VERGEBLICH NACH EINER BEHINDERTENGERECHTEN TOILETTE.

Ebenso wenig wie wir Ignoranz verdient haben, die hinter Gedankenlosigkeit steckt. Barrierefreiheit zum Beispiel ist nicht das Verlangen von Behinderten nach Sonderrechten, sie kommt Nichtbehinderten gleichermaßen zugute. Im Schneesturm vor einem Postamt zu warten, dass einem jemand ein paar Briefmarken mitbringt, darauf angewiesen zu sein, ist eine Demütigung. Erst recht, wenn vier, fünf, sechs Leute an einem vorbeigehen. Hat man sich schließlich durchgerungen, leise zu fragen »Entschuldigen Sie bitte, wäre es möglich ... «, ist es umso deprimierender, Ablehnung zu erfahren oder bei der Rückkehr des Gebetenen zum Bittsteller zu hören »Ach, das habe ich ganz vergessen«. Es ist frustrierend, auf der Telekom-Rechnung jahrelang als »kriegsblind« geführt zu werden, weil bestimmte Vergünstigungen genau jenem »Sondertarif« entsprechen. Es schlägt einen wie mit Keulen nieder, wenn ein Kellner beim Restaurantbesuch sagt: »Sorry, wir haben gerade frisch eingedeckt.« Die vielen kleinen Punkte sind es, die sich addieren, multiplizieren, potenzieren. Im schlimmsten Falle äußern sich Vorbehalte gegen Behinderte in Hass und Aggression. Als ich 1992 in einem Fernsehspot gegen Ausländerfeindlichkeit mitmachte, war am nächsten Tag die Frontscheibe meines Autos eingeschlagen und der Wagen mit Hakenkreuzen beschmiert. In relativ kurzer Folge passierte das danach noch weitere dreimal. Gedankenlos? Nein, ganz bestimmt nicht.

Dass ich in den Jahren seit der Wende eine Person öffentlichen Interesses geworden bin, Prominente, Politiker, Leute, die man gemeinhin als VIPs, Very Important Persons, bezeichnet, treffe, gibt mir die Möglichkeit, diese kleinen Punkte laut zu benennen und auf Änderung zu dringen. Ich kann Probleme anschneiden, und weil ich nicht mehr nur eine »kleine Kaputte« bin, ist es schwerer geworden, mich einfach zu überhören. Wenn ich auf dem Alexanderplatz keinen Behinderten-Parkplatz finde, wie jüngst geschehen, dann werde ich dort keinen Sitzstreik veranstalten. Aber ich werde, bei welcher Gelegenheit auch immer, den Finger so lange auf die Wunde legen, bis sich möglicherweise doch etwas tut. Ich brauchte lange, bis ich gelernt hatte, dass es nicht meine Sache sein kann, Schicksal – was auch immer man darunter verstand – in stiller Demut zu ertragen. Nun will ich diese Erkenntnis auch mit aller Konsequenz ausleben. Im Grunde bin ich ein harmoniesüchtiger Mensch. Doch, wenn es verlangt wird, kann ich auch mal gegen den Strich bürsten. Als Wolfgang Schäuble, damals noch Bundesinnenminister, bei einer Sportlerehrung mehr über das Leben der Behinderten in der DDR wusste als die Betreffenden selbst, da sah ich mich zu Widerspruch veranlasst. Im Osten habe es keinen Behindertensport gegeben, weshalb uns Anerkennung doppelt und dreifach zustünde, erklärte er! Anerkennung, gut und schön. Aber kein Behindertensport in der DDR? Hatte ich im falschen Film mitgespielt? Vieles war kritikwürdig, manches lächerlich, anderes einfach nur belastend. Doch waren da nicht auch die Sportfeste, gut besetzte Meisterschaften mit mehr Teilnehmern als es sie später bei »gesamtdeutschen« Championaten gab, Athleten-Freunde, mit denen man wetteiferte, lachte, sang und trank? Und ich hatte auch keine Weltrekorde aus Frust über Stasi-Schikanen aufgestellt, wie in einem der zahlreichen nassforschen Blätter zu lesen war. Ich bin kein künstlich erschaffener Nachwende-Homunkulus, habe meine Biografie, die nicht umgeschrieben werden musste. In einem Brief gen Bonn ließen wir das den prominenten »Rolli«-Kollegen freundlich, aber bestimmt wissen.

Hätte ich das vor zehn oder fünfzehn Jahren, unabhängig von dem Land, in dem ich lebte, gewagt? Es ist jenes Selbstbewusstsein, das ich durch den Sport erworben habe, das mich befähigt, nicht nur meine Rechte – siehe Grundgesetz – zu kennen, sondern sie auch für mich und meinesgleichen zu reklamieren. Wenn Errungenschaften für Behinderte im Zuge von Sparmaßnahmen wieder gestrichen werden sollen, dann war und bin ich nicht bereit, das ohne jeden Widerspruch hinzunehmen. Der Sonderfahrdienst Telebus sollte weiter eingeschränkt, der Kostenanteil, den Behinderte übernehmen müssen, aber erhöht werden. Darüber kann man nachdenken, wäre die Voraussetzung gegeben, dass behinderte Menschen das öffentliche Personennahverkehrssystem benutzen können. Das indes ist reine Illusion. Hätte ich den Wunsch, mal am Kudamm

Kaffeetrinken zu gehen, dann käm ich noch mit der S-Bahn von Buch bis zum Bahnhof Zoo, aber dann wäre Schluss. Und eine Autofahrt wiederum muss daran scheitern, dass ich die Blechkutsche auf der Flaniermeile niemals parkend loswerden kann. Und ist es eben kein Niederflurbus, der an einer Haltestelle vorfährt, dann bleibe ich draußen stehen, wie Sperrmüll. Habe ich mich damit abzufinden, weil ich Rollstuhlfahrer bin, weil ich, wie es der Sprachgebrauch früherer Jahrzehnte und Jahrhunderte formulierte, zu den »Narren, Kretins, Krüppeln, Invaliden, Unfähigen« gehöre?

Reisen ist noch immer ein Abenteuer, selbst wenn ich mich – verglichen mit dem, was ich in der steinzeitlichen DDR erlebte – nun wie im Paradiese wähnen müsste. Fuhr ich damals mit dem Zug von einem beliebigen Ausgangsbahnhof zu einem bestimmten Ziel, dann musste die Fahrt vorher angemeldet werden, wollte man befördert werden. Die Reichsbahn hatte auf Hebegeräte bewusst verzichtet, vermutlich war kein Geld da. Stattdessen sollte man vom Personal in den Zug, das heißt zumeist in den Gepäckwagen, hineingehoben werden. Ein Unterfangen, das nicht nur wegen der zu bewältigenden Höhe und dem durchaus respektablen Gewicht seine Tücken hatte. Es war auch möglich, dass ein Fast-Rentner und eine hochschwangere Frau gerade Dienst hatten und vor der unerfüllbaren Aufgabe standen, sich als mittlere Schwerathleten zu versuchen. Dass man als »Frachtgut« unter illustre Gesellschaft geraten konnte, wie ich zum Beispiel bei einer Reise von Berlin nach Ueckermünde unter tausende weichflauschiger, aufgeregt tschilpender Kücken, das steigerte den Erlebniswert solcher Touren ins schwer zu Übertreffende. Danach fühlte ich mich selbst als seltsamer biologischer Zwitter zwischen Mensch und Kücken und hatte das Gefühl, jedes Wort, das ich zu sprechen versuchte, könnte nur wie das Piepsen der gelben Wattebäuschchen klingen. Wenn einer eine Reise tut, dann kann er was erzählen – auf unfreiwillige Weise kann diese Erfahrung von uns vielfach bestätigt werden.

Erst Mitte der 80er-Jahre ist die Bundesbahn dazu verpflichtet worden, zumindest in jedem IC-Zug einen Wagen bereitzustellen, der für Reisende im Rollstuhl im Inneren nutzbar ist. Das heißt, die Bewegungsfläche muss entsprechend groß und die Toilette behindertengerecht sein. Allerdings verkehren auf den meisten Strecken keine Intercity-Züge … Auf vielen Bahnhöfen stehen allerdings inzwischen mobile Hublifte zur Verfügung, sodass wenigstens auf die Hebe-Akte der Vergangenheit verzichtet werden kann.

Behindert wird man gemacht – das gilt sicher auch mit Blick auf den schwer durchschaubaren Paragraphen-Dschungel der Rechtsprechung und Gesetzgebung. Jeder Nichtbehinderte hat damit seine Aha-Erlebnisse gehabt, für Behinderte gilt das erst recht. In dem Irrgarten von Sonderregelungen, die Ansprüche, Rechte, Verpflichtungen ordnen, findet man sich schwer zurecht. Gerade, wenn man aus den neuen Bundesländern kommt, in denen bis dato Vater Staat die Vormundschaft über uns Behinderte übernommen hatte. Alles flog einem ins Haus, wie kleinen Kindern wurde uns gesagt, was man zu tun hatte. Mir sind die jetzige Mündigkeit und Selbstbestimmung zwar lieber als die fürsorgliche Entmündigung, aber wird man allein gelassen, haben sie ihre Tücken. Wer nicht aktiv wird, der kriegt auch nichts. Wer nicht Hartnäckigkeit lernt, sondern hinnimmt, was ihm ungenießbar vorgesetzt wird, der wird als »Schwacher« von den vermeintlich Starken einfach zur Seite geschoben. Fast alles wird beim ersten Mal abgelehnt. Beim zweiten oder dritten Mal reagiert auch eine seelenlose, kalte bürokratische Maschinerie anders.

Seine Rechte wahrzunehmen ist gerade für einen Behinderten lebensnotwendig. Dazu allerdings muss man sie auch kennen. Und Kenntnis sollte erleichtert, nicht erschwert werden. Sich durch einen Urwald von verquastem Rechtsdeutsch schlagen zu müssen, ist für viele Menschen mit Beeinträchtigungen schwieriger als für solche ohne. Es gibt nicht nur einen Beamten, der sich gibt, als würden wir mit seinem Geld künstlich am Leben erhalten, wofür wir, bitteschön, auch dankbar zu sein hätten. Dabei wollen wir nichts geschenkt, sondern schlichtweg akzeptiert werden. Leistung, Lebensmut, Leidenschaft sind keine Exklusiveigenschaften Nichtbehinderter.

Behindert wird man gemacht – das gilt sicher auch mit Blick auf den schwer durchschaubaren Paragraphen-Dschungel der Rechtsprechung und Gesetzgebung.

Ex-Bundespräsident Richard von Weizsäcker, den ich bei einer Ehrung persönlich kennen lernen durfte und der für mich als einer der wenigen das verkörpert, was als »staatsmännische Weisheit« beschrieben wird, hat das einmal so formuliert, wie ich es besser nicht machen könnte: »Nicht behindert zu sein, ist wahrlich kein Verdienst, sondern ein Geschenk, das jedem von uns jederzeit genommen werden kann. Lassen Sie uns die Behinderten und ihre Angehörigen auf ganz natürliche Weise in unser Leben einbeziehen. Wir wollen ihnen die Gewissheit geben, dass wir zusammengehören.« Eine solche Gewissheit hat für die meisten von uns weniger mit Mildtätigkeit, mit bedauernder Barmherzigkeit oder demonstrativer Nächstenliebe zu tun, sondern mit Teilhabe am gesellschaftlichen Leben. Teilhabe hat mit Teilen zu tun, eine Eigenschaft, die der nach Soll, Ist und Zweckmäßigkeit geordneten Welt der Gegenwart immer mehr abhanden gekommen ist. Auf bessere Einsicht zu hoffen, ist kein Fehler, darauf zu warten schon, habe ich gelernt. Denn das heißt letztlich, Diskriminierungen nicht zu bekämpfen, sondern vor ihnen zu kapitulieren. So lese ich in einer Abhandlung einen Satz, der mich beeindruckt: »Der Grundgedanke ist einfach – es darf keine Bereiche in dieser Gesellschaft geben, in denen Behinderte nicht vorkommen. Niemand hat einen Anspruch darauf, von der Anwesenheit behinderter Menschen verschont zu bleiben.« Das klingt ein wenig radikal, aber heißt »radikal« im Wortsinne denn nichts anderes als »bis auf die Wurzel« oder »gründlich«? Was den Umgang mit Behinderten beziehungsweise die Vorurteile oder Intoleranz, der sie ausgesetzt sind, betrifft, sollte man genau auf diese Weise damit Schluss machen. Da bin ich gerne radikal. Auch wenn Behinderte als Objekte benutzt werden, weil ihr Dasein für manche offenbar eine schaurig-schöne Anziehungskraft des »Anormalen« hat.

Eines dieser Beispiele war für mich ein Werbefoto des weltbekannten New Yorker Fotografen Helmut Newton, dessen Ruhm in der Branche durch seine ungewöhnlichen Sichten und auch durch gezielte Provokationen begründet ist. Für das US-Magazin »Vogue« hatte er Model Nadja Auermann mit endlos langen, überschlagenen Beinen und hochhackigen Schuhen in einem Rollstuhl postiert. Ging schon die Überschrift »High & Mighty« nicht auf, so war die Ablichtung, die von den werbenden Firmen Chanel und Marc Jacobs sicher gut bezahlt wurde, einfach geschmacklos und ohne Botschaft. Newton missbrauchte den Rollstuhl als Blickfang, auf Kosten von Menschen, die ihn als Hilfsmittel wirklich brauchen. Niemand sitzt freiwillig im Rollstuhl, und wenn er es denn muss, dann auf keinen Fall so wie Nadja Auermann. An der Pose der schönen, erotischen Blondine stimmte nichts. Kein Behinderter hat eine solche Körperhaltung, keiner trägt Hackenschuhe und keiner lässt sich schieben, wenn es nicht unbedingt sein muss. Newton verletzte damit ohne Not die Gefühle vieler Behinderter, die im Rollstuhl auch ein Symbol und Synonym erlittenen Leids sehen. Mit einem solchen Foto werden Gräben aufgerissen statt Brücken geschlagen.

Warum überhaupt müssen, wenn es die Rolle eines Behinderten zu spielen gilt, Schauspieler diesen Part übernehmen? Warum lässt man nicht einen Behinderten sich selbst spielen? Schauspieler sind Profis, heißt es dann. Profis im Roll-

NIEMAND SITZT FREIWILLIG IM ROLLSTUHL, UND WENN ER ES DENN MUSS, DANN AUF KEINEN FALL SO WIE NADJA AUERMANN.

stuhl? In anderen Ländern wird mit diesen Dingen freier, natürlicher umgegangen. Ich kann mir nicht vorstellen, dass ein Querschnittsgelähmter in Deutschland ein Schauspielstudium bekommt. In Amerika ist das machbar, hier aber ist man sehr, sehr steif. Dabei können wir doch durchaus ein positives Lebensgefühl vermitteln, wie es auch die Werbung braucht. Doch das hat hier bisher kaum jemand erkannt, weil wir oft einfach in die Ecke als Spendenempfänger der »Aktion Sorgenkind« gestellt werden. Vor zwei Jahren waren Jörg und ich Modelle für den Katalog der Firma »alero«, die »Rollstuhlmode« herstellt. Kleidung, die anders geschnitten sein muss als die für »Fußgänger«, soll sie sitzen. Ein Aspekt, der zum Beispiel bei der Ausrüstung für die Olympischen und Paralympischen Spiele 1996 vergessen wurde. Zwar erhielten wir – wie bei den Winterspielen in Lillehammer, als das erstmals geschah – die gleiche Kleidung wie die nichtbehinderten Kollegen, diesmal sogar wie diese zum NOK-Vorzugspreis, doch hatte man dabei leider übersehen, dass die konstitutionellen Voraussetzungen von sitzenden Rollstuhlfahrern halt andere sind als die von sich in der Aufrechten bewegenden »Läufern«. Das erforderte Änderungen, wollte man sich in den Sachen wohlfühlen. Unsere Erfahrungen als Models waren durchaus positiv, und das Ergebnis war – wie uns mehrfach bestätigt wurde – gelungen. Ganz nebenbei: Es ist interessant zu erleben, wie so etwas abläuft, wie viel Aufwand dahinter steckt, ehe man das Bild, das dem geistigen Auge der Fotografen vorschwebte, auch tatsächlich im Kasten hatte. Hose an, Hose aus – eine Sisyphusarbeit. Was nicht passte, wurde zurechtgestutzt, was danach immer noch nicht passte, kam nicht aufs Foto. Vom Honorar, das wir erhielten, wurde im Übrigen die Kinder-Rollstuhlgruppe beim SC Berlin, die sich auf meine Anregung gebildet hatte, eingekleidet. Die »Kleinen« lagen und liegen mir mächtig am Herzen. »Behindert wird man gemacht« – diese unangenehme Erfahrung soll ihnen, soweit es irgend geht, erspart bleiben. Wird das erreicht, zum Beispiel auch durch dieses Buch, dann wäre das für mich ein irres Glücksgefühl.

7 Ihr da oben, wir da unten

Sport ist Mord? Sport ist Leben! – Rostet Ihr Rollstuhl beim Schwimmen nicht? – Unbeschreiblich schön: die Paralympics 1992 in Barcelona – Viermal Gold und ein Schlüsselerlebnis – Som lo que som – Doping bringt nichts ein – Atlanta 1996: Vom Traum zum Trauma

Integration ist, wenn ... Seiten kann man füllen, um sich gegenseitig wohlmeinende Absichten zu bescheinigen, die aber in der Praxis dann doch nicht eingehalten werden. Was würden Sie tun, wenn Sie es eilig haben, aber einen Rollstuhlfahrer vor einer unüberwindlichen Treppe stehen sehen? Das Problem mit ihm gemeinsam lösen – er weiß, wie es geht, Sie setzen es um! –, oder wegschauen, die Straßenseite wechseln, das schlechte Gewissen mit der Frage »Warum gerade ich?« beruhigen?

Die Verweigerung oder gar Ablehnung von Hilfe ist seltener geworden, das stimmt. Aber das muss nicht heißen, dass diese aus Einsicht in die Notwendigkeit geleistet wird. Das Aufeinanderzugehen muss von beiden Seiten kommen. Wenn jeder darauf wartet, dass andere den ersten Schritt tun, passiert nie etwas. Oft tun sich Erwachsene schwerer damit als Kinder, respekt- und achtungsvoll miteinander umzugehen. Ich halte integrative Kindergärten und Schulen für ausgesprochen sinnmachend, kann doch damit weitergegeben werden, dass in unserer Gesellschaft nicht immer nur der Stärkere Recht hat. Jeder Mensch hat seine Fähigkeiten und Möglichkeiten, genauso wie er seine Beschränkungen und Behinderungen aufweist. Gerade im Sport verwirklicht sich das auf individuelle Weise – bei Behinderten wie Nichtbehinderten gleichermaßen.

Doch für Erstere können Bewegung, Spiel und Wettkampf zweifellos in besonderer Weise wichtig werden. Durch Sport können Behinderte ganz neue, intensive Erfahrungen mit dem eigenen Körper machen, die sie zu Entdeckern, Eroberern, neugierigen Forschern machen. Anstrengung, Ermüdung, Erschöpfung, Entspannung, Überschreitung der eigenen Grenzen, ans Limit gehen – wo erlebt man das schöner als in Zwiesprache mit sich selbst und in der sportlichen Auseinandersetzung mit einem Kontrahenten? Mit Sport in jeder Form, ob man nach Rekorden strebt oder nur den Spaß mit ein paar Gleichgesinnten teilt, erweitert man seinen Horizont. Ich habe wunderschöne Erlebnisse gehabt, die ich nie vergessen werde. Ich habe Herausforderungen kennen gelernt, die ich nicht mehr missen möchte, weil ohne sie mein Leben ärmer wäre. Ich habe Freunde gewonnen, die mit mir bangen, sich mit mir freuen und ärgern, die zu mir gehören. Behinderte und Nichtbehinderte, für die das Gefühl »Wir da unten, ihr da oben«, das mich oft noch beschleicht, wenn ich irgendwo »herumgezeigt« werde, nicht gilt. Sogar einen eigenen Fan-Club bekam ich irgendwann. Einige Westberliner, die plötzlich da waren und mir erklärten, dass sie mich »gut« fänden und das auch, wann immer es ging, demonstrieren wollten. Sie sind in den vergangenen Jahren treue Anhänger geworden, was bei Wettkämpfen oder Verabschiedungen auf dem Flugplatz nicht zu übersehen und zu überhören ist.

Durch Sport können Behinderte ganz neue, intensive Erfahrungen mit dem eigenen Körper erleben, die sie zu Entdeckern, Eroberern, neugierigen Forschern machen.

Der Sport bietet die Chance zur Begegnung wie kaum eine andere Freizeitbeschäftigung. Es gibt dabei durchaus auch viele Möglichkeiten, wo Behinderte und Nichtbehinderte gemeinsam aktiv sein können. Entweder, indem sich ein »Läufer« in den Rollstuhl setzt oder indem man Disziplinen wählt, in denen eine Behinderung eine untergeordnete oder gar keine Rolle spielt. Schwimmen, Tischtennis oder auch Schießen zum Beispiel. Behinderte haben im Alltag oft Erfahrungen mit Misserfolg und Missachtung machen müssen, weil die Umwelt sie und ihre Leistungen an den Normen Nichtbehinderter misst. Im Sport ist das zwar nicht völlig aufgehoben, zumindest nicht im Spitzenbereich, aber doch auch in gewisser Weise verändert. Jeder kann sich nach seinen Möglichkeiten betätigen, und – das ist das Wichtigste – für sich selbst Leistungssteigerungen erreichen. Das produziert Selbstvertrauen, Lust auf mehr, und schließlich Anerkennung. Dass Letzteres einen Schub für das eigene Wertgefühl bedeutet, kann ich nachhaltig bestätigen. Der Sport hat aus einer verängstigten, scheuen und unsicheren Marianne Buggenhagen eine Persönlichkeit mit Charakter gemacht. Das verschafft Befriedigung und Genugtuung, auch wenn vieles um mich herum immer noch äußerst unvollkommen ist.

Doch die Probleme haben sich in gewisser Weise verlagert. Nicht mehr ich habe sie mit Nichtbehinderten, sondern diese mit mir. Ich habe meine Deckung seit langem verlassen, das Versteck aufgegeben, sage: Hier bin ich, schaut mich an, nehmt mich, wie ich bin. Offenheit, die auch offensiv ist, weil der Abstand zwischen »uns da unten« und »euch da oben« nur kürzer werden kann, wenn man sich bewegt. Das heißt, Angst zu überwinden – auf beiden Seiten. Meine Angst habe ich irgendwann fast unmerklich auf der Strecke verloren. Warum sollte ich mir selber peinlich sein? Ich kann darüber lächeln, wenn mich eine Journalistin fragt: »Wenn Sie wieder aus dem Rollstuhl raus sind, werden Sie dann weiter Sport treiben?« Das konnte ich noch nicht, als ich am Anfang meiner Athleten-Karriere von einem Schreiber nach der Schilderung meiner sportlichen Multi-Aktivitäten, zu denen auch Schwimmen gehörte, tiefernst gefragt wurde: »Wirklich? Rostet denn da der Rollstuhl nicht?« Kaum zu glauben, aber wahr. Richtig ärgern über arrogante Ghettoisierung, die auch noch als Mitgefühl daherkommt, kann ich mich aber nach wie vor. In Atlanta begann ein Rundfunkvertreter sein Gespräch mit mir so: »Frau Buggenhagen, Sie brauchen nur behindert zu sein, um an den Paralympics teilzunehmen. Für die Olympischen Spiele der Gesunden dagegen sind hohe Qualifikationsnormen gesetzt ...« Wie bitte? In solchen Momenten fühlt man sich wieder ganz unten angekommen. Als läge man nach Unfall, Bandscheibenvorfall oder was auch immer neuerlich regungs- und bewegungslos auf dem Bett, ausgeliefert, unmündig, abhängig. Gelähmt, weil es immer noch jene gab, die nicht verstehen konnten oder wollten. Wut, Entrüstung und Aufgebrachtheit halfen nichts, vermutlich wussten viele, sogar die meisten, die sich daheim in Niedersachsen den Sender anhörten noch weniger als das Wenige, das mein Gesprächspartner zu wissen glaubte. Also erklärte ich geduldig: »Erstens bin ich kein Behindertensportler, sondern ein Sportler mit einer Behinderung. Zweitens haben wir uns ebenso für unser Olympia qualifizieren, bestimmte Zeiten, Weiten oder Plätze bei vorangegangenen Championaten schaffen müssen, wie das bei den ›Fußgängern‹ der Fall war.« Ob es wenigstens einige Ohren erreichte? Es kam auf jeden an, der zuhörte und dabei nicht weghörte. Nur dann nämlich bestand auch die Chance, dass er – im doppelte Wortsinne – verstand, was ich sagte. Gunther Belitz, beinamputierter Hochspringer und Aktivensprecher hat die ständige Konzentration der Berichterstatter auf das, was uns fehlt, mit einer sehr treffenden Entgegnung beantwortet: »Ich bin Leistungssportler mit einem Bein, nicht ohne ein Bein.« Sind die »normalen und gesunden Fußgänger« mit ihren Hüftpolstern nicht, was

Meine ersten Paralympics in Barcelona waren wie ein Erdbeben, wie ein Urknall.

den Sport angeht, oftmals behinderter als wir? Medizinisch, sagt Belitz, sei er gesünder als 80 Prozent der Nichtbehinderten. Und er beklagt, dass Tugenden des »normalen Sports« – letzter Einsatz, unbändiger Kampfeswille, über die körperlichen Grenzen gehen – im Behindertensport zu pathologischen Mustern umgedeutet würden. »Früher hieß Integration fast ausschließlich Wiederverwendung für den Arbeitsprozess«, schreibt er in einem Artikel. »Da bekamen Einarmer einen künstlichen Arm mit Arbeitsklaue, um am Fließband wieder zupacken zu können, und als Zugabe einen Schmuckarm, den sie sonntags ein bisschen baumeln ließen. In Zukunft wollen junge, dynamische Menschen mit ihrer Prothese auch Tennis spielen, surfen oder Schlittschuh laufen.« Ganz ähnlich ist es bei den Rollstuhlfahrern. Es gibt wenig, was nicht geht. Den Maßstab setzt jeder für sich selbst, und diesen Maßstab sollte man ihm zugestehen und nicht den eigenen verordnen.

Die Weltmeisterschaften 1990 in Assen waren aus meiner Sicht ein großer Schritt vorwärts, weil ich aus dem »kleinen Zimmer« DDR – dass ausgerechnet Stasi-Chef Erich Mielke später im Rollstuhl in den Gerichtssaal geschoben wurde, empfand ich als Missbrauch und gespielte Gebrechlichkeit – plötzlich in eine Welt entlassen wurde, die offen, bunt und schillernd war. In der ich mit Sportlerinnen aus den USA, Australien, Brasilien oder Kenia wetteifern durfte. Ein phantastisches Gefühl, das ich bis dahin nicht gekannt hatte und in vollen Zügen genoss. Doch trotz der großen Resonanz und der hervorragenden Atmosphäre waren wir in gewisser Weise immer noch unter uns, schmorten im eigenen Saft. Meine ersten Paralympics in Barcelona waren wie ein Erdbeben, wie ein Urknall. Davon hatten wir geträumt, nun fuhren wir mit Gänsehaut und auf einer unglaublichen Begeisterungswelle ins Olympiastadion, in dem zuvor die »Fußgänger«-Stars um Medaillen gelaufen und gesprungen waren. Erst der 5000-Meter-Goldtriumph von »Schwabenpfeil« Dieter Baumann, dann die Marathon-Triumphfahrt des Schweizer Rollstuhlathleten Heinz Frei, des vielfachen Berlin-Marathon-Siegers, der eineinhalb Stunden für die klassischen

42,195 Kilometer durch die geschichtsträchtigen Straßen der katalanischen Metropole brauchte. Frei, der gesagt hatte, »wir sind gesund, wir sehen nur etwas anders aus.« Erst der furiose Gold-Sprint des Briten Linford Christie auf dem Tartan am Montjuic, dann der beeindruckende Lauf des unterarm- und doppelunterschenkelamputierten US-Amerikaners Tony Volpentest, der die 100 Meter in sagenhaften 11,63 Sekunden bewältigte und diese Zeit in Atlanta auf zwei Karbonprothesen auf unglaubliche 11,36 s steigerte. Erst der freche Schwimmauftritt der 14-jährigen Franziska van Almsick, die ohne Angst vor großen Namen in die Weltspitze kraulte, dann die Demonstration der Deutschen Claudia Hengst, die gleich fünfmal Paralympics-Gold aus dem Becken fischte. Erst der Überraschungs-Triumph des Schweizer Tennis-Riesen Marc Rosset, dann das Rolli-Finale zwischen Kai Schrameyer und Randy Snow, das den Amerikaner in drei Sätzen siegen sah.

Die Beispiele ließen sich beliebig fortsetzen. Waren die olympischen Leistungen höherwertiger? Waren unsere Wettkämpfe weniger attraktiv? »Im Sport ist jeder ›in‹ und niemand ›out‹«, kommentierte der damalige Präsident des Deutschen Sportbundes, Hans Hansen, das Behinderten und Nichtbehinderten gleichermaßen eigene Streben nach dem »Höher, schneller, weiter«. Die katalanischen Zuschauer ließen uns das auf eine Weise spüren, die unter die Haut ging. Sie feierten ein Fest, egal ob Rollstuhlfahrer, Amputierte, Blinde oder »Läufer« um die Verwirklichung ihrer olympischen Träume stritten. Das Publikum wurde der größte Sieger Olympias. Sicher, der Eintritt zu den Paralympics war kostenlos. Doch allein damit ist nicht zu erklären, dass tausende und abertausende an die Wettkampfstätten pilgerten, dass nicht nur die Auftritte des US-Basketball-Dream-Teams bei Olympia den Palau d'Esports de Badalona bis unters Dach füllten, sondern auch die Korbjäger im Rollstuhl so lockten, dass viele draußen bleiben mussten, weil die Halle keine Besucher mehr aufnehmen konnte. Sie kamen, nicht weil sie Behinderte in einer Mischung zwischen Voyeurismus und Entsetzen bestaunen wollten, sondern weil sie neugierig auf unsere sportlichen Leistungen waren, weil sie nicht Mitleid, sondern Respekt und laute Anerkennung loswerden wollten. La Ola und feiernde Gesänge begleiteten uns durch die zwei paralympischen Wochen. 50 000 Zuschauer im Stadion: Wir »Kaputten« forderten uns gegenseitig auf »Zwick mich mal ins Ohr« – es war unbeschreiblich. Eröffnungs- und Abschlussfeier waren trotz saftiger Preise ausverkauft. Zum ersten Mal wohnten die gehandicapten Athleten im gleichen Olympischen Dorf, in dem zuvor ihre nichtbehinderten Kollegen logiert hatten.

Die Spiele in Barcelona begannen eindrucksvoll, bewegend und hatten die Athleten in den Mittelpunkt gestellt. Es blieb so bis zur letzten Minute, die suchenden Zweifel, die nach dem Haar in der Suppe spürten, blieben unbefriedigt – welch wunderbare Erfahrung! 65 000 Zuschauer im Montjuic-Stadion jubelten uns zu, und wir lachten, winkten, schrien mit heiseren Stimmen zurück. Waren die alle wirklich wegen uns gekommen? Der körperbehinderte Bogenschütze Antonio Rebello entzündete mit seinem Pfeil das paralympische Feuer, so wie er vier Wochen zuvor die olympische Flamme zum Lodern gebracht hatte. Zwar zeigte die aufgezogene Flagge nicht die fünf olympischen Ringe, sondern tropfenförmige Symbole, doch das wenige Trennende wurde einfach weggesungen vom gewaltigen Tenor des José Carreras, weggetanzt von den katalanischen Bewegungskünstlern, die ein perfektes Szenario zwischen altgriechischer Mythologie und avantgardistischem Traumtheater vor unsere Augen zauberten, die sich nicht satt sehen konnten an der Explosion von Farben und Lebensfreude.

Barcelona, das war mein Schlüsselerlebnis. Alles, was danach kam und kommt, muss es sich gefallen lassen, dass ich damit vergleiche. Ich wünschte mir, ich wäre wort- und schreibgewaltiger: So toll, so einzigartig, so bewegend waren diese Paralympics 1992, dass ich es nicht beschreiben kann. Soll ich es dennoch versuchen? Dann wäre von Wettkämpfen und Leistungen auf bislang ungeahnt hohem Niveau zu berichten. Und wieder von einem Publikum, dem man nicht zu sagen brauchte, dass das alles großartige Athleten und Athletinnen waren, die im Stadion um den Sieg stritten. Dieser Beifall war Lohn – auch für die, die am Ende nicht auf dem Podest standen. Essen bestens, Unterbringung gut, Organisation gut – ein solches Zeugnis konnte nach Barcelona lange keinem anderen Ereignis ausgestellt werden. Das Olympische Dorf konnte man verlassen, wann immer man wollte – die Stadt mit ihrem Ambiente und der anziehenden Melange aus Tradition und Moderne bot jede Menge Freiräume. Ich bin an den Strand gefahren, habe aufs Meer gesehen, weit weg das dumpfe Tuten der Ozeandampfer gehört und ein Gefühl der Entspannung verspürt, wie seitdem nie wieder. Ich war im absoluten Einklang mit mir selbst, mit dem Umfeld, mit allem. Eine innere Ruhe, die der prickelnden Spannung vor den Wettbewerben nicht widersprach, sondern die mich im Gegenteil sogar stark für den Kampf um die Medaillen machte. Barcelona wurde das Erlebnis schlechthin, und die vier Goldplaketten, die ich mit nach Hause nehmen durfte, übergossen sie mit zusätzlichem Glanz.

Begonnen hatte alles mit der Kugel, drei Tage später folgten Sieg und Weltrekord mit dem Speer, dann, weitere zwei Tage darauf, noch einmal ein goldener Doppelschlag im Fünfkampf – mit dem zweiten Weltrekord – und im Diskuswerfen. Ich hätte nie für mich möglich gehalten, dass mich Zuschauer so feiern

MUTTI UND HANS – MEHR ALS NUR ELTERN.

ZU HAUSE IST ES AM SCHÖNSTEN. MIT JÖRG VOR UNSEREM NEUEN DOMIZIL IN BERNAU.

GOLDMÄNNCHEN IN ATLANTA – MIT MARTINA WILLING (LINKS).

LAURA SCHWANGER – DIE DAUERKONTRAHENTIN AUS DEN USA.

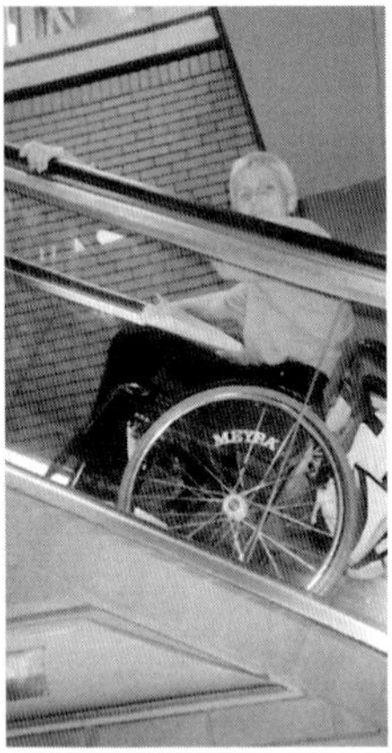

BESUCH AUS HOLLAND – SILVESTER INTERNATIONAL IN BERLIN-BUCH.

TRAINER BODO HEINEMANN – »SCHINDER« UND FREUND.

BERND MÄDLER, SEIT HERBST 1999 MEIN NEUER TRAINER, HAT ALLES IM GRIFF.

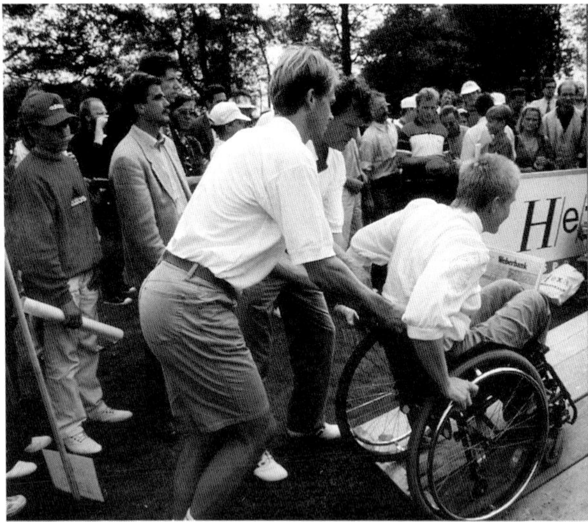

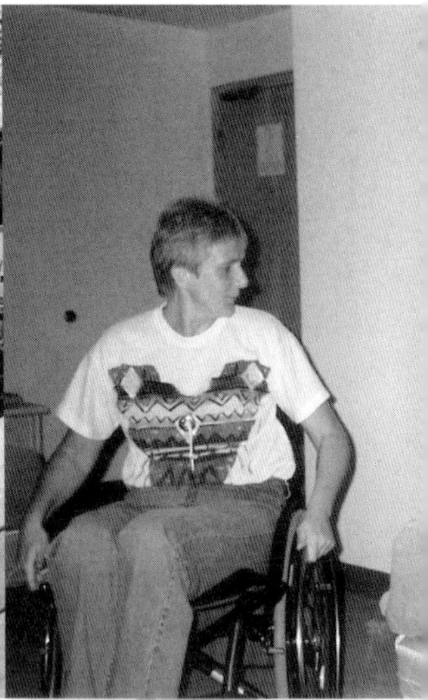

Anschubhilfe: Stefan Edberg und Sepp Maier als Rückendeckung.

Sektrausch: Franziska van Almsick beim Besuch in Florida.

Glückwunsch: »Sie haben sich die Ehrung verdient.« Michael Schumacher am 4. Dezember 1994 in Stuttgart-Ludwigsburg.

Gruppenbild mit rollender Dame: Bei Bundespräsident Richard von Weizsäcker mit der IOC-Prüfungskommission für Berlins Olympiabewerbung.

→ **SYDNEY 2000**

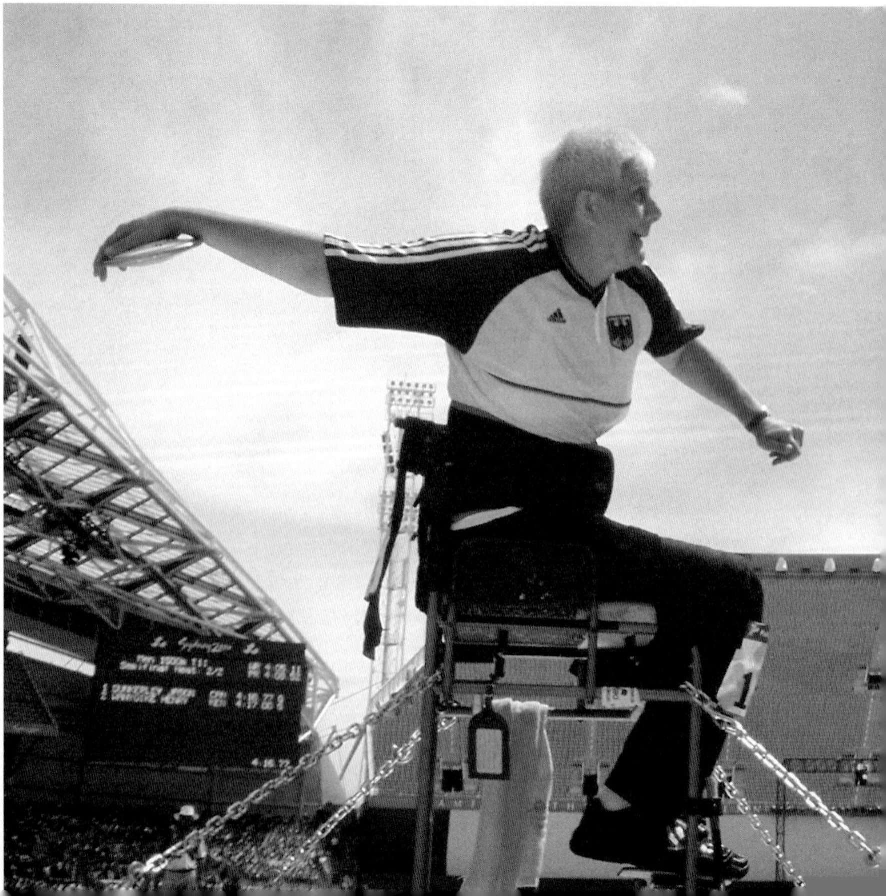

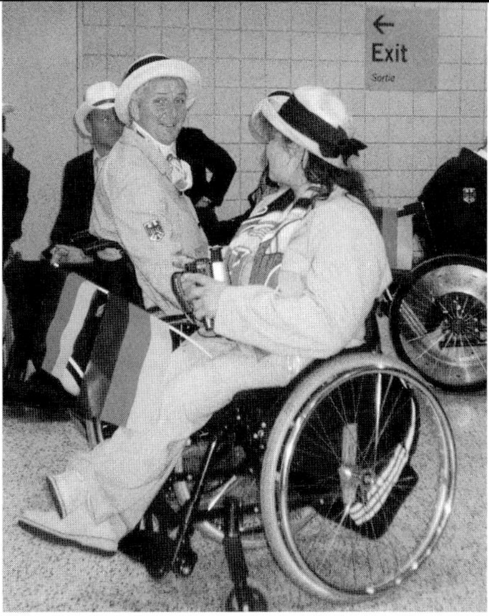

Bilderbuch einer Olympiareise – oben von links nach rechts: Pflicht-Foto vor der berühmten Sydney Opera, Ablenkung vom Wettkampf beim Zoo-Besuch, Muskeln stählen im Fitness-Studio, in freudiger Erwartung der Eröffnungsfeier mit Zimmerkollegin Yvonne Sehmisch – im feinsten Textil und mit Fahne

Sieben auf einen Streich waren es nicht, aber das mindert den Stolz auf meine vier Paralympics-Goldmedaillen von Barcelona, die zwei von Atlanta und die eine aus Sydney, keineswegs.

würden, und erstmals in einem sportlichen Wettbewerb fühlte ich mich durch eine Welle der Sympathie und Begeisterung zu einer regelrechten Leistungsexplosion animiert. Die sind nur wegen dir gekommen, Marianne, nun gib ihnen etwas zurück, feuerte ich mich selbst an. Und spürte schon, wenn Kugel, Speer oder Diskus die Hand verließen, dass es schwer und wunderbar leicht zugleich war, die Sportgeräte in den blauen Himmel Kataloniens zu befördern. Mit Kind und Kegel waren die Zuschauer ins Estadi Olimpic gezogen, den Picknickkorb am Arm – sie gönnten sich das Vergnügen sportlichen Wettstreits, den sie als nicht minder großartig empfanden als vier Wochen zuvor. Und sie waren neugierig, aber nicht als Gaffer wie bei einem Verkehrsunfall, sondern, weil sie echtes Interesse antrieb. Wie stößt jemand eine Kugel aus dem Rollstuhl? Wie springt ein Einbeiniger hoch? Wie läuft man 100 Meter nur nach Geräusch? Das wollten sie wissen, das war spannend. Als die Neugier befriedigt war, blieben sie nicht weg. Nein, sie kamen wieder und brachten ihre Freunde und Bekannten mit. Es hatte sie überzeugt, wie wir kämpften, wie wir das Höchste wollten und danach Freudentränen vergossen oder bitter enttäuscht waren.

Das war Olympia, so wie ich es mir immer vorgestellt hatte. Nie wurde man die Gänsehaut los, die scheinbares Frösteln signalisierte, obwohl einem so herrlich warm ums Herz war. Alles war anders, als ich es bisher erlebt hatte. Größer, gewaltiger, überwältigender. Man betrat das Stadion nicht wie bei irgendeinem Gartensportfest, man wurde hineinbegleitet. Es baute sich eine immense Spannung auf, die meine übliche Aufregung vor Wettkämpfen wie eine Fieberkurve nach oben trieb. Ich war wahnsinnig aufgekratzt, konnte die Fußgurte des Wurf-Stuhles gerade so festzurren. Die Hände klebten vor Schweiß, ich wusste, den ersten Versuch, den würde ich wohl – wie meist – wieder einmal verhauen. Erst danach wurde ich ruhiger, fixierte eine »Hausmarke«, auf der man aufbauen konnte. Wie im Wachschlaf hatte ich mich für eine Kugel entschieden, mit der ich meine Paralympics-Premiere bestreiten wollte. Kugel ist Kugel,

BARCELONA, DAS WAR MEIN SCHLÜSSELERLEBNIS. ALLES, WAS DANACH KAM UND KOMMT, MUSS ES SICH GEFALLEN LASSEN, DASS ICH DAMIT VERGLEICHE.

natürlich, und drei Kilo bleiben es auch. Sie variierten lediglich geringfügig in Größe und Farbe. Ich entschied mich für Eisen natur, denn wer weiß, was Rot, Gelb, Blau oder Schwarz am Ende für eine geheimnisvolle Nebenbedeutung hatten. Fast mit jedem Stoß habe ich mich schließlich verbessert, aber ich müsste in die Protokolle sehen, um mich zu erinnern, welcher der weiteste war.

Dann war plötzlich alles vorbei und ich Olympiasiegerin. Ich habe mich wahnsinnig gefreut, mehr nach innen als mit Jubelgesten nach außen. Es war mir ein bisschen peinlich, dass mir nun alle gratulierten. Ich wusste vor Verlegenheit nicht so recht, was ich mit mir anfangen sollte. Als ich später in meinem Rollstuhl auf dem Siegerpodest stand, hörte ich eine getragene Musik und mir wurde erst beim Blick auf die Videowand im Stadion, auf der ich mich und eine schwarz-rot-goldene Fahne im Hintergrund sah, bewusst, dass die Hymne mir galt. Wieder sagte ich mir, wie drei Jahre zuvor in Assen, Marianne, denk' was! Und dann spürte ich Händeschütteln von rechts und links, Umarmungen und Küsse, fremde Laute, die ich nicht verstand. Das war's also, und was nun? Am Abend habe ich mir eine Büchse Bier gekauft – Prost, Goldkind! –, bin ganz allein für mich auf den Steg gerollt, habe mich hingesetzt und die Wellen ein rauschendes Ständchen für mich singen lassen. Die Medaille habe ich mir heimlich ab und zu angeschaut, so als ob ich mich vergewissern müsste, dass in der Tat geschehen war, was in der Tat geschehen war. Richtig wahrgenommen hatte ich es im Grunde genommen noch nicht, nur neidisch-anerkennende Blicke anderer erinnerten mich daran, dass ich nun etwas geschafft hatte, wovon die meisten Athleten der Welt ihr ganzes Sportlerleben lang nur träumen.

Der Triumph mit dem Speer drei Tage später hatte mit der Gelassenheit bereits erfüllter Hoffnungen einen noch viel höheren Genusswert. Ich habe eine sehr unsaubere, ja fast unmögliche Technik, dadurch oft Probleme mit der Schulter. Direkt mit der »Wurfzigarre« trainiere ich deshalb so wenig wie möglich und so viel wie nötig. Im Training hatte ich vor Barcelona maximal 17 Meter weit geworfen, und als die US-Amerikanerin Laura Schwanger gleich am Anfang die 18-Meter-Marke übertraf, schien das Ganze entschieden, ehe es überhaupt richtig begonnen hatte. Also, schnapp dir das Ding und schmeiß es möglich weit weg, sagte ich mir. Und bestaunte danach ungläubig, welche Zahlen die Wettkampfrichter für mich auf der Anzeigetafel gedrückt hatten. Über 18 Meter, das geht doch gar nicht! Ein Moment, der auf mich wirkte wie auf die Comicfigur des Matrosen Popeye die Spinatbüchse. Ich war motiviert wie nie, die La Ola-Welle im Stadion, die galt auch mir, und mein Speer flog und flog und flog – landete erst bei 19,58 Meter, Weltrekord! Es wurde einer meiner schönsten Erfolge, einer der unvergesslichsten zumal, weil er ohne die Stimulans von außen niemals möglich gewesen wäre. Fünfkampf und Diskus gingen danach wie von selbst, sogar beim 1500-Meter-Fahrwettbewerb des Mehrkampfes, nicht unbedingt meine Stärke, fuhr ich die Zwischenspurts mit, als wäre es nichts.

Barcelona war, obwohl Gegenwart, ein Vorgriff auf die Zukunft von Behindertensport und Umgang mit Menschen, die »anders« sind. Was das Sportliche anging, deutete sich natürlich schon damals an, dass auch »hausgemachte« Probleme gelöst werden mussten. Die Vielzahl der Schadensklassen zum Beispiel, der man, ohne Behinderten die Chancen zur Entfaltung zu nehmen, Herr werden muss. Für Außenstehende ist das eine Zugangssperre, die tieferem Verständnis, größerer Popularität und mithin verdienter Anerkennung des Behindertensports im Wege steht. B1, S10, TW3, T54, F52 – wer kann diese Geheimcodes entschlüsseln, wenn er nicht selbst Geheimnisträger ist? Zwar ist es einfacher, als man gemeinhin denkt – T zum Beispiel benennt unter den Rollis die Schnellfahrer, F die Werfer, die Zahl hinter dem Buchstaben den Schädigungsgrad –, aber dennoch hat der normal Sterbliche seine Probleme damit, wenn es nicht nur einen, sondern eben fünfzehn Olympiasieger im 100-Meter-Lauf gibt. Und denen dann zu erläutern, warum das so ist, bedeutet auf der anderen Seite schlicht, dann doch vor allem über die Behinderung zu reden, denn über die Leistung. Es ist ein schwer zu vermittelnder Balanceakt, Behindertensport zugleich überschaubar und annähernd gerecht zu organisieren. Es wäre nun mal schlichtweg unfair, einen Halsmark-Geschädigten, der ab Hals abwärts gelähmt ist, gegen »Lendenwirbelschäden« antreten zu lassen, denen noch Funktionen der Arme und des Rumpfes erhalten geblieben sind.

ALSO, SCHNAPP DIR DAS DING UND SCHMEISS ES MÖGLICHST WEIT WEG, SAGTE ICH MIR.

Andererseits macht es wenig Sinn, durch die starke Aufbröselung in zig Schadensklassen in manchen Wettbewerben nur Teilnehmer-Felder von vier, fünf Athleten zu Stande zu bringen, in denen der Sieger schon vor dem Start feststeht und die Platzierten Sekunden oder Meter danach folgen. In solchen Fällen messe ich mich lieber mit Leuten, die mir konstitutionell überlegen sind, an denen ich mich aber fordern und steigern kann. Lieber ein vierter Platz auf diese Weise, als eine Goldmedaille als Billigangebot. Später bei den Paralympics 2000 in Sydney sollte ich noch einmal ganz intensiv daran denken. Zusammenlegung von Schadensklassen macht Sinn, aber nicht gegen die Interessen der Sportler. Für diesen Fall würde ich eher Verzicht auf vermeintliche »Popularisierung« in Kauf nehmen, als durch das Buhlen darum, genau das zu tun, wogegen wir seit langem kämpfen: diskriminieren. Im Behindertensport kann man, zumindest in Deutschland, kein Geld verdienen. Mit der Sporthilfe von 100 Mark pro Woche, die oft die Regel ist, kann ich zweimal tanken. Das ist zwar schon mehr als nichts, aber gegenüber den Regelungen bei den Nichtbehinderten eine ziemlich weit geöffnete Schere. Bei uns zählen beide Einkommen, auch die des Partners, und die Grenze, bis zu der überhaupt etwas gezahlt wird, ist erheblich niedriger. Der höchste Satz für einen Behindertensportler sind 400 Mark pro Monat, aber mit der kostenlosen Bahncard und einem großen Versicherungspaket kommen wichtige Hilfen dazu. Doch ohne Unterstützung von »außen« ginge nichts. Meinen Sponsoren bin ich dankbar, dass mich das Sporttreiben inzwischen nichts mehr kostet. Das ist ein großer Fortschritt gegenüber früheren Zeiten, als vieles selbst finanziert werden musste, denn Behindertensport ist, wie sich jeder Laie denken kann, äußerst material- und damit auch kostenintensiv. Ich brauche einen ganzen Rollstuhl-Fuhrpark, und ein Basketball-Rolli zum Beispiel kann gut 5000 Mark, ein Wurfstuhl 12 000 Mark teuer sein. Sanitätshäuser und Rollstuhlfirmen greifen mir unter die Arme, weil ich ihre Anliegen ganz gut transportieren kann. Das aber heißt noch lange nicht, dass ich – auch als vielfache Paralympics-Siegerin – damit etwas verdiene. Dabei trainiere ich bestimmt nicht weniger und nicht weniger hart als zum Beispiel Steffi Graf oder Franziska van Almsick. Darin gibt es keine Unterschiede, die sind anderswo zu finden: Die nichtbehinderten Sportler sind bekannter, und sie können – ich weiß, dass Kanuten, Ruderer, Gewichtheber, Ringer und andere »Fußgänger«-Disziplinen auch nicht viel

Lieber ein vierter Platz auf diese Weise als eine Goldmedaille als Billigangebot.

besser als wir dran sind – von ihrem Sport leben. Wenn ich bedenke, was ein Herzchirurg verdient und was Tennisspieler für ein einziges Turnier kassieren, dann werde ich schon ein wenig nachdenklich. Eine »positive« Kehrseite aber hat es, dass mit Behindertensport, jedenfalls für den Athleten, kein Geld zu machen ist. Wo solche »süßen Trauben« nicht winken, macht Betrug, macht Manipulation erst recht keinen Sinn. Doping ist erst spät ein Thema geworden, vielleicht, weil es zumeist nichts Zählbares einbringen würde.

Im Vorfeld großer Höhepunkte wie den Paralympics werden behinderte Athleten angeschrieben, befragt, ob sie regelmäßig bestimmte Medikamente einnehmen müssen. Vor jeder Kontrolle wird dasselbe noch einmal getan. Wenn beide Male mit »Nein« geantwortet wird und dennoch ein positiver Test herauskommt, dann stimmt etwas nicht. Und wenn jemand »richtig« krank ist, dann hat er bei Olympia nichts zu suchen. Die Kontrollen gleichen denen nichtbehinderter Athleten.

Die Kosten sind ähnlich hoch, ein Arzt ist anwesend, ein Vertrauter aus dem eigenen Team, man führt sich den Urinablauf selbst ein. Natürlich ist es – durch die Behinderung bestimmt – für Querschnittsgelähmte etwas komplizierter, die Prozedur schnell und erfolgreich hinter sich zu bringen. Es funktioniert meistens recht gut, wenn man nicht vor dem Wettkampf seinem Bedürfnis nachgegeben hat. In Barcelona hatte ich eben dies vor dem 1500-Meter-Fahren, der abschließenden Disziplin des Fünfkampfes, getan. Meine Blase war vollkommen »leergeklopft«, anderthalb Stunden habe ich Kaffee, Tee, Eistee, Fanta in mich hineingeschüttet, ehe drei Liter Flüssigkeitsaufnahme ein kleines Gläschen »Analyse« ergaben. Danach allerdings hatte ich alle fünf Minuten dasselbe Problem: kaum hatte ich die Hose hoch, durfte ich sie wieder herablassen und mich setzen. In Barcelona habe ich mich gleich viermal testen lassen dürfen. Nicht angenehm, aber auch da gilt: lieber vorbeugen als heilen. Mein Vergnügen an der Stadt der Sagrada Familia, der Stadt Miros, Picassos und Dalís, von Baumeister Antoni Gaudi und seit 1992 von Olympia, konnte dadurch nicht beeinträchtigt werden. Die Metropole der Katalanen, denen der faschistische Diktator Franco die Heimatsprache verboten hatte, ist stolz, eigensinnig und stur. So wie wir Behinderten, wenn wir unsere Identität gefunden haben. Die Katalanen haben ein Motto, das mir sehr sympathisch ist. Som lo que som – wir sind, was wir sind und damit basta. Das ist so integrativ, dass es für jedes Kind Gottes passt. Nach Barcelona war ich überzeugt, dass wir den Sprung ans Licht geschafft hatten.

Jetzt wird der Behindertensport akzeptiert, die Medien nehmen uns ernst, die Bevölkerung wird sich langsam öffnen – das war meine felsenfeste Gewissheit nach den wunderbaren Spielen. Sie war schnell erschüttert, als ich wieder zu

Hause war. Doch wo war das, zu Hause? Hatte ich mich in Barcelona nicht viel heimischer gefühlt, tausende Kilometer von den Stätten entfernt, wo ich mein täglich Brot einkaufe, wo ich jeden Briefträger kenne und das Geschrei der Kinder aus der Nachbarschaft fast mitsingen kann? Von der tausendfachen Begeisterung der Spanier war daheim relativ wenig zu spüren, und spätestens mit der 1. Leichtathletik-Weltmeisterschaft der Behinderten im Sommer 1994 in Berlin war die Hoffnung auf »Ansteckung« durch das Barcelona-Syndrom im Keller. Da blieb sie auch, selbst wenn die Ehrung mit der »Sport-Eins« der ARD für einen Moment anderes zu signalisieren schien. Dort, wo es viele aktive nichtbehinderte Athleten gibt, da werden wir noch einigermaßen anerkannt. Da, wo ein solcher Background nicht vorhanden war, da weiß man mit behinderten Sportlern so gut wie gar nichts anzufangen. Das war nicht ungewöhnlich, denn die Leute wissen ganz einfach nichts über uns. Und sie sind nicht neugierig, weil sie erst gar nicht zur Neugier angeregt werden.

Die Medien haben an diesem Nicht- oder geringem Interesse naturgemäß großen Anteil. Eine Deutsche Meisterschaft der Rollstuhlfahrer in Heidelberg, wie vor den Paralympics in Atlanta, findet in aller Regel nur dann Berichterstatter, wenn sich die Sportler selbst anbieten und aufdrängen. Dafür bin ich mir nicht zu schade, aber wenn es zur dauerhaften Einbahnstraße wird, dann kann das schon ein wenig mutlos machen. Behindertensport bedarf der Moderation, um ihn verständlich zu machen. Wie soll ein Normalverbraucher Weiten und Zeiten beurteilen können? Acht Meter im Kugelstoßen, zwanzig mit dem Speer, fünfundzwanzig mit dem Diskus – ist das gut, ist das mittelmäßig oder gar schlecht? Um das einschätzen zu können, muss man begreifen. Begreifen, welche Muskeln noch vorhanden sind und welche fehlen und was man mit dem »Rest« anfangen kann. Ein solches Verständnis setzt Wollen voraus, es reicht nicht aus, wenn das Bemühen darum nur von einer Seite kommt. Immer noch steht bei unserem Sporttreiben die Behinderung im Vordergrund, und genau das darf nicht sein. Warum ist es so schwer, uns in den ganz »normalen« Sportverkehr einzuordnen? Muss es überhaupt einen Behindertensportverband geben? Genauso gut könnten doch Athleten mit Behinderungen in den Organisationen der Leichtathleten, Schwimmer, Fechter oder was weiß ich Mitglied sein. Sie könnten mit Franziska van Almsick, Heike Drechsler oder Arnd Schmitt trainieren, das gleiche Umfeld nutzen, von versierten Ausbildern profitieren. Zum Teil geschieht das ja bereits in ersten Ansätzen, zum Beispiel, wenn in Berlin der Olympiastützpunkt nichtbehinderten und behinderten Athleten gleichermaßen zur Verfügung steht. Warum sollte ich nicht bei den Leichtathleten mitmachen? Es sind fast die gleichen Voraussetzungen. Ich muss dieselbe Kraft trainieren, dieselbe Ausdauer. Und das täglich, auch am Wochenende. Doch das Zueinanderfinden ist schwieriger, als man gemeinhin denkt. Selbst Dinge, die auf der Hand zu liegen scheinen, werden plötzlich kompliziert, wenn es ans »Eingemachte« geht. Schützen, die ungeachtet körperlicher Befindlichkeiten einfach nur zielen und treffen müssen, sollen – so die Vorbehalte – nicht gemeinsam starten, weil für einen Rollstuhlfahrer sein Gefährt angeblich ein Hilfsmittel ist.

So bleibt nach wie vor mehr Trennendes als Verbindendes. Während der Olympischen Spiele der »Fußgänger« in Atlanta, bei denen ins Leichathletik-Programm zwei Demonstrations-Rennen im Rollstuhl eingebaut wurden, unterbrachen die Veranstalter den laufenden Hochsprungwettbewerb, die Rolli-Athleten aber wurden ohne zu zögern auf die Strecke geschickt. Zweieinhalb Wochen später trafen sich mehr als 3500 Spitzensportler aus 127 Ländern, um bei den X. Paralympics ihre Besten zu ermitteln. »Das ist deine Chance, Zeuge der Dramatik und Inspiration des zweitgrößten Sportereignisses der Welt in diesem Jahr zu werden«, warb der »Atlanta Journal«, das lokale Massenblatt, um Zuschauergunst. Atlanta, das wurde ein Erlebnis zwischen Traum und Trauma, zwischen Erwartung und Entsagung, zwischen Hochgehoben und Fallengelassen. Waren schon die Jahrhundertspiele zuvor solche mit Ecken und Kanten, so wurden die Paralympics, die auch ein kleines Jubiläum feierten, die Summierung nicht eingehaltener Versprechen. Was hatten wir zuvor nicht alles gehört? Das größte und schönste Olympia der Behinderten sollte es werden, das es jemals gegeben hatte.

Immer noch steht bei unserem Sporttreiben die Behinderung im Vordergrund, und genau das darf nicht sein.

Natürlich. Fernsehwürdig, gut vermarktet und ausgestattet wie nie zuvor. Der Vergleich mit der Wirklichkeit aber hinterließ einen mehr als faden Beigeschmack. Doch wir Behinderten hatten Genügsamkeit gelernt! Was machte es da schon, dass wir im Olympischen Dorf in viel zu engen Zimmern wohnten, in denen von Rollstuhlfahrern äquilibristische Kunststücke verlangt wurden, wollten sie zu zweit in der Kemenate Platz finden. Schränke und Kommoden hatten wir kurzerhand auf den Flur expediert, um Platz zu gewinnen. Was machte es schon, dass die Häuser ausgerechnet auf einem Hügel standen, der für viele nur mit äußerster Kraftaufwendung zu erklimmen war, und der Körper darauf mit Muskelverspannungen antwortete. Was machte es, dass alle Einrichtungen, die den Nichtbehinderten zur Verfügung gestanden hatten – Fitnessstudio, Supermarkt, Post, Entspannungsmöglichkeiten –, längst geschlossen waren, als wir ins Athleten-Dorf einrollten. Was machte es, dass wir Dorf und Sportstätten bei unserer Ankunft verdreckt vorfanden, dass die Fast-Food-Ernährung zu einer unfreiwilligen Diät ausartete. Was machte es, dass der Transport im Land der unbegrenzten Unmöglichkeiten einer Lotterie glich, in der man einen Fünfer mit Zusatzzahl hatte, wenn man nicht nur schnell verladen wurde, sondern auch noch tatsächlich auf kürzestem Wege zum Ziel kam. Was machte es, dass wir oft nur Staffage für die Show und Selbstdarstellung waren, die sich ein paar Leute ausgedacht hatten.

ATLANTA, DAS WURDE EIN ERLEBNIS ZWISCHEN TRAUM UND TRAUMA, ZWISCHEN ERWARTUNG UND ENTSAGUNG, ZWISCHEN HOCHGEHOBEN UND FALLENGELASSEN.

Von der Eröffnungsveranstaltung vor 55 000 Zuschauern, die zwischen 10 und 50 Dollar berappt hatten, habe ich wenig mitbekommen. Wir waren unentbehrliches Zubehör, denn Paralympics bedurften nunmal Behinderter. Christopher Reeve, einstiger Hollywood-Star, Darsteller des »Superman« und seit Mai 1995 nach einem Reitunfall von der Schulter abwärts gelähmt, hatte den Part des »Master of Ceremonies« übernommen – und konnte der Versuchung nicht widerstehen, sich und seine Leidensgeschichte zu inszenieren. Genau das war es, was wir nicht wollten. Reeve hat einen Luftröhrenschnitt, braucht einen Plastikschlauch, durch den er aus einer Ventilatorbox die Luft zieht, um Sprechen zu können. Als er sagte; er habe den Wunsch, wieder laufen zu können, da war das zwar nachvollziehbar und melodramatisch perfekt, aber es war der falsche Satz am falschen Ort zum falschen Zeitpunkt. Mich macht es nicht unbedingt glücklich, wenn das kulturelle Programm von Paralympics auch noch von Behinderten gestaltet wird. Auf der anderen Seite hat US-Vizepräsident Al Gore in seiner Ansprache eine halbe Stunde lang vom Nichtbehinderten-Olympia geschwärmt und dann mit zwei, drei Floskeln unsere Spiele eröffnet. Mehr Schein als Sein hieß die Devise, und dazu passte, dass man uns Fähnchen in die Hände drückte, mit denen wir zu bestimmten Zeitpunkten auf Anweisung zu winken hatten. Hauptsache, das ganze Spektakel gab ein gutes Bild für die Kameras ab, erklärte man uns offen auf die Frage nach dem Sinn der Übung.

Dabei hatte mein Atlanta-Abenteuer so gut angefangen. Mein Fan-Club verabschiedete mich in Berlin, alle Rolli-Leichtathleten trafen sich danach in Frankfurt/Main und erstmals war uns allen der Genuss vergönnt, im Flugzeug gen Übersee in der Business-Class nicht eingezwängt, sondern bequem »hingelümmelt« über den großen Teich zu fliegen. In Marietta, 40 Kilometer von Atlanta entfernt, bereiteten wir uns auf das Ereignis vor, für das wir jahrelang trainiert hatten. Hotel und Essen top, Zimmer rollstuhlgerecht, Atmosphäre entspannt – wir waren gut drauf und gespannt auf Atlanta.

Der erste Eindruck ist immer der beste – von diesem Prinzip hatten die Paralympics-Organisatoren ganz offenbar noch nie etwas gehört. Im Olympischen Dorf angekommen, wurde unser Gepäck abgeladen und auf einen Haufen geworfen. 200 Athleten mit den gleichen Taschen, es war ein wunderbarer Auftaktwettbewerb, seine Klamotten zu finden und die den Berg hoch zum Quartier zu bugsieren. Es gab niemanden, der einem erklärte, dort finden Sie das, dort jenes, Eigeninitiative wurde gefordert. Doch irgendwann kriegte man schon raus, wo es etwas zu Essen gab, wo die Trainingsstätten lagen, die man allerdings ebenfalls nur mit fremder Hilfe erreichen konnte. Olympia zu genießen, nach dem besonderen Gefühl dieses Ereignisses zu fahnden, das stets von so hehren Worten begleitet ist, das war den meisten Athleten schon deshalb nicht möglich, weil sie fast ausschließlich damit zu tun hatten, ihr »Überleben« zu organisieren.

Die Gänsehaut, die ich in Barcelona zwei Wochen lang fast durchgehend hatte, kam in Atlanta nur ganz selten auf. An wettkampffreien Tagen vielleicht, an denen man den Mannschaftskameraden entspannt zusehen und unter den, allerdings bei weitem nicht so zahlreichen Zuschauern wie 1992 mitfiebern konnte. Bei spannenden und hochklassigen Wettbewerben, die anzeigten, dass die Leistungsexplosion im Behindertensport noch lange nicht am Endpunkt angelangt ist. In 550 Wettbewerben in 19 Disziplinen wurden 1567 Medaillen vergeben, weit über 200 paralympische und Weltrekorde aufgestellt. Insgesamt gingen 3211 Athleten aus 103 Ländern an den Start.

Mit meinen eigenen Auftritten konnte ich hochzufrieden sein. Gold und Weltrekord mit der Kugel, Gold auch mit dem Diskus und Bronze mit dem Speer, das war eine unerwartete Ausbeute, wenn man vor den Spielen keine Maximalkraft trainieren konnte. Im Dezember 1995 hatte man bei einer Leistungsdiagnostik durch eine Ultraschalluntersuchung bei mir eine Herzkammervergrößerung festgestellt und das weitere sportliche Training davon abhängig gemacht, dass dieser Befund abgeklärt werden muss. Die Kardiologen haben mich danach durchgecheckt, ein Loch in der Scheidewand festgestellt. Das verlangte nach Konsequenzen. Wie die aussehen sollten, darüber gab es unterschiedliche Meinungen. Der eine meinte, der Leistungssport müsse aufgegeben werden, der andere, dass unter bestimmten Voraussetzungen kein großes Risiko bestünde, dass Probleme auftreten könnten. Also Variante zwei! Die Paralympics konnte ich mir doch nicht vermiesen lassen. Kein extensives Ausdauertraining, keine Maximalkraft, ein monatliches EKG – diesen Auflagen musste ich mich beugen, wollte ich Atlanta sehen. Bodo Heinemann stellte das Training unter diesem Blickwinkel total um – nur 70 bis 80 Prozent der üblichen Belastung waren machbar. Wie die Paralympics zeigen sollten, mit Riesenerfolg. Indirekt bewiesen mir meine Resultate dort, dass ich meine Leistungsgrenzen noch lange nicht erreicht habe. Was wäre herausgekommen, wenn ich voll hätte durchziehen können?

Die Gänsehaut, die ich in Barcelona zwei Wochen lang fast durchgehend hatte, kam in Atlanta nur ganz selten auf.

Nach Atlanta fuhr ich in der Gewissheit, dass irgendwann danach eine Operation folgen muss. Eine Katheteruntersuchung bestätigte das, auch dass die Dimension sogar eine größere sein wird als ursprünglich vermutet. Die Ärzte waren reichlich erstaunt, dass ich keine anderen Symptome als eingeschlafene Hände festgestellt hatte. In keine Operation geht man unbeschwert jubelnd, immer ist ein wenig Unsicherheit und Angst dabei. Aber auch Vorfreude: Was werde ich noch alles anstellen und leisten können, wenn ich dann und nach der Rehabilitation wieder »voll« einsatzfähig bin! Die Ungewissheit, wozu ich imstande sein könnte, hatte ich nach Atlanta mitgenommen. Aber dort hatte ich weniger mit mir selbst zu kämpfen als mit allen möglichen Unwägbarkeiten, die plötzlich auf einen zukamen. Der Speerwurf-Wettbewerb war dafür nur eines der Beispiele. Justament, als wir uns im Olympischen Dorf auf die Abfahrt vorbereiteten, wurde Feueralarm gegeben. Wir mussten das Quartier verlassen. Sirenengeheul, blinkende Rundumleuchten, gigantischer Lärm – und wir draußen mittendrin. Wir warteten, und es tat sich nichts. Uniformierte Polizisten verweigerten uns die Rückkehr, nach einer Stunde schließlich erschien ein Kontrolleur, der einen abgeschlossenen Raum, den die Feuerwehrleute zuvor vergeblich zu betreten versucht hatten, öffnete. Wir saßen wegen des bevorstehenden Wettkampfes wie auf Kohlen, doch »Mister Wichtig« mit dem Schlüsselbund hätte man die Schuhe beim Laufen besohlen können. Dass der Bus zum Olympiastadion danach überfüllt war – nur logisch. Ich stand im Gang, musste mich irgendwie festhalten. Eine Notlösung, aber zu ertragen, wenn sich der Busfahrer an die vorgeschriebene Höchstgeschwindigkeit von 30 Stundenmeilen gehalten hätte.

Stattdessen gab er kräftig Gas, fuhr 55 bis 60 »Sachen«, auch mal bei Rot über die Kreuzung, um dann mit Vollbremsung seine Passagiere dazu zu zwingen, mit äußerster Kraft ihre Stellung zu halten. Die Fahrt, normalerweise in 20 Minuten zu bewältigen, war längst zum »Adventure«-Kurs geworden, nachdem die gleichen Wolkenkratzer zum zweiten oder dritten Male neben uns auftauchten. Hinweise an den Fahrer, wir würden doch im Kreis um das Zentrum von Atlanta fahren, beantwortete der mit Aggressivität. Nach zwei Stunden kamen wir schließlich in die Nähe der Wettkampfstätte, brausten am Aufwärmstadion vorbei, stoppten unseren Piloten mit unseren aufgeregten Schreien, und der entschied sich dann, den letzten Fehler mit dem Rückwärtsgang im Hochgeschwindigkeits-Blindflug zu korrigieren. Beim Aussteigen waren mir vor Anstrengung die Hände eingeschlafen, ich brauchte eine Viertelstunde, um die Durchblutung wieder anzuregen und ein Gefühl für den Körper zu bekommen. Mein Rollstuhl-Kollege Markus Pilz hatte den Horror-Trip im Olympia-Bus mit Mühe überstanden, stöhnte am Ende »Ich will hier raus!« und lehnte den Transfer auf ähnlich verheißungsvolle Weise ins Olympiastadion ab. Das konnte ich nicht – ich hatte ja Wettkampf. Doch das Abenteuer sollte noch lange nicht beendet sein! Vor dem Stadion gelandet, durften wir den Bus zunächst nicht verlassen, ein Gewitter hatte ringsum alles unter Wasser gesetzt.

20.30 Uhr begann dann tatsächlich der Kampf um die Speerwurf-Medaillen. Eine Dreiviertelstunde nach Mitternacht hatten wir ihn hinter uns gebracht, schickten uns an, gemeinsam mit den Putzkolonnen, die die Sitze sauber machten, das Olympiastadion zu verlassen. Doch davor hatte das Los für mich die Dopingkontrolle gesetzt. Um zwei Uhr nachts hatte ich mir die Probe »abgeklopft«, natürlich fuhr kein Bus mehr, sodass eine weitere Stunde verging, ehe zwei Kleintransporter uns zum Olympischen Dorf chauffierten. Ich hatte zwei Rollstühle auf dem Schoß, fühlte mich total kaputt. Wenn alles vorbei ist, so hatten wir uns mit Trainerin Christel Wittmann unterwegs geschworen, dann machen wir noch einen drauf. Gesagt, getan. Kurz vor vier Uhr köpften wir zu viert die Flasche Sekt, tranken aus Pappbechern und lachten uns nachträglich über die Erlebnisse der vorangegangenen Stunden kaputt. Übrigens: Das Bild, wie in den Regenbächen vor dem Olympiastadion jede Menge Popcorn vorbeischwamm, ist mir stärker im Gedächtnis haftengeblieben als meine sechs Speerwürfe im Wettkampf.

Die Athleten wurden als Nebensache behandelt, und so lagen eben auch die Paralympics »daneben«.

Atlanta, das war am Ende, wie die WM in Berlin 1994, eine vergebene Chance. »Para«, dieses Präfix übersetzt sich mit »neben, daneben«. So gesehen haben die Spiele in Georgias Hauptstadt ihrem Namen alle Ehre gemacht. Die Athleten wurden als Nebensache behandelt, und so lagen eben auch die Paralympics »daneben«. Diese Wertigkeit wird einem doppelt bewusst, wenn das, was für Behinderte in der Architektur verändert wurde, nur zeitweilig ist und danach der alte Zustand wiederhergestellt wird. Für mich sind die Paralympics von Atlanta, eben weil sie so waren, wie sie waren, allerdings sogar ein Anreiz geworden. Denn danach habe ich mir gesagt: Marianne, noch einmal »richtige« Olympische Spiele erleben, das ist dein Ziel. Sydney 2000 – wieder einmal hatte ich einen großen Traum.

Berlin hat viele Mauern behalten

Die eine ist gefallen, die, die für die Ewigkeit dafür sorgen sollte, dass weder Ochs noch Esel den Sozialismus in seinem Lauf aufhalten konnten. 28 Jahre und ein paar Tage hielt die »Mauer«, die Berlin als schauriges Architektur-Monster traurige Berühmtheit verschafft hatte. Andere Mauern stehen länger. Die der Vorbehalte gegenüber Menschen, die »anders« sind, etwa. Die 1. Leichtathletik-Weltmeisterschaft der Behinderten im Sommer 1994 im Berliner Olympiastadion bestätigte das auf bedrückende Weise. »Was ist bei euch los, sind wir für die Leute hier Aussätzige?«, wird der Journalist von einigen der über 1200 behinderten Sportler aus 61 Ländern mit traurigen Augen gefragt, und die Scham über die demonstrative Ablehnung, die sich in gähnender Leere im Stadionrund der 76 000-Zuschauer-Betonschüssel dokumentiert, lässt nach Ausreden suchen. Die Wettkampfzeiten sind ungünstig, die Ferien haben viele Leute aus der Stadt gezogen, höre ich mich sagen, und weiß zur gleichen Zeit, dass das Schwimmbad nebenan proppenvoll ist. Die Sportler sind in der Mehrheit in Alliierten-Kasernen untergebracht. Logisch, dass es unter den Soldaten relativ wenig Behinderte gab. Was aber fangen Rollstuhlfahrer mit einer Gemeinschaftsdusche an? Die Fahrstühle funktionieren nicht, statt Gemeinschaft ist Separierung angesagt. Man sieht sich nur zu den Wettkämpfen, ein Zeitplan wird exakt eingehalten. Deutsche Gründlichkeit. Von 40 000 Zuschauern bei der Eröffnung schwafelt der Präsident des Behindertensport-Verbandes vor der Veranstaltung, ein Viertel vielleicht erscheint zum Auftakt – danach keiner mehr. Der Bundeskanzler hat die Schirmherrschaft, aber keine Zeit. Der Bundespräsident Zeit, aber keine Vision. Wer Augen hat, der sieht, wer Ohren hat, der hört, wer denken kann, der fühlt. Es tut weh, dabei zu sein. Man möchte weg-

laufen, doch ich denke ängstlich im selben Moment: Aber dann ist ja noch einer weniger da.

»Macht die Behinderten-WM zum Weltereignis!«, hatte Berlins »Regierender« Eberhard Diepgen seine Landeskinder vor den Titelkämpfen aufgefordert. Ein »Weltereignis«, das schon vor dem Start zum Provisorium degradiert wurde. Was nützt es, wenn vor dem Stadion eine behindertengerechte Toilette mit allen Schikanen als Schaustellungsstück präsentiert wird, aber Athleten und Besucher drinnen auf schwer zugängliche Plumps-Klos angewiesen sind? Und was nützt es, wenn für die WM das Olympiastadion erstmals durch Rampen befahrbar wird, aber die als »temporäre Maßnahme« nach dem Championat sofort wieder abgebaut werden? Nach der Weltmeisterschaft wurde das Stadion wieder so behindertenfeindlich, wie es zuvor gewesen war. Keiner der Organisatoren hatte vor der Weltmeisterschaft die befragt, die Ratschläge hätten erteilen können: wie man Barrieren abbauen kann, wie man für ein solches Ereignis werben kann, wie man ein großes Sportfest so veranstaltet, dass die Sportler sich dazugehörig fühlen. Aber es wurde ausschließlich über die Köpfe der Athleten hinweg »regiert«, für sie, aber nicht mit ihnen organisiert. Und Kritik als Undankbarkeit abgebucht: Sollen die doch froh sein, dass wir sie überhaupt versorgen! So weit auseinander sind in deutschen Landen Anspruch und Wirklichkeit? Doch existiert der Anspruch überhaupt, es sei denn als papierne Erklärung?

Behinderte empfinden diese Wirklichkeit als Entmündigung. Mit Recht. Politiker entscheiden nicht mit ihnen, sondern über sie. Behinderte Menschen haben sich gefälligst einer nichtbehinderten Umwelt anzupassen. Es wird verfügt, das ist bei Minderheiten üblich und nach gutem demokratischen Brauch rechtens. Kann man dagegen anrennen, anspringen und -stoßen; kann man die Ignoranz und Intoleranz niederschreien, niederschreiben, niederüberzeugen? Berlin war ein lang anhaltender Dauerschmerz – wie ein schriller Sirenenton in den Ohren, der nur aufhörte, wenn man beide Fäuste fest darauf presste, der aber sofort wieder da war, wenn man die Hände wegnahm. Berlin war eine Demütigung für Athleten, denen man sechs Jahre später sogar Paralympics an gleicher Stätte zumuten wollte. »Links liegen gelassen zu werden wie eine weggeworfene alte Zeitung, das tat weh«, schilderte Marianne Buggenhagen ihre Gefühle, die nicht mal mehr gemischt waren. »Überhaupt nicht beachtet zu werden, das ist schlimmer als ausbuhen. Ich hätte lieber auf eine Medaille verzichtet, wenn dafür mehr Leute gekommen wären. Es tat weh, dass mehr Athleten als Zuschauer im Stadion waren, und es tat noch mehr weh, wenn ich es gegenüber meinen Sportfreunden zu erklären versuchte.« Nach drei Tagen ohne Resonanz war der Eintritt frei – ohne Reaktion! Keiner sah, wie serienweise Weltrekorde fielen, keiner jubelte über dramatische Sprint-Duelle, beklatschte grandiose Einbein-Hochspringer. Man hatte die Athleten allein gelassen und die potenziellen Zuschauer auch. Einer trage des andern Last, eine barmherzige Lüge, deren Heuchelei, Zynismus und Kälte, so wie sie sich in Berlin zeigten, nur schwer zu überbieten sein wird. Man versuchte sich erst gar nicht an einer Erziehung der Gefühle, was für den besonders ins Auge fiel, der zuvor die Paralympics in Barcelona erlebte. Diese hatten gezeigt, dass eine Behinderten-Sportveranstaltung kein karitativer Akt für »bedauernswerte Geschöpfe« sein muss, sondern stattdessen ein eigenständiger Sympathieträger sein kann, der sogar in erfreulichem Kontrast zum krisen- und problemüberladenen Spitzensport der »Fußgänger« steht. Barcelona war nur noch in textiler Form gegenwärtig – die deutsche Mannschaft präsentierte sich in Berlin abermals in ihrer Paralympics-Kluft, weil Geld für ein neues Outfit nicht vorhanden war. Mit abenteuerlicher Organisationskunst – Müller tauscht mit Meier, Meier tauscht mit Schulze ... – wurden die Neulinge ausgestattet. Und natürlich war an Siegprämien für die Weltmeister nicht zu denken – ein Jahr zuvor waren die »Fußgänger«-Stars in der Schwaben-Metropole mit einem Mercedes abgefunden worden. Die Fair-Play-Initiative des deutschen Sports hatte das Stuttgarter Publikum, das nicht nur die Stars abfeierte, danach mit ihrem Preis ausgezeichnet. Bei den Welttitelkämpfen der Behinderten ein Jahr darauf hätte man wieder in Aktion treten können – doch diesmal ging es um schreiende Unfairness. Überhaupt dabei zu sein bei einer Meisterschaft dieser Art, das suggeriert die Welt »draußen« den Behinderten, sei doch bereits eine Geste, die zu tiefer Dankbarkeit verpflichtet. »Wir müssen uns dagegen wehren, Vorzeigekrüppel für ein paar Herren und Damen zu sein, die einmal im Jahr die Bergpredigt aus dem Bücherregal holen«, sagt Aktivensprecher Gunther Belitz. Berlin, das wurden »zehn Tage, die die Welt erschütterten«. Aber auf andere Weise, als es sich die Organisatoren gedacht hatten. Selbst der Präsident des Behindertensport-Verbandes kam in seinen Erklärungsversuchen über »zu schönes Wetter«, »mangelndes Interesse am Behindertensport überhaupt« und »überzogene Erwartungshaltung der Aktiven« nicht hinaus. Sind am Ende die Sportler selbst an dem Flop schuld, weil sie auf Anerkennung hofften, statt sich zu bescheiden und die Minus-Kulisse als gottgegeben hinzunehmen?

»So ist das also in Deutschland«, antwortete ein australischer Sportler, nach seinen Eindrücken im fremden Land befragt. Es klang traurig und resigniert. Man hatte ihn hier nicht haben wollen. Nicht, dass man ihn geschmäht, verfolgt, beschimpft hätte. Das hätte vorausgesetzt, dass man ihn zur Kenntnis genommen hätte. Doch das tat man nur, wenn er mit seinem Rollstuhl im Wege stand.

Man musste herumgehen, das war lästig. Doch einmal, da war es anders. Da sprach ihn ein deutscher Jemand an und fragt nach seinen Eindrücken hier im Land der Dichter und Denker. Er wollte höflich sein, aber er konnte es nicht: »Es ist verdammt kalt hier.« Sagte er mitten in brütender Sommerhitze und bekam vom Frager Recht. So war es also in Deutschland – zumindest im August 1994.

8 Auf Reisen: Palmen, Vulkane, Dromedare

Drei erfüllte Wünsche – Die Sehnsucht nach der großen, weiten Welt – Jenseits von Ueckermünde und Berlin: Toronto – Pizza roh und ein wildgewordenes Badezimmer – Noch einmal Hochzeitsreise: Florida – Treff mit Franziska van Almsick – Weihnachten im T-Shirt – Lanzarote und ein verliebtes Dromedar

Vor Jahren bin ich einmal gefragt worden, welche Träume ich mir gerne erfüllen würde. Was waren Träume, was war wirklich wichtig und was war nur ein von außen erzeugter Wunsch, den zu erfüllen schön sein konnte, aber der genauso gut entbehrlich war? Fragen, die immer nur »in Raum und Zeit« zu beantworten sind. So würde ich heute wohl ganz anders reagieren, wenn dieselbe Frage abermals gestellt würde. Einmal Olympiasiegerin werden, einmal Palmen sehen und einen VW Passat fahren, habe ich damals gesagt. Längst erfüllt und übererfüllt. Olympische Goldmedaillen habe ich im Siebener-Pack im »Trophäenschrank«, Palmen zur Genüge gesehen und das Auto aus Wolfsburg tausende Kilometer gefahren. Bin ich nun wunschlos glücklich? Glücklich ja, wunschlos aber ganz bestimmt nicht. Die drei »Träume«, die vor fast einem Jahrzehnt nur die Formulierung scheinbar unerfüllbarer Sehnsüchte waren, standen für Dinge, die in meinem Leben so wichtig geblieben sind, wie sie es immer waren. Olympiasiegerin werden – was war das anderes als das Verlangen nach selbstbestimmter Verwirklichung der eigenen Talente, Ambitionen, Hoffnungen. Der »Passat« wurde zum Synonym für Mobilität, für Beweglichkeit, die mit einfachen Mitteln erreichbar sein sollte. Und die Palmen wurden sozusagen der botanische Ausdruck für meinen Traum von der Welt, die ich auch mit dem Rollstuhl entdecken und erobern wollte. Jeder DDR-Bürger hatte seine »Palmen«, die im unwirklichen und unsinnigen Eingesperrtsein hinter der Mauer wuchsen, gedeihten und Frust und Wut auf die steigerten, die verboten, sich ein Bild zu machen von dem, wie es hinter dem »Vorhang« aussah. Ich habe mal einen Aphorismus gelesen, der mit seiner scheinbaren verqueren Logik die Realität im selbsterklärten »Arbeiter-und-Bauern-Staat« voll traf: Das Verbot, aus einem Land ausreisen zu dürfen, ist das Verbot, in diesem Land freiwillig zu leben. Und wie viele hätten gerne freiwillig und nicht als bevormundete Mündel in ihrem Land gelebt! Schon als Kind hatte ich immer davon geträumt, die Welt zu sehen, und als feststand, dass ich Krankenschwester werden wollte, da war für mich die Arbeitsstelle klar: Ein Schiff, das die Meere befuhr und fremde Länder ansteuerte, sollte es sein.

Das unbeschränkte Reisenkönnen wurde für mich eines der schönsten Wendeergebnisse. Ich habe längst nicht alles gesehen, was ich sehen möchte, und mein Leben wird nicht ausreichen, um alle Sehnsüchte zu erfüllen. Wer reist, lernt nicht nur andere, sondern auch sich selbst besser kennen. Toleranz gegenüber anderen, das, was wir Behinderten daheim immer wieder einfordern, ist das Wichtigste, was man in die Heimat mit zurückbringt. Alle Menschen sind Ausländer, fast überall auf der Welt – nur daheim in dem Land nicht, dessen Pass man in der Tasche trägt. Wenn Nationalstolz zu Nationalismus und Fremdenhass wird, dann schäme ich mich für dieses Land, das manchmal wirkt, als habe es immer noch nicht begriffen, was Geschichte als tiefe Narben hinterlassen hat. Ich bin froh, dass ich mitunter Botschafterin dafür sein darf, dass das nicht allein »Deutschland« ist. Alles, was »anders« ist, als bedrohlich zu empfinden und zu bekämpfen, das trifft auch uns Behinderte und weckt die Erinnerung an die Euthanasie-Verbrechen der Nazis, die »unwertes Leben« einfach aus der Welt morden wollten. Reisen bildet, heißt es, und aus »Unbildung« ist inzwischen bei mir wenigstens eine Art »Halbbildung« geworden. Auf drei Kontinenten – Europa natürlich, Amerika und Australien – habe ich meine Fotos geschossen, andere Menschen – nicht nur Sportler – kennen und schätzen gelernt, im Wettkampf Freundschaften geschlossen. Mein erster Übersee-Trip führte 1992 nach Kanada. Ich war zu einem Sportfest nach Toronto eingeladen worden. Toronto! Zu Hause flog ich gemeinsam mit Jörg im Atlas mit dem Finger über den Atlantik, drehte den Globus und rechnete mit leichtem Vorstartfieber die Zeitzonen vor und zurück. Frankfurt/Main, Detroit, Toronto – das »Landei« aus Ueckermünde hatte nicht nur Berlin, son-

WER REIST, LERNT NICHT NUR ANDERE, SONDERN AUCH SICH SELBST BESSER KENNEN.

dern inzwischen die Welt erobert. Auf dem riesigen Flughafen der kanadischen Millionenstadt geriet ich plötzlich in einen Pulk großgewachsener junger Frauen. Basketballerinnen, dachte ich instinktiv. Bis ich einen etwas kleineren Menschen unter den »Leuchttürmen« entdeckte: Siggi Köhler! Mein alter Trainer aus den Endsechszigern, inzwischen Volleyball-Bundestrainer, war mit seiner Auswahl auf dem Weg zum Weltcup. Fast zwanzig Jahre »Leben dazwischen« arbeiteten wir im kurzen Smalltalk im Schnelldurchgang ab: Erinnerungen, beiderseitige Glückwünsche, Ausblicke. Seine Grundausbildung – »ohne Ehrgeiz wird keiner was« – hatte schließlich auch bei mir die Wurzeln gelegt, die später eine kräftige, grüne Pflanze sportlichen Erfolges wachsen ließen.

Toronto trug dazu auch bei, aber im Gedächtnis sind mir ganz andere als Wettkampferlebnisse geblieben. Meine nicht vorhandenen Englischkenntnisse hatten daran erheblichen Anteil. »Yes, Sir!« und »No, Sir!« waren zwei verwendbare Formeln, aber sie setzten voraus, dass ich davor etwas verstanden hatte. Und mit dem dritten Satz, den ich vorweisen konnte, war auch nichts anzufangen. Oder sollte ich jedem auf Schritt und Tritt erklären »I love you!« ? Das war selbst in einem Land, in dem die Gesprächsführung nicht unbedingt Zuhören verlangte, eher unangebracht. So war Erfahrungsammeln durch Selbstversuche die einzige Möglichkeit, mit der neuen Welt Bekanntschaft zu schließen. Nachdem ich mich zwei Tage nur von Popcorn ernährt hatte, das es in meinem Quartier umsonst gab, wurde ich des übermächtigen Hungers schließlich nicht mehr anders Herr, als in eine nahe Pizzeria zu gehen. Auf der Speisekarte gab es allerhand zu lesen, aber für mich nichts zu verstehen. »Pizza« immerhin, das verstand ich. Da konnte eigentlich nichts schief gehen, und ich minimierte das finanzielle Risiko, indem ich mich bei der Bestellung – ein energisches Fingerstippen auf die entsprechende Stelle in der Karte – für eine untere Preiskategorie entschied.

Pizza, aber so musste ich kurz darauf lernen, war in Kanada offenbar etwas ganz anderes als daheim beim »Italiener«. Es wurde mir ein Brötchenkorb serviert, in dem ich etwas Eingerolltes fand, dazu ein paar Gewürze, irgendwelches eingelegte Gemüse, anderes Undefinierbares aus dem kulinarischen Irrgarten. Komische Leute, dachte ich, aber wenn die das hier so essen, du bärischen Hunger hast und sowieso bezahlen musst: Runter mit dem Zeug! Ich quälte mir die teigartige Masse rein, ließ die Beilagen liegen – es wurde zu einer Mutprobe, bei der ich mir ja nur nichts anmerken lassen wollte. Es hat eklig geschmeckt. Umso überraschter war ich, als sich kurz danach ein Mann gegenüber setzte, ebenfalls Pizza bestellte, wie ich heraushörte, und danach das Gleiche an den Tisch geliefert bekam. Mein schnelles Urteil über die abnormen Geschmacksverirrungen der Nordamerikaner musste ich allerdings Sekunden darauf revidieren, als ich mit ansah, was folgte: Er nahm den großen Teller, der auf dem Tisch stand, rollte das, was ich roh gegessen hatte, darauf aus, ging zum Büffett, holte sich diverse Leckereien, belegte den Teig damit und schloss das Ganze mit Beilagen und Gewürzen, die der Kellner mit dem Korb gebracht hatte, ab. Anschließend ließ er es backen und hatte kurz darauf eine wunderbar knusprige und duftende Pizza unter der Nase. Ich hätte in den Boden versinken können und tat doch so, als sei das Normalste auf der Welt geschehen. Die Geschmäcker sind halt verschieden! Einer liest die Zeitung in Spiegelschrift, der andere isst Pizza roh. Die Gaststätte habe ich danach sicherheitshalber allerdings gemieden.

Mit Toronto aber war ich noch lange nicht fertig. Das nächste Abenteuer fand in meinem Badezimmer statt. Ich hatte eine kleine Wohnung ganz für mich alleine – kein Problem, Licht an- und ausmachen funktioniert überall auf der Welt auf gleiche Weise, wenn man erst mal den Schalter gefunden hat. Baden oder Duschen auch? Jedenfalls kriegte ich zwar raus, wie in meinem Bad der Wasserhahn funktionierte, aber wie mit den vielen vorhandenen Knöpfen die Brause über dem Kopf in Gang zu setzen war, das blieb ein Geheimnis. Um das Shampoo irgendwie aus dem Haar zu kriegen, mühte ich mich mit dem Kopf unter den Wasserhahn und setzte dabei alle Extravaganzen des Bades in Gang. Ich wusste plötzlich, wozu die vielen Löcher in der Badewanne da waren – ich hatte es mit einem Whirlpool zu tun. Die Luftstrahlen bliesen mit voller Power auf Arme und Oberkörper, massierten den Leib auf so schmerzhafte Weise, dass man sich nach kurzer Zeit fühlte wie ein lebender »blauer Fleck«. Das wenige Wasser in der Wanne war im Nu im ganzen Raum verteilt, und ich bediente in ängstlicher Hast und Eile alle Hebel und Knöpfe, die nur auffindbar waren. Irgendwann war auf einmal totale Stille im Bad, unwirkliche Stille, die jedes Tropfen wie einen spitzen Schrei mit mehrfachem Echo erscheinen ließ. Ich rutschte auf meinem Hintern über den Boden und wischte das Wasser auf. Toronto – zwischen Pizza roh, Wasser marsch und Sport frei.

Meine nächste längere Begegnung mit der »neuen Welt« hatte ich zweieinhalb Jahre darauf. Nach der Sportler-Ehrung im Dezember 1994 in Stuttgart-Ludwigsburg traten Jörg und ich nach sechzehn Jahren Ehe unsere zweite Hochzeitsreise an. Nach dem verunglückten Erst-Versuch in Greifswald, der halb Grippekur, halb Flitter-Zweisamkeit war, hatten wir uns vorgenommen: Irgendwann holen wir das nochmal richtig nach! Jetzt war es soweit, und das Reiseziel hieß Florida. Für sieben Wochen bezogen wir Quartier in einem Hotel unter deutscher Führung in Miami Beach. Auf dem Hinflug trafen wir die Mutter von Franziska van Almsick, die ihre Tochter in den USA besuchen wollte. Ein paar

Tage später rief uns Franzi an; am 28. Dezember, zu Jörgs Geburtstag, fuhr sie mit ihrem Sponsor-Opel vor, und wir verlebten gemeinsam einen schönen Nachmittag und Abend. Schon in frühen Jahren war die Berlinerin zu einem internationalen Sportstar und zur Werbemillionärin geworden. Ich weiß, dass viele Franziskas Entwicklung mit Argusaugen beobachten. Meine Begegnungen mit ihr waren immer offen und herzlich. Sie hat sich mehrfach für die Belange der Behindertensportler eingesetzt, auch finanziell, und das in aller Stille, ohne Publicity. Das spricht für mich dafür, dass ihre Anteilnahme wirklich von innen kommt und nicht mit der Berechnung geschieht, vielleicht eine gute Schlagzeile zu haben. Obwohl ich wesentlich älter bin als sie, gibt es keine »Generationsunterschiede« zwischen uns. Ich weiß nicht, ob das große Wort Freundin treffend wäre, auf jeden Fall aber gibt es beiderseitig große Sympathien, und ich habe auch bei der Sportler-Ehrung 1994 in Ludwigsburg, als Franzi statt wie von allen erwartete Siegerin nur Zweite hinter mir wurde, keinen Neid bei ihr feststellen können. Für einen klitzekleinen Moment leise Enttäuschung vielleicht, nach ihrem Weltmeistertitel mit Weltrekord von Rom nicht noch einmal ganz oben zu stehen. Aber dann kam sie gleich zu mir, umarmte mich und sagte: »Mensch, Marianne, toll! Jetzt sind zwei vom gleichen Klub Deutschlands beliebteste Sportlerinnen ...«

ICH WEISS, DASS VIELE FRANZISKAS ENTWICKLUNG MIT ARGUSAUGEN BEOBACHTEN. MEINE BEGEGNUNGEN MIT IHR WAREN IMMER OFFEN UND HERZLICH.

Popularität, die sich daheim im Briefkasten bemerkbar machte. Jens, der Sohn meines Bruders, der damals bei uns wohnte, wusste telefonisch von Postbergen zu berichten. Unser Schlafzimmer sei mit Stapeln von Autogrammwünschen vollgeräumt, weit über 1000 waren es schließlich. Auch in Florida blieben wir nicht incognito. Schon der Flugkapitän hatte mich erkannt, schließlich sprachen mich deutsche Touristen in Key West an: »Sind Sie nicht die, die wir neulich im Fernsehen gesehen haben?« Viel Sonne, keine Mücken, kaum Regen – das waren meine Wünsche für mein Hochzeitsreise-Dacapo gewesen, und Florida erfüllte alle drei auf wunderbare Weise. Wir hatten uns den Urlaub vom ganzen Jahr zusammengespart und die entsprechenden Mittel für das nicht ganz billige Unternehmen auch. Ein, zwei Wochen brauchten wir, um uns das Umfeld »schön« zu machen: Wo kann man einkaufen gehen, wo gibt es etwas zum Essen, wie kommt man an die Eismaschine ran, wo bekommen wir eine Sitzgelegenheit für die Dusche her? Kleinigkeiten, die einem eine ganze Reise verhageln, wenn sie nicht befriedigend gelöst werden können.

Fast wären wir schon vor dem Abflug gescheitert. Durch den plötzlichen Wintereinbruch verpassten wir in München unsere Anschlussmaschine, ein Malheur mit Auswirkungen. Denn wie bereits geschildert, bereitet man sich als querschnittsgelähmter Rollstuhlfahrer fast generalstabsmäßig auf eine solche Reise vor. Verschiebungen bringen den ganzen antrainierten Lebensrhythmus durcheinander. Als uns ein Lufthansa-Angestellter am Schalter erklärte, die Maschine sei gerade abgeflogen, und die Empfehlung »Fliegt doch nach Berlin zurück und kommt morgen wieder nach München ...« anschloss, war das eine jener Gedankenlosigkeiten, die uns wütend macht. Wir haben versucht, es dem Mann zu erklären – und erstaunlicherweise begriff er. Er kümmerte sich engagiert um uns, quartierte uns im Flughafenhotel ein und buchte uns für den Weiterflug mit Zwischenstation Frankfurt/Main als Entschädigung für die Turbulenzen sogar für die Business Class. Auch der Rest der Luftfahrt blieb nicht ohne Komplikationen – so war unter den Sitzen eine große Sauerstoffflasche deponiert, die uns fast jede Beinfreiheit nahm. Jörg ließ den Flugkapitän holen, versicherte ihm, wir seien zwar Rollstuhlfahrer, aber hätten nichts mit der Lunge, bat um Entfernung der Flasche. Das ging leider nicht, weil die Bestimmungen der Fluggesellschaft eben bei Behinderten das Gerät ohne Berücksichtigung von Unterschieden vorschrieben. Am Ende jedenfalls erreichten wir Miami Beach als Sieger über alle Probleme.

Kurze Hosen und T-Shirts, Palmen mit Kerzen und Lichterketten – es wollte keine Weihnachtsstimmung aufkommen.

Die bekamen wir dann auch vor Ort immer besser in den Griff. Weihnachten allerdings war furchtbar. Vielleicht bin ich doch zu konservativ, um mich an so völlig andere Umstände für dieses Fest zu gewöhnen. Irgendwie fehlte einfach immer etwas. Kurze Hosen und T-Shirts, Palmen mit Kerzen und Lichterketten – es wollte keine Weihnachtsstimmung aufkommen. Dafür passte zu vieles nicht zusammen. Dafür passte vieles in »unseren« Belangen umso besser. Seit 1990 in den USA der »Americans with Disabilities Act« verabschiedet wurde, existiert ein Gleichstellungsgesetz für Behinderte, das in der Welt seinesgleichen sucht und den Betroffenen auch gerichtliche Klagemöglichkeiten eröffnet, wenn Verstöße vorliegen. So sind öffentliche Verkehrsmittel meist behindertengerecht, befinden sich Geldautomaten in Reichweite für Rollstuhlfahrer und sind sogar mit Braille-Anleitungen für Blinde ausgerüstet, sind Umkleidekabinen in Bekleidungsgeschäften so groß, dass sie auch befahrbar sind. Eine »heile Welt« aber ist es deshalb noch lange nicht. Das bemerkten wir in Florida, als wir uns per Bus an die Entdeckung der Umgebung machen wollten. Eine ganze Menge der ausgeschriebenen Touren reizten uns, und die Fahrzeuge genügten Behinderten-Ansprüchen durchaus. Doch aus »versicherungstechnischen Gründen« war keine der Busstationen bereit, uns Rollstuhlfahrer mitzunehmen. Schließlich gelang es uns, einen umgebauten »Pontiac« zu mieten, mit dem wir wunderbar klarkamen und die Highways unsicher machten.

In Key West fuhren wir Boot, in den Everglades genossen wir die faszinierende Natur, blieben mal da oder dort für eine Nacht im Hotel. Alle waren rollstuhlzugänglich, eine für Deutschland undenkbare Situation. Nach vierzehn Tagen mussten wir die Limousine zurückgeben. Immer noch waren drei Wochen Florida übrig. Was nun? Ich erinnerte mich daran, dass ich ein Jahr zuvor den deutschen Botschafter bei einer Preisverleihung in Washington getroffen hatte und er mir anbot: Wenn Sie mal Hilfe brauchen, rufen Sie mich an! Das tat ich, schilderte, dass wir etwas mehr vom Land sehen wollten, aber Bustouren nicht möglich seien. Kurz darauf besuchte uns der Konsul in Miami, und am nächsten Tag hatten wir – gegen ein geringfügiges Aufgeld gegenüber dem normalen Auto-Mietpreis – einen Van nebst Fahrer zu Verfügung. Mark kannte sich aus. Nachtleben in Orlando, ausgelassene Stimmung in Country-Buden, Ballyhoo in echten Szene-Kneipen – wir waren überall dabei. Wir sahen die Universal Studios, das Epcot Center, Seaworld. Mit Marks Hilfe konnten wir Barrieren überwinden, ohne dass uns bewusst wurde, behindert zu sein. Nach den Anlaufschwierigkeiten erlebten wir so in Florida den Flitterurlaub, den wir uns vorher ausgemalt hatten.

Palmen sah ich in Florida jede Menge, aber von meiner Dreier-Liste der Träume hatte ich sie schon im März 1992 abhaken dürfen. Damals fand auf der vulkanischen Kanaren-Insel Lanzarote im bestens ausgerüsteten Club La Santa, Treffpunkt der Superstars aus aller Welt, ein zehntägiger Vorbereitungslehrgang der deutschen Rollstuhlleichtathleten auf die Paralympics in Barcelona statt. Davor hatten Jörg und ich zwei Wochen Urlaub gesetzt. Das übliche Problem:

Wir kamen nur so weit uns die Räder trugen. Ich kannte jeden Stein, jede Abfahrt auf der Insel – in der Nähe des Hotels! Dann lernten wir ein junges Paar aus Hamburg kennen, freundeten uns an. Mit zwei Mietautos erkundeten wir, was nur zu erkunden war. Am meisten Spaß gemacht hat mir das Dromedar-Reiten. Jörg, das Leichtgewicht mir gegenüber, musste mit einem zusätzlichen Sandsack erstmal »aufgemästet« werden, damit die Körbe halbwegs in Balance hingen. Der Einhöcker hinter mir hatte sich ganz offenbar in mich verguckt, denn sobald wir standen, legte das Tier zärtlich seinen Kopf auf meine Schulter, was wegen des Maulkorbes aus Draht nicht ganz schmerzfrei blieb. Der Ritt hatte zudem seinen besonderen Reiz, weil man sich fragte, bleibt man im Körbchen oder fliegt man raus. Die Dromedare setzten sich auf schwer zu beschreibende, unmögliche Weise, die eine dringliche Überweisung an den Orthopäden angeraten scheinen ließ, und genauso standen sie auch wieder auf: ziemlich ruckartig schnellte das Hinterteil in die Höhe, so ähnlich muss das Gefühl für einen Flugzeugpiloten sein, wenn er den Schleudersitz auslöst. Krater, Vulkane, kilometerweit nur Gestein und kein Grün – Lanzarotes Reiz liegt in seiner spröden Schroffheit. Vor allem für Triathleten ist der Club La Santa ideales Terrain, aber auch für die Läufer und Springer. Dass ich damals die Anlagen gemeinsam mit Weitsprung-Olympiasiegerin Heike Drechsler nutzte, erschien mir wie ein Vorgriff auf eine gemeinsame sportliche Zukunft von nichtbehinderten und behinderten Athleten. Generell scheint mir der Umgang unter den Sportlern selbst viel unkomplizierter, als die Funktionäre glauben machen. Nachdem wir uns an einem Nachmittag über muskuläre Probleme unterhalten hatten, die mich belasteten, klingelte es am Abend bei mir: »Schönen Gruß von Heike. Ich bin ihre Masseuse. Sie meinte, ich sollte mal bei Ihnen vorbeischauen ... «

Kanada, mehrfach die USA, Spanien, Frankreich, England, Niederlande, Australien, wo wir mit der Basketball-Auswahl trainierten – was fehlt mir eigentlich noch auf meiner Landkarte? Immer noch bin ich nicht satt in meiner Entdeckerlust. Asien blieb lange Zeit ein »weißer Fleck« für mich. Im Januar 2001 habe ich ihn getilgt – bin mit Jörg in die Vereinigten Arabischen Emirate gefahren. »Ich will was sehen von der Welt« – das habe ich gesagt, als die Mauern fielen, und es stimmt heute so wie damals. Weil ich neugierig bin, weil ich erfahren will, was ich noch nicht weiß, weil ich mir vom Rollstuhl meinen Lebensraum und meine Erlebniswelt nicht vorschreiben lassen will. Was ich mir als nächstes vorgenommen habe? Mit einem umgebauten Wohnmobil durch Skandinavien fahren ... Am Meer sitzen, fernab jeder Hektik dem ruhigen Rauschen der Wellen lauschen, die Angel auswerfen – und natürlich etwas fangen! Ein bisschen Ehrgeiz muss sein.

9 Die Ordens-Dame: Dekoriert, ja – Dekor, nein!

Ehrungen, Medaillen, Würdigungen – Rheinischer Karneval und seine Verbindung mit einer Rollstuhlfahrerin – Ich ziehe ins Weisse Haus in Washington ein – Was ich gemeinsam mit Mutter Teresa, Margret Thatcher und Corazon Aquino habe – Meine Rolle als Stellvertreterin

Erinnern Sie sich vielleicht noch an Bilder von hohen Offizieren aus den ehemaligen Ostblock-Staaten, deren uniformierte Brust von Ordensspangen übersät war? Ich habe schon so viele Auszeichnungen, dass ich mich frage, ob das bei mir nicht auch so aussehen würde ... Die Artur-Becker-Medaille der FDJ in Gold von 1988, sozusagen Altlast heute, machte den Anfang. Dann folgte 1990 das Goldene Band der Berliner Sportjournalisten, der Victory Award der US-Regierung in Washington und das Silberne Lorbeerblatt des Bundespräsidenten 1993. 1994 wählte mich der Deutsche Staatsbürgerinnenverband neben Regine Hildebrandt und Rita Süssmuth zur »Frau des Jahres«, verlieh mir der Regierende Bürgermeister Eberhard Diepgen den Verdienstorden des Landes Berlin, machten mich die Stimmen der ARD-Zuschauer zu Deutschlands »Sportlerin des Jahres«. Im Jahr darauf wurde ich in Los Angeles mit dem Noel Foundation Award geehrt, 1996 schließlich zeichnete mich die Bruderschaft der Erbprinzen von Montabaur mit ihrem »Goldenen Stiefel« aus. Letzteres war vielleicht die ungewöhnlichste Huldigung, denn welche Verbindung gibt es schon zwischen einer Behindertensportlerin, zumal aus dem Osten Deutschlands, und einer Karnevalsgesellschaft? Ich habe ein paar Tage nachgedacht, wie ich das Ganze einzuordnen habe. Doch dann sagte ich mir: Du leistest etwas, warum sollst du die Ehrung also nicht annehmen? Bei der Erbprinzen-Matinee im Rittersaal des Schlosses im rheinland-pfälzischen Montabaur fühlte ich mich zwar in der Tat etwas eigentümlich, aber dass die Auszeichnung »für Leute, die auf dem richtigen Weg sind«, vergeben wird, das gefiel mir ausnehmend gut. Weil Optimismus und Zuversicht statt Resignation dafür kennzeichnend seien, stehe mir die Ehrung zu, sagte der Präsident der Bruderschaft, Dr. Reinhold Fuchs, in seiner Laudatio. Genau das entspricht meiner inneren Einstellung, und so war mir der »Stiefel« am Ende lieber als manch andere formal umgehängte Medaille. Als Alibi nämlich für die Herren mit der farbenprächtigen Kopfbedeckung war ich nicht erforderlich, dagegen scheinen mir bei weitem nicht alle Politiker vor dem Irrglauben gefeit, sich mit einer Ordensverleihung in Sachen »Behinderte« flugs von Versäumnissen entschulden zu können.

Ich bin die Stellvertreterin für tausende andere, die nur nicht die gleiche Möglichkeit haben, sich zu artikulieren, aber ihr Leben ebenso grossartig meistern.

Ich habe jede Auszeichnung für mich deshalb stets als über die persönliche Anerkennung hinausgehend verstanden. Ich bin die Stellvertreterin für tausende andere, die nur nicht die gleiche Möglichkeit haben, sich zu artikulieren, aber ihr Leben ebenso großartig meistern. Im Beruf, in der Schule, in der Freizeit, im Sport. »Ich danke Ihnen für die Anerkenntnis, dass auch Menschen, die ein bisschen anders sind, etwas leisten können«, sagte ich in meiner Dankesrede im Schloss von Montabaur, und die Worte hallten ein wenig nach, so als ob es des Echos zur nachdrücklichen Betonung bedurft hätte. Dass ich in den USA mit hohen Auszeichnungen bedacht wurde, hängt wohl mit der geschilderten besonderen Sensibilität für die Sache der Behinderten in diesem Lande zusammen. Im April 1993 überreichte mir der damalige US-Vizepräsident Al Gore im Weißen Haus in Washington den Victory Award des Nationalen Behinderten-Krankenhauses Washington, der damit erstmals an einen Nicht-Amerikaner verliehen wurde. Die Begleitumstände machten Jörg und mir große, staunende Augen. Wir hatten einen eigenen Chauffeur, der deutsche Botschafter, der uns später bei unserem Florida-Urlaub behilflich sein sollte, gab ein Essen für uns, wir trafen Leute, deren Kontostände dem Vernehmen nach bei Summen mit mindestens sechs Nullen hinter der ersten Zahl begannen. Und wir lernten ein paar Getränkemarken kennen, die wir uns wohl nie und nimmer wieder im Leben leisten würden.

Mit der Ehrung für besondere Belange um die Sache der Behinderten hatte ich keine Probleme, damit konnte ich umgehen. Die Leute, die neben mir ausgezeichnet wurden, hatten ähnliches geleistet, ich fühlte mich dazugehörig. Etwas anders war das beim Noel Foundation Award, mit dem ich am 20. Oktober 1995 in Los Angeles geehrt wurde. Lufthansa-Chef Hemjö Klein, der auch in der Deutschen Sporthilfe eine wichtige Rolle spielt, hatte mich vorgeschlagen – und der Vorschlag war akzeptiert worden. Neben mir gehörten Irlands Präsidentin Mary Robinson, die beiden südafrikanischen Bürgerrechtskämpferinnen Helen Suzman und Adelaide Tambo, die argentinische Krebsforscherin Dr. Christiane Dosne Pasqualini, Mutter Teresa und posthum die verstorbene AIDS-Wissenschaftlerin Elizabeth Glaser zu den Award-Empfängern. Davor waren es Corazon Aquino, Benazir Bhutto, Gro Harlem Brundtland und Margret Thatcher gewesen. War das für »Marianne Buggenhagen of East Berlin« nicht eine oder gar mehrere Nummern zu groß? Plötzlich war das Ueckermünder »Landei« sogar auf die ganz große Bühne der Weltpolitik geraten, auf der das Drehbuch eigentlich keine Neben- oder Laiendarsteller vorsah. Schon am Flughafen der kalifornischen Mega-Stadt wurden wir gebührend empfangen. Ein mit Röntgen-Blicken die Menschenströme durchleuchtender Gesandter hielt ein Schild in die Höhe. Auf L.A.'s Airport las ich »Buggenhagen«. Er fragte: »Darf ich Sie zu ihrem Wagen führen? Sie können 24 Stunden am Tag über mich und das Auto verfügen.« Zehn Tage blieben wir in Los Angeles, es war uns überlassen, wie lange unser Aufenthalt dauern sollte. Hollywood, Beverly Hills, Santa Barbara – wir fuhren alles ab, was wir namentlich kannten und glaubten, gesehen haben zu müssen. Doch eine Enttäuschung jagte die andere. Die Wirklichkeit ist nicht aus Touristenführern gemacht. Die berühmte Straße mit den Sternen und Namen der Leinwandstars wirkte auf mich nicht viel anders als die Karl-Marx-Allee in Berlin. Interessanter waren die Wahnsinnshochhäuser, deren Fensterreihen man irgendwann nicht mehr zählen kann, weil sie ineinander übergehen und zu Strichen werden. Das weckte meine Neugier: Wie hatten die Architekten auf die ständige Erdbebengefahr reagiert?

Ins Hilton-Hotel, in dem wir auch Quartier bezogen hatten, kamen 800 geladene Gäste, um bei der Noel Award-Verleihung zu sehen und gesehen zu werden. Sehen wollte ich auch, aufs Gesehen-Werden hätte ich getrost verzichten können. Das Plädoyer für mich hielt Marcia Clark, eine Rechtsanwältin, die den Football-Star O. J. Simpson vertreten hatte, der in einem Aufsehen erregenden Indizienprozess schließlich vom Geschworenengericht von der Anklage, seine Frau ermordet zu haben, mangels Beweisen freigesprochen worden war. Ich sollte mich in Englisch bedanken, was schlichtweg unmöglich war. So kamen wir zu dem Kompromiss, dass ich auf Englisch bekundete, dass ich der Landessprache nicht mächtig sei und deshalb deutsch weiterreden würde. Fein säuberlich schrieb ich mir die Worte auf: »I am the first time in California and I do not speak English. Sorry for speaking German to You.« Beim folgenden Text diente mir Hemjö Klein als Dolmetscher, bis ich bei der Schlussformel angelangt war: »Thank you very much again.« So viel Fremdsprache hatte ich mein Lebtag nicht bewältigt.

Wichtiger aber als die »Etikette« war mir das durchaus sinnvolle Anliegen, das mit dieser Ehrung verfolgt wird. »Dass der Preis ›Von Frauen für Frauen‹ gestiftet wurde und die ›Hilfe zur Selbsthilfe‹ besonders honoriert, hat mich sehr bewegt«, sagte ich in meinem kurzen Statement und fügte das an, wo ich meine Daseinsberechtigung bei diesem Akt sah: »Das ist ein Zeichen der Ermutigung für alle Frauen, eigeninitiativ und aktiv ihr Schicksal selbst in die Hand zu nehmen und ihr Leben und das ihrer Mitmenschen zu verbessern. Ihre Wahl, mich – eine behinderte Sportlerin – zu ehren, ist eine sehr mutige Entscheidung. Ich nehme Ihre Ehrung gerne stellvertretend für die Millionen behinderter Frauen an, denen Ihr Mut zur Auszeichnung Mut zum Leben macht.« In dieser Klammer fand ich mich wieder, auch wenn ich ansonsten unter eine Exklusivgesellschaft geraten schien. US-Präsident Clinton und UNO-Generalsekretär Boutros-Boutros Ghali – die UNO-Frauenorganisation UNIFEM und die 1989 von der Geschäftsfrau Nöel Irwin-Hentschel gegründete Noel Foundation vergeben gemeinsam den Preis – schickten Grußworte. Bei Ghali fand ich mich sogar namentlich erwähnt. Die Hollywood-Stars Goldie Hawn und Olivia Newton-John sorgten für Unterhaltung, das 1000-Dollar-Menü schien für niemanden der Anwesenden eine finanzielle Hürde. So richtig fühlte ich mich dem nicht gewachsen, aber daheim hatte es seine Wirkung. Als ob plötzlich Nachdenken in Gang gesetzt wurde: Was hat die gemacht, um so geehrt zu werden?

Verschiedene Institutionen, Zeitungen, Magazine, Fernsehanstalten kamen auf mich zu. Da die Unterstützung der »Tour der Hoffnung«, dort eine UNICEF-Aktion, da eine Patenschaft für Kinderhilfsorganisationen. Ja, in gewisser Weise ließ ich mich benutzen. Wohlgemerkt benutzen, nicht missbrauchen. Für diesen riesengroßen Unterschied haben wahrscheinlich gerade wir Behinderten ein sehr feines Gefühl. Und beim »Benutzen« ebenso. Die Frage der Fragen ist halt immer: Wofür? Konnte ich Leute mit Einfluss wie Diepgen, Richthofen, Weizsäcker oder in Talk-Shows Moderatoren wie Biolek, Jürgen Fliege, Lippert oder Margarethe Schreinemakers zum Zuhören bewegen, für mich gewinnen, dann war das möglicherweise ein Gewinn für viele andere. Ich habe es nie unterlassen zu sagen, wo die Probleme der Behinderten liegen, nie unterlassen anzustoßen, auch wenn ich damit mal aneckte. Von Fall zu Fall hat es etwas genutzt und bewegt. Keiner ist völlig von Eitelkeit frei, aber ich bin frei davon, wenn ich mit Leuten zusammen bin, deren Ruhm meinen kleinen weit übersteigt. Es ist eher Ehrfurcht, was ich dann empfinde. Ehrfurcht, die nicht bedeutet, dass ich mich bücke und verstecke. Vor kurzem habe ich bei einer Veranstaltung neben Schauspieler Harald Juhnke und Rad-Idol Gustav-Adolf »Täve« Schur gesessen. Der große Schur! Für den ich als Kind an die Straße gerannt bin, für den ich in der Schule Wandzeitungen klebte, den ich bewunderte. Nein, es war keine Eitelkeit, es war so etwas wie eine Ehre, an seiner Seite zu sein. Man bekommt ein komisches Gefühl, hinterfragt sich selbst und freut sich: Du bist ihnen ganz schön nahe gekommen, und man fühlt sich ihnen in der Tat nahe. Nicht, weil sportliche Resultate das irgendwie vorgeben. Viel mehr, weil die Athleten, die wirklich Geschichte geschrieben haben, ihren Sport gelebt und dennoch »gelebt« haben.

Die Ehrungen und Auszeichnungen haben mich zwar zur Ordens-Dame gemacht, aber ich sehe darin nichts Elitäres. Hoch dekoriert, dagegen habe ich nichts. Doch nur Dekor zu sein für was auch immer, das lehne ich ab. Ich will mich einbringen, ich selbst sein. Kein Vorbild, dafür tauge ich eigentlich gar nicht. Oder anders herum: Ich versuche das Bestmögliche mit meiner Behinderung zu machen. Wenn das Vorbild ist, dann bitte. Ich hoffe, dass Auszeichnungen oder Ehrungen für mich auch andere Behinderte dazu bringen, sich auch mal etwas zu trauen, von dem sie vorher gedacht hatten, es sei unerreichbar. Gerade für Kinder oder Jugendliche ist das wichtig. Die gängige öffentliche Meinung verbindet mit Behinderten das Bild alter und gebrechlicher Personen. Doch der Anteil junger Menschen an dieser Gruppe steigt, auch weil die Kriegsversehrten allmählich biologisch aussterben. An der Kindergruppe beim SC Berlin hänge ich ganz besonders, weil es zum einen wichtig ist, frühzeitig das Gefühl für den eigenen Körper zu wecken, und zum anderen im Sport wie kaum anderswo die Chance gegeben ist, Integration vorzuleben, wirklich zusammen zu sein. Deshalb habe ich sofort nachgedacht, was man tun kann, als der Vater eines behinderten Mädchens zu mir kam und sagte: »Wir haben Sie im Fernsehen gesehen. Jetzt möchte meine Tochter werden wie Sie. Gibt es eine Möglichkeit, wo sie trainieren kann?« Ich habe sie mir angesehen, erst hat sie ein bisschen

ICH HABE ES NIE UNTERLASSEN ZU SAGEN, WO DIE PROBLEME DER BEHINDERTEN LIEGEN, NIE UNTERLASSEN ANZUSTOSSEN, AUCH WENN ICH DAMIT MAL ANECKTE.

bei uns mitgemacht, dann brachte sie eine Freundin mit, und allmählich wurde daraus nach dem Schneeballprinzip eine mittlere Lawine. Heute sind es mehr als ein Dutzend Kinder, fast alles Rollstuhlfahrer, aber nicht nur. Und nicht alles Behinderte, wenn auch vorwiegend. Es wird gespielt, es gibt jede Menge Spaß, und wer das Talent und den Willen zum Sportler hat, dem kann ebenfalls geholfen werden. Wenn einer der »Kleinen« in seinem ersten Rennrollstuhl seinen ersten Wettkampf mit Erfolg bestreitet, dann geht mir das nahe, als wenn ich selbst irgendwo einen großen Sieg errungen hätte. Wenn eines der Rolli-Kids jubelnd und mit strahlenden Augen über den Zielstrich fährt, lacht, Eltern und Geschwister umarmt und danach erschöpft und keuchend hervorstößt »Beim nächsten Mal, da bin ich noch besser!«, dann weiß ich: Das lohnt jeden Einsatz der Welt. Sogar, wenn ich dafür ein paar Sätze Englisch lernen muss.

10 Von Atlanta nach Sydney

Die Operation am 30. Oktober 1996 – In Aktion Sommer 1997 bei den Deutschen Meisterschaften – Herbst 1997 nächster Eingriff – WM in Birmingham 1998 – Zählbare Erfolge bei den Weltspielen in Neuseeland – Ehrenbürgerin von Ueckermünde – Dozentenstelle in Berlin-Buch – Domizil in Bernau – Tod der Mutter – Abreise nach Sydney – Herausgeberin eines Paralympic Buches – ARD-Sportgala – In Gedanken unterwegs nach Athen

Atlanta vergessen, Sydney voraus – es konnte nur besser werden im fernen Australien im Spätsommer 2000. Meine ersten Paralympics in Barcelona 1992 waren eine Verheißung gewesen, die zweiten im Land der unbegrenzten Möglichkeiten, das seinem Beinamen auf unerwartete Weise alle Ehre gemacht hatte, eine einzige Enttäuschung. Was würde ich bei den dritten erleben, noch ein paar tausend Kilometer weiter weg als Atlanta? Ich war schon Jahre vorher gespannt, registrierte jede Meldung und Nachricht aus »Down Under« mit großem Interesse. Und was gab es da nicht alles zu lesen in deutschen Zeitungen! Von Finanzsorgen war die Rede, von Bau- und Umweltskandalen, von mangelnder Begeisterung der Bevölkerung. Bad news are good news, dies und die vielleicht auch aus der Bewerbungsniederlage Berlins erwachsende neidvolle Suche nach dem Haar in der Suppe schienen mir wieder mal der Standard in den hiesigen Medien zu sein. Wer später Gelegenheit hatte, die Spiele in Sydney vor Ort zu erleben, der kann eigentlich nur die Schlussfolgerung ziehen, dass man dem, was in deutschen Medien berichtet wird, nur bedingt Glauben schenken sollte.

Die Paralympics 2000 waren mir nach dem Flop von Atlanta nähergerückt, als es der Abstand von vier Jahren in nüchterner Zeitmessung belegte. Ich wollte unbedingt dabei sein, um den frustrierenden Abstecher nach Georgia richtig los zu werden. Und ich hatte schlichtweg keine Lust, ständig über Atlanta zu reden, wenn ich nach meinen paralympischen Erlebnissen befragt wurde. Ich bin ein positiv denkender Mensch, und die mit den 96-er Paralympics zwangsläufig verbundene Negativsicht ist nicht mein Ding. Was gesagt werden musste, ist gesagt – jetzt heißt es Verändern und Bessermachen. Natürlich bin ich kein Wahrsager oder Prophet, aber irgendwie habe ich es den Australiern immer zugetraut, dass sie etwas auf die Beine stellen werden, was jeden Argwohn gegen ihr Organisationstalent und ihre innere Teilnahme einfach wegwischen wird. Sydney also hatte ich schon im Kopf, als Atlanta gerade Geschichte war – dabei wusste ich noch nicht einmal, ob ich auf dem »fünften Kontinent« überhaupt dabei sein würde. Das sollte erst die schon vor der Reise zu den Paralympics angesetzte Operation beantworten, die mir die Ärzte verordnet hatten. Ein angeborener Septum-Defekt, so nennt sich Fachchinesisch, was dem Laien als Loch in der Scheidewand zwischen den Herzkammern erklärt werden kann. Eben das hatte man ein Vierteljahr vor dem Atlanta-Trip bei einer sportärztlichen Untersuchung bei mir entdeckt. Im ersten Moment war es für mich wie ein Schock, ich hätte losheulen können. Zunächst schienen die Mediziner überfordert. Keiner wollte exakt sagen, wie und ob es mit meinem geliebten Sport weitergehen würde. Sport aus, Atlanta aus – die erste Mitteilung, die ich zu hören bekam, war niederschmetternd. Dann aber gab es bei weiteren Untersuchungen durch andere Ärzte Hoffnungsvolleres zu hören. Sicher könnte ich weitermachen, nach einer Pause natürlich.

Und Atlanta? Ich unterschrieb beim Sportarzt, dass ich das Ganze auf eigene Verantwortung betreiben müsste. Aber tat ich das nicht von jeher? Und lebt nicht jeder sein Leben auf eigene Verantwortung? Ich stellte mein Training um. Weniger Ausdauer, weniger Kraft – nur irgendwie das Niveau halten. Was ja dann in Atlanta mit zwar durchschnittlichen, aber immerhin medaillenträchtigen Leistungen auch ganz gut klappte. Obwohl das Olympische Dorf so bergig war, dass die Fahrwege dort fast anstrengender waren als die Wettkämpfe selbst und ich merkte, wie ich davon beansprucht wurde. Zurück aus Atlanta und ab auf den Operationstisch – tolle Aussichten!

Am 30. Oktober war Termin, im Herzzentrum von Prof. Roland Hetzer im Virchow-Klinikum. Ein Lied von Rocker Udo Lindenberg ging mir in diesen Tagen nicht aus dem Kopf: »Ein Herz kann man nicht reparieren ...« Von wegen. Dem Meister mit dem großen Hut und der rauhen Stimme würde ich es schon zeigen. Für Hetzers Künste hatte ich mich entschieden, weil man bei ihm anders mit den Operationsfolgen umging: Hetzer klebte, in Buch dagegen wurde getackert. Von der Ästhetik her war es mir schon wichtig, wie die Wunde nach der Öffnung wieder geschlossen wurde. Auch, wenn es am Ende gar nicht Hetzer selbst war, der Hand an mich legte. Dr. Janka hieß der Mann mit dem Chirurgen-Messer, auf dessen Arbeitsprotokoll vom 30. Oktober 1996 der Name Marianne Buggenhagen erschien. Vor der Operation hatten wir miteinander telefoniert – die warme, sympathische Stimme zeichnete mir das Bild eines großen, blonden Mannes in Weiß. Als dann ein dunkel-, nein schwarzhäutiger kleiner Mensch mit riesigen Nasenlöchern an meinem Bett stand und sich vorstellte, war ich ziemlich überrascht, aber nicht erschreckt. Der kriegt das auf die Reihe, war ich überzeugt und begab mich beruhigt in die Narkose.

Wieder aufgewacht bin ich auf der Kinder-Station – weil es ja ein angeborener Herzfehler war, hatte man mich mit folgerichtiger Logik auch dort einquartiert. Ich war die Einzige mit Einzelzimmer. Und noch wichtiger: mit Fernseher. Das hatte Konsequenzen. Im, am und um mein Bett herum sowie in meinem Rollstuhl lagerten ganze Heerscharen kleiner Patienten, die auf die an der Decke angebrachte Glotze starrten. Zwar ging es mir noch nicht sonderlich gut, aber es war eine willkommene Abwechslung, die mir erst gar nicht erlaubte, mich allzu viel mit mir selbst zu beschäftigen. Nach sechs Tagen wurde ich entlassen, danach folgten ein Monat in meinem »Heimkrankenhaus« in Buch, Weihnachten und Neujahr daheim, die vierwöchige Rehabilitation in Trassenheide. Als ich gen Norden fuhr, stand für mich schon lange fest, dass mein Sportler-Dasein noch lange nicht zu Ende sein würde. In Trassenheide habe ich angefangen, wieder etwas für die Muskeln zu tun, Kondition und Kraft zu tanken. Jeden Tag bin ich 500 bis 1000 Meter geschwommen, habe systematisch Übung um Übung mit Hanteln und Gewichten dazugenommen. Das tat ausnehmend gut – ich spürte, wie die Ärmel des T-Shirts wieder spannten und fühlte mich sauwohl dabei.

Bis zum ersten ernsthaften Wettkampf musste ich mich freilich noch in Geduld üben. Auch, weil in meinem Brustbein die von Dr. Janka und seinem Team geknüpften Drähte brachen, als ich – auf meiner Bucher Station schon wieder am Arbeiten – beim Transfer eines Patienten eine Bewegung tat, die offenbar zu viel des Guten war und das Flechtwerk überforderte. Am Ende aber war ich im Sommer 97 bei der Deutschen Meisterschaft in Mannheim wieder in Aktion, wurde mit Kugel und Diskus Zweite. Zwar hatte ich am weitesten gestoßen und geworfen, aber eine Schweizerin mit Fußheberschwäche landete im Ergebnisprotokoll dennoch vor mir, weil ein Punktesystem angewendet wurde, das die Resultate ins Verhältnis zu den Weltrekorden in den verschiedenen Schadensklassen setzte. Das hatte ich nun davon, dass ich selbst die Bestmarken in meiner Kategorie so hoch geschraubt hatte!

Gottseidank war 1997 ein Jahr ohne große sportliche Wettbewerbe für uns Behindertensportler. Denn die Einträge in meiner »Krankenakte« waren mit den Nachfolge-Behandlungen der Herzoperation noch lange nicht am Ende. Im Herbst nämlich folgte der nächste Eingriff – diesmal an der linken Hand. Beim Training war mir das Erbsenbein herausgesprungen. In Buch wurde das Makel operativ behoben. Doch leider wurde dabei ein Nerv geschädigt, womit ich bis heute Probleme habe. Übrig geblieben ist eine Teillähmung, die ich ab und an – zum Beispiel beim Wäscheaufhängen – spüre. Auch für Laien ist vermutlich nachvollziehbar, dass einem ein solches, verglichen mit meinen anderen Malaisen, Minihandicap in Sportarten, bei denen vieles aus der Hand passiert, erheblich zu schaffen machen kann. Doch hätte mir Lamentieren geholfen? Augen zu und durch, es würde und musste auch so weitergehen. Es hat eine Weile gedauert, ehe ich mich an die Geschichte gewöhnt hatte. Im Endeffekt hatte ich damit sogar länger zu tun, als mit der Herz-Sache. Erst, wenn einem etwas fehlt, merkt man, wie wichtig dies gewesen ist. Die Weltspiele in Birmingham 1998 habe ich so angesichts des erzwungenen reduzierten Trainingsaufwandes mit für meine Verhältnisse bescheidenem Aufwand bestreiten müssen. Mit Kugel und Diskus habe ich dennoch klar gewonnen. Ein schönes, aber nicht vollends befriedigendes Gefühl. Denn irgendwie war ich leistungsmäßig an einer Grenze angelangt, die ich so nicht für mich akzeptieren wollte. Meine Grenzen ausloten, ja, das wollte ich. Aber wenn irgend möglich, wollte ich auch darüber hinaus. Und wer bestimmte überhaupt, wo der Rubikon liegt, der das Ende des Machbaren markierte?

Fragen, die ich mir stellte und die auch mit der Trainingsmethodik zusammenhingen. Nach der 98-er WM habe ich mich auch deshalb von meinem bisherigen Trainer Bodo Heinemann getrennt. Acht Jahre lang hatten wir äußerst erfolgreich zusammengearbeitet. Eine schöne, erlebnisintensive Zeit. Während bei den großen Stars des Nichtbehinderten-Sports das Ende solcher Athlet-Trainer-Beziehungen oft große Boulevard-Geschichten wert ist, hat dies bei mir kein einziges Blatt vermeldet. Ein gutes Zeichen. Denn für mich hat es nichts Spektakuläres, wenn sich im Laufe der Jahre Konstellationen ergeben, die für beide Seiten nützlichere Perspektiven auftun. Bodo trainiert heute fast ausschließlich die Fahrer unter den Rollstuhlathleten. Eine Spezialisierung, die Sinn macht. Schließlich gibt es auch in der »Fußgänger«-Leichtathletik keine Lauftrainer, die auch Werfer betreuen. Mein neuer Coach wurde kurze Zeit darauf mit Bernd Mädler einer, der sich aus dem Nichtbehinderten-Sport exzellent auskannte mit Werfern und Stoßern. Schon seit 1990 waren wir uns immer mal wieder über den Weg gelaufen – ich war Mitglied des SC Berlin, er Chef der Abteilung Leichtathletik des Vereins. Ab November 1998 avancierte er zum neuen Mann an meiner Seite, zumindest was das Sportliche anging. Wir hatten sofort einen guten Draht zueinander. Wie es so schön neudeutsch heißt: die Chemie stimmte. Eine Voraussetzung, die die Leistungsentwicklung der folgenden zwei Jahre erst möglich machte. Durch Bernd hörte ich bestimmte Fachbegriffe zum ersten Mal und lernte, damit umzugehen. Ich wußte jetzt, was

Maximalkraft bedeutet, wie sich Grundlagenausdauer definiert. Bernd hat mein Training umgestellt, für zielgenaues Üben ebenso gesorgt wie für Variabilität, Abwechslung und Spaß am schweißtreibenden Formaufbau. Ich hätte nie für möglich gehalten, dass solche unerschlossenen Reserven in mir ruhen. Dabei war es auch für ihn eine ganz neue Erfahrung. Was kann man aus einem »Querschnitt« herausholen, was kann man ihm zumuten, was nicht, wie kann man das Erkannte umsetzen? Bernd hat unheimlich schnell gelernt – mit seinem sportfachlichen Knowhow und seinem Instinkt für »Menschenführung«. Inzwischen ist er Bundestrainer für den Wurf- und Stoßbereich – ein Glücksfall.

Ich hätte nie für möglich gehalten, dass solche unerschlossenen Reserven in mir ruhen.

Ein Glücksfall auch für mich. 1998 bin ich deutlich unter meinen Weltrekorden geblieben. Seitdem sind meine Leistungen regelrecht explodiert. Mit der Kugel stehen für mich statt 8,39 m jetzt 8,98 m in den Bestenlisten, wobei ich in Wettkämpfen, bei denen keine offizielle Rekordanerkennung möglich war, schon deutlich die 9-Meter-Marke übertroffen habe. Mit Diskus und Speer kann ich ähnliche Steigerungsraten vorweisen. Und das Ende der Fahnenstange scheint noch lange nicht erreicht. Dank Bernd war ich eine der nicht allzu vielen in der deutschen Paralympics-Mannschaft von Sydney, die sich wirklich professionell auf dieses Ereignis vorbereiten konnten. Es gibt immer noch eine Reihe meiner Sportkameraden, die hinter der Scheune mit der eigenen Frau als Trainerin üben, weil sie keine anderen Möglichkeiten haben. Das ist bei mir Gottseidank nicht so. Seit zwei, drei Jahren werden wir Behindertensportler in Berlin vom Olympiastützpunkt mit allen seinen großartigen Einrichtungen ebenso unterstützt wie die »Fußgänger«. Ich habe dort meine Leistungsdiagnostik gemacht, Videoanalysen, das Kraftlabor genutzt, die Sportmedizin. Das macht sich bezahlt. Meine ersten zählbaren größeren Erfolge mit Bernd hatte ich 1999 bei den Weltspielen im neuseeländischen Christchurch – wieder war es Gold mit der Kugel und dem Diskus. Der Horrorflug über zig Stunden und tausende Kilometer gab mir einen Vorgeschmack, was mich im Jahr darauf beim Trip nach Sydney erwarten würde. Thrombosespritze, Blutverdünnungsmittel, Füße hochlegen – es wurde alles getan, um die Pein halbwegs erträglich zu machen. Dennoch sammelte sich soviel Wasser in den Beinen, dass ich in den ersten drei, vier Nächten ständig raus musste, um es auf dem üblichen Wege wieder loszuwerden. Vier Tage braucht man so in etwa, um seinen Rhythmus wiederzufinden. Schließlich bringt die Zeitumstellung alles durcheinander, auch die antrainierten »Abführtage« zum Beispiel. Doch das bekam man schließlich und letztendlich in den Griff, wenn auch mit Mühen. Und die anderen Umstände in Neuseeland, so hoffte ich, mussten sich ja ein Jahr darauf in Australien nicht unbedingt wiederholen. Denn es war bei acht bis zehn Grad schweinekalt und dank Nieselregen zudem auch noch nass. Dreiviertel der Mannschaft waren krank, der Grippevirus hatte zugeschlagen. Die Landschaft allerdings entschädigte für vieles – die »Kiwis« hatten sich wirklich eine sehr schöne Heimat ausgesucht. Voller Eindrücke kehrte ich nach Hause zurück. Tatendurstig, sonnenhungrig, erwartungsfroh.

Vier Monate davor hatte ich wieder einmal lernen müssen, dass das Leben kein Dauerhoch, sondern eine Achterbahn der Gefühle ist. Am 13. Juni starb mein Vater in seinem Altenpflegeheim in Ueckermünde. In den letzten Jahren davor hatte ich die Vormundschaft über ihn gehabt, mit erlebt, wie er nach all den Wirren seines unsteten und sicher auch unerfüllten Lebens einen Ruhepunkt gesucht hatte. Gemeinsam hatten wir ein Patiententestament gemacht, in dem verfügt wurde, dass im Ernstfalle zwar lebenserhaltende, aber keine lebensverlängernden Maßnahmen ergriffen werden sollen. An Schläuchen und Drähten angeschlossen, beatmet und künstlich ernährt – das hatte für mich, verbunden mit keinerlei Aussicht auf Rettung, nichts mit der Würde des Sterbens zu tun. Als er sein Leben hinter sich gebracht hatte, da lief in mir noch einmal der Film meiner Kindheit ab. Ich sah mich mit ihm an der Uecker angeln und über einen dicken Fang jubeln und springen, Mensch-ärgere-dich-nicht spielen, lachen und herumtollen. Die negativen Bilder wurden immer unschärfer – sein Suff, seine Haltlosigkeit, sein Umgang mit meiner Mutter. Was blieb, waren die gemeinsamen Erlebnisse. Im Kopf wusste ich, dass das nicht alles war, aber das Gefühl radierte auf wundersame Weise an meinen Erinnerungen. Einen Tag nach seinem Tod standen die Berlin-Brandenburger Meisterschaften auf dem Programm – es wurde für mich ein grottenschlechter Wettkampf. Anders als später beim Tod meiner Mutter konnte ich für meinen Vater nicht eine großartige Trotzdem- oder Gerade-jetzt-Leistung abrufen, dafür waren wir uns dann doch nicht nahe genug. Ob er jetzt endlich seine Ruhe gefunden hat? Ich wünsche es ihm so sehr.

Ruhe, für mich ist das – zumindest im sportlichen Sinne – etwas, was ich mir selber wohl niemals gönnen werde. Christchurch im kalten tasmanischen Oktober 1999 lag hinter mir – ein knappes Jahr noch, dann wollte ich in Sydney siegen. Siegen? Na klar, was sonst? Die Konkurrenz war härter geworden, das hatte ich in Neuseeland gemerkt. Aber ich war immer noch die Beste – und diesen Platz würde ich nicht freiwillig räumen. Das hieß trainieren, trainieren und nochmals trainieren. Bernd lässt sich eine Menge einfallen, um Motivation und Leistungswillen aus seinen Schützlingen herauszukitzeln. Wir haben eine prima Trainingsgruppe aus den drei »Fußgänger«-Sportlern Betty, Steven und Thomas – allesamt Hammerwerfer – und zwei behinderten Athleten – dem im Krieg daheim verletzten Iraner Abdullah und mir. Praktizierte Integration. Nicht nur, was den körperlichen Zustand, sondern auch, was das Alter angeht. Mit 47 bin ich die Reifste, der jüngste Athlet unter uns ist gerade mal 13. Es ist ein schöne alltägliche Erfahrung, wie wir miteinander umgehen. Das Wort Solidarität oder besser Zusammengehörigkeitsgefühl ist endlich mal keine sinnentleerte Floskel, sondern erlebte Wirklichkeit. Zwar ist jeder von uns ein Einzelsportler, kämpft jeder um die Erfüllung seiner ganz persönlichen Ziele – aber Individualist, Einzelgänger oder gar Egoist muss man deswegen noch lange nicht sein. Wir haben Mittel und Wege gefunden, wie wir uns gegenseitig anstacheln und antreiben können – als Kollektiv, um mal ein fast schon fremd klingendes Wort aus alten DDR-Zeiten zu gebrauchen, das damals nahezu inflationär gebraucht wurde. Als wir zum Beispiel im Mai 2000 zu den Halleschen Werfertagen fuhren, da hatte Bernd als Trainer und mithin Oberhirte der Schar eine genaue Vorgabe gegeben: »Wenn ihr alle zusammen in der Addition eurer Resultate 500 Meter schafft, dann gibt es als Prämie einen Kinobesuch im IMAX am Potsdamer Platz!« Als Thomas als Letzter in den Ring musste, stand es Spitz auf Knopf. Er musste in die Nähe seiner Bestleistung kommen, sollte es was werden mit der Belohnung. Wir haben uns fast die Lunge aus dem Hals geschrien, und als es geschafft war, gejubelt, als sei gerade ein Weltrekord gefallen. Die anwesenden Hallenser werden sich gefragt haben, was das wohl für Verrückte aus der Hauptstadt sind, die da über sie gekommen waren.

Aber geteiltes Glück ist eben vielfach potenziertes Glück. Man freut sich für den anderen, wie für sich selbst. Das macht einen irrsinnigen Spaß. Der sonst mit Worten so pathetisch beschriebene Teamgeist, der oft doch nur Hülle bleibt, wird richtig intensiv erlebbar. Und die Tatsache, dass man eben auch für andere kämpft, setzt ganz schöne Kräfte frei. Den Kinobesuch jedenfalls hatten wir uns redlich verdient. Dass in dem Hightech-Filmtheater, wo man das Geschehen auf der Leinwand sozusagen mehrdimensional über sich ergehen lässt und im direkten Wortsinne mittendrin ist, ausgerechnet ein Stück über den Grand Canyon gezeigt wurde, konnte ich da noch nicht ahnen. Mir ist bei den atemberaubenden Kletterpartien und Sturzflügen einigermaßen schlecht geworden – aber tapfer habe ich mich durch das Abenteuer gekämpft. Prämie ist Prämie, und einem geschenkten Gaul guckt man bekanntlich nicht ins Maul. An »meine« kleine Trainingsgruppe habe ich auch in Sydney manches Mal gedacht, und an die Erlebnisse, die wir zusammen hatten. Zum Beispiel das Sonnenfinsternis-Grillen, bei dem aus 12 geladenen Gästen plötzlich 60 Mitfeierer wurden und wir Abdullahs Mutter, die gerade zu Besuch in Deutschland war, auf keinen Fall wissen lassen durften, dass auch Schweinefleisch auf dem Rost lag. Als ich von den Paralympics aus Australien zurück kam, gehörten die Vier zum vielköpfigen Empfangskomitee, in dem sie unüberhörbar waren. Sie hatten mir einen kleinen Pokal mitgebracht, auf dem »Für unsere Wunder-Marianne« eingeprägt ist. Vom reinen Materialwert habe ich sicherlich schon eine Reihe wertvoller Trophäen erhalten, aber dennoch ist mir diese eine meiner liebsten. Und dem entsprechend hat sie auch einen Ehrenplatz in meinem Wohnzimmer erhalten. Wie die Urkunde, mit der bezeugt wird, dass ich am 21. Januar 1999 zur Ehrenbürgerin von Ueckermünde wurde. Richtig stolz bin ich darauf! Nicht, weil ich damit anzugeben gedenke. Nein, das ganz gewiss nicht, das ist nicht meine Art. Und ob ich »kleine Kaputte« zur Ehrenbürgerin einer Stadt tauge und ob es da nicht jede Menge genauso oder noch viel Würdigere gibt, das frage ich mich auch. Stolz bin ich darauf, dass man mich daheim nicht vergessen hat – dass man mich sozusagen im Auge behalten hat, dass ich für die Leute am Haff ihre Marianne aus Ueckermünde geblieben bin.

Klar, ich bin seit mehr als einem Vierteljahrhundert in Berlin und in dessen Umland zu Hause. Aber ich bin es auch immer in Ueckermünde gewesen, meine Wurzeln haben mich nie losgelassen. Wenn ich sporadisch mal da war, dann war es immer eine eigentümliche, schwer beschreibbare Nähe, die ich gefühlt habe. Weniger zu dem Neuen, das nach der Wende entstanden war und die Stadt ohne Zweifel ansehnlicher und oft auch schöner machte. Vielmehr zu dem Übriggebliebenen aus meiner Kindheit und Jugend. Häuser, Bäume, Straßen, Gerüche. Stücke meiner Identität, die ich erst spürte und entdeckte, wenn ich sie sah, anfasste, roch. Ueckermünde, das ist immer wieder ein Nachhause-Kommen, ein Daheim-Sein, ein Wohlbehagen-Spüren. Das wird mein Leben lang so bleiben, auch wenn die letzten Anlässe, die mich in meine Heimatstadt geführt haben, ziemlich traurige waren. Und eben deshalb ist es für mich etwas ganz Besonderes, hier Ehrenbürger zu sein. Ehrenbürger, das ist für mich kein einmaliger Akt, auf dem man sich danach ausruht. Sich der Ehre würdig erweisen – mein Gott, wie hochgestochen das klingt! Aber es ist genau das, was ich darunter verstehe, etwas zurückzugeben. Nach eigenen Kräften, mit den eigenen Möglichkeiten. Für mich ist das nicht der Sport allein, dazu gehört auch mein Beruf und die damit zusammenhängenden kleinen »Nebenjobs«. Auf der Neurologischen Station im Klinikum Buch versuche ich, an mehreren Vormittagen der Woche neben ganz praktischer medizinischer auch Lebenshilfe zu leisten. Zumeist sind es Schlaganfall-Patienten, mit denen ich jetzt zu tun habe. Nach wie vor aber gehören auch »Querschnitte« dazu. Beiden gemeinsam ist die außergewöhnliche Situation, mit der fertig zu werden die Mobilisierung aller körperlichen, aber auch geistigen Kräfte verlangt. Für viele ist für den Moment alles eingestürzt, was vorher unverrückbar und wohlgeordnet schien. Was kann man da tun, um Verzweiflung zu mindern, um Mut zu machen, um Furcht, oft Todesangst, zu vertreiben? Nichts Großes aus dem Katechismus der ewig währenden Lebensweisheiten hilft, es sind die kleinen Dinge, die aufbauen, ablenken, Hoffnung und Erfolgserlebnisse schaffen.

Schon Zuhören hilft gewaltig – leider leben wir in einer Gesellschaft, in der diese Fähigkeit zu den aussterbenden gehört. Vielleicht kann ich es, weil ich selbst so oft jemanden gebraucht habe oder manchmal auch nur gebraucht hätte, bei dem ich all das loswerden konnte, was mich zu erdrücken drohte und immer mehr in mir wucherte, je länger ich es schweigend ertragen musste. Also nehme ich mir Zeit, höre zu, frage nur spärlich dazwischen, belehre nicht. Wie wenig wissen wir Menschen voneinander, wie sehr gleichen sich unsere Lebenswege, die nur auf den ersten Blick so unterschiedlich erscheinen. Es ist wie eine Sternfahrt auf dasselbe Ziel zu – man weiß es, wenn man die Angst davor abstreift, sein Versteck aufzugeben und sich zu öffnen. Im Laufe meiner Jahre als Krankenschwester habe ich so viele Lebensgeschichten gehört, die ich wie ein Knäuel von Erinnerungen in meiner Hand halte. Sie haben zum Schatz meiner Erfahrungen beigetragen, wie man mit sogenannen »Schicksalsschlägen« umgehen kann. Ein Schatz, den ich nicht besitzheischend verbergen, sondern

Ueckermünde, das ist immer wieder ein Nach-Hause-Kommen, ein Daheim-Sein, ein Wohlbehagen-Spüren.

den ich teilen möchte. Deshalb bin ich froh, dass ich an der Medizinischen Fachschule in Berlin-Buch seit 1998 eine feste Dozentenstelle erhalten habe, wo ich an Pflegekräfte, Schwimm-Meister, Physiotherapeuten und andere weitergeben kann, was für jene in der Tat nicht nur bezahlte Arbeit, sondern aktive Lebenshilfe sein sollte. Wer wüsste besser als ich, wie man mit einem Rollstuhl umgeht oder wie man mit Situationen fertig wird, wo die Behinderung in einer alles andere als barrierefreien Umwelt übermächtig zu werden scheint? Diese Arbeit macht mir Spaß, weil ich mir nicht – wie manche Leute in anderen Berufen – die Frage stellen muss, welchen Sinn mein Job eigentlich macht.

Das gilt im gleichen Maße für eine zweite Dozenten-Verpflichtung. Zunächst habe ich einen Moment lang darüber nachgedacht, ob mir nicht ein Vorwand zum Absagen einfällt, als ich von der Martin-Luther-Universität in Halle angesprochen wurde, ob ich bereit sei, Blockseminare für Studenten abzuhalten, die Rehabilitations-Sportlehrer oder -Pädagogen werden wollen. Halle, immerhin zwei, zweieinhalb Autostunden von Berlin entfernt – ist das nicht zuviel Aufwand, zuviel Stress für eine Sache mit unsicherem Ergebnis? Freilich wusste ich im Grunde schon nach der ersten Selbstbefragung, dass ich zusagen würde. Sicher gab es keine Erfolgsgarantie, sicher war ich aufgeregt, hatte Lampenfieber, wie ich mich vor einem Forum anspruchsvoller Studenten anstellen würde. Aber war nicht jedes noch so kleine Ergebnis wertvoller, als gar nichts zu tun?

Seit zwei Jahren fahre ich nunmehr in bestimmten Abständen aus der Hauptstadt südwärts und bisher hat sich jede Stunde gelohnt. Ich stelle Sportarten im Rollstuhl vor, sozusagen als erfolgreiches Praxismodell. Da an der Universität auch genug der mir vertrauten Gefährte zur Verfügung stehen, gibt es glänzende Möglichkeiten, die von mir zunächst theoretisch vorgetragenen Dinge auch auszuprobieren. Nichtbehinderte, die im Rollstuhl Sport treiben – eine Chance aufeinander zu zu gehen, die viel zu wenig genutzt wird. Zumeist sind es Frauen, die sich beruflich so orientieren. Auch unter den Studenten, die ich in den Wochenendkursen betreue, ist nur ein einziger Mann. Kann es sein, dass das »starke Geschlecht« wegen seines ausgeprägten Drangs nach Unversehrtheit und Stärke größere Probleme mit vermeintlich Versehrten und Schwachen hat, als dies bei Frauen der Fall ist? Ich weiß es nicht. Auf jeden Fall sind meine Abstecher nach Halle nicht nur – hoffentlich! – für die Studenten wertvoll, sondern auch für mich selbst. Ich habe das Gefühl, gebraucht zu werden, Dinge bewegen zu können. Und ich habe richtig Spaß. Einige der Studentinnen sind gute Freundinnen geworden. Ich freue mich, wie engagiert sie die Sache angehen – da lohnt sich jede Mühe, jeder Aufwand. Auch, wenn man den Effekt längst nicht so schnell spürt wie im Sport.

Auf dem Trainingsplatz flutschte es derweil in der Sydney-Vorbereitung bei mir wie noch nie. Das Erklärungsmuster dafür war simpel gestrickt: Ich war die ganze Zeit über relativ gesund geblieben, brauchte angesichts des Zieles, das vor mir lag, keine wie auch immer gearteten Motivationskünste, hatte zudem ganz offenbar den einzig richtigen Übungsleiter an meiner Seite. Bernd war alte DDR-Schule, aber das nicht in dem Sinne, den einige fast manisch falsch verstanden wissen möchten, sondern im allerbesten. Der Mann wusste, wie man Leistung »produzieren« konnte, ohne Betrug, sondern mit harter, zielgenauer Arbeit. Er wusste, wovon er redete, wenn er Trainingspläne erklärte. Und er wusste, dass Spitzenresultate nicht durch stoisches Knüppeln und Schleifen zu erreichen sind. Sondern dass diese aus vielen großen »W« entstehen: Wissen, was man wann, warum, in welchen Umfängen tun muss. Und dass diese »W« noch eins als Voraussetzung haben: Leistung muß von »Wollen« kommen. Wird sie gewollt, hat man Spaß daran – und erst dann ist man bereit zum Siegen.

Bernd wusste, an welcher Stelle anzupacken war. Nie zuvor hatte ich so intensiv und freudbetont zugleich trainiert. In den zwei Jahren hat er mich eins ums andere Mal verblüfft, und ich bin jetzt schon gespannt, was auf dem Weg zu den Paralympics in Athen 2004 noch alles folgen wird. Ich habe bei Bernd nie das Gefühl gehabt, dass wir Behindertensportler für ihn nur eine Ersatzbefriedigung sind, weil er gerade keine national überragenden nichtbehinderten Athleten hatte. Er hat sich mit solcher Hingabe auf unsere Betreuung gestürzt, unsere Triumphe und Misserfolge mit uns geteilt, dass er uns regelrecht mitgerissen hat. Vorher lief bei mir vieles irgendwie so über den Daumen gepeilt ab, mit Bernd zog Planmäßigkeit in mein Training ein. Ganz nach der klassischen Abfolge vom Allgemeinen zum Speziellen.

Ich habe angefangen, Trainingsprotokolle zu schreiben. Und schnell festgestellt, dass das nur auf den ersten Blick eine lästige Pflicht ist. Es ist mehr, nämlich eine Erkenntnisquelle, Selbstkontrolle, sogar Antrieb. Das spätere Nachlesen spornt oft gewaltig an: man kann über sich selbst lachen, staunen, sich ärgern, aber sich vor allem freuen. Man liest von Tagen, an denen rein gar nichts ging. Stoß um Stoß, und keiner, nicht einer, landet dort, wo man seine Zielmarke gesteckt hat. Technikkorrekturen, derbe Flüche, Verzweiflung. Sinnlos, alles sinnlos. Du bist zu blöd, Marianne. Du begreifst das nie. Hau die Kugel in die Ecke, mach Schluss für heute – und trink ein Bier. Das Bier würde kommen, warum auch nicht? Aber in den Sack hauen, bevor ich angekommen war, wo ich hinwollte? Nein, das war nicht mein Ding. Und Bernd genau der Partner, den ich in diesem Moment brauchte. »Du schaffst das noch, Marianne«, hörte ich seine unaufgeregte Stimme. Die Armbewegung etwas anders, die Schulter besser eingesetzt – »du schaffst das!« Wie anders konnte man den Mann zur Ruhe bringen, als dass man seine Zuversicht erfüllte? Also Stoß um Stoß, Wurf um Wurf, zigmal »Scheiße« gezischt – und dann doch der Jubel, geschafft! Und die Stimme: »Siehste! Hab' ich doch gesagt, du schaffst das!« Recht hat er behalten, mein Trainer. Als wir unseren gemeinsamen Weg begannen, hat er mir seine Zukunftsziele aufgeschrieben: mit der Kugel neun, mit dem Diskus 26, mit dem Speer 20 Meter. Ich habe ihn angelächelt, eine wischende Handbewegung vor der Stirn gemacht und schließlich mit dem Finger an selbige getippt: Aber sonst tickst du noch richtig? Immerhin bedeuteten die Vorgaben allesamt Weltrekorde, zumeist mehr als nur ein paar Zentimeter über den alten Bestmarken.

Inzwischen habe ich längst feststellen müssen, dass Bernd nicht nur »richtig tickt«, sondern mich offenbar besser kannte, als ich mich selbst. Vor den Paralympics in Sydney habe ich bei diversen Sportfesten die Weltrekorde gleich serienweise übertroffen. Mit der Kugel schaffte ich 9,27 m, mit dem Diskus 27,01 m, mit dem Speer 20,10 m. Leider werden im Behindertensport Weltrekorde nur bei internationalen Meisterschaften anerkannt, so dass die genannten Resultate nicht in die Statistik eingehen. In meinen Trainings- und Wettkampfbüchern freilich stehen sie sehr wohl – quasi als stumme Aufforderung für die Zukunft. Mein Ehrgeiz wird keine Ruhe geben, bevor ich nicht zum Beispiel die 9-m-Marke im Kugelstoßen überboten habe – mein offizieller Weltrekord steht bei 8,98 m. Es gibt Leute, die empfinden Ehrgeiz als Bestrafung – für mich ist er ein Geschenk des Himmels. Welche schönere Erfüllung kann es geben, als sich seine Träume zu verwirklichen? Nicht dank einer höheren Gabe oder eines Geschenks des Himmels, sondern durch eigene Anstrengung, durch Kampf, Einsatz und Leidenschaft.

Als zwei Wochen vor meiner Sydney-Abreise im Training plötzlich gar nichts mehr ging, die Kugel mit beharrlicher Boshaftigkeit zwischen siebeneinhalb und achteinhalb Metern im Rasen einschlug, fühlte ich mich wie gelähmt und blockiert. Was, wenn von einem Moment auf den anderen alle Kraft aus mir gesogen, alle Technik verlorengegangen war? Hatte ich nicht schon in diversen Zeitungen von Blackouts gelesen, die irreversibel ganze Lebensläufe veränderten? Die Alternativen: wehrlos ergeben oder Widerstand leisten! Meine Art von Widerstand, für den ich mich natürlich entschied, war ein ganz praktischer. Ich packte meinen Wurfstuhl, die Boden-Befestigungen und ein paar Kugeln ein – Ortswechsel, jetzt wurde nach der Trainingseinheit im Sportforum Hohenschönhausen eine weitere daheim angehängt. In Bernau, wo wir uns seit 1998 ein schönes, wunderbar behindertengerechtes Domizil auf großem Grundstück gebaut hatten, postierte ich mich hinterm Haus unter der Birke. Eine Linoleumdecke auf dem Grün zeigte an, wo die Kugel landen sollte – doch die tat mir bei den ersten vier Versuchen den Gefallen nicht mal annähernd. Statt auf dem markierten Ziel landete das Eisen auf dem Rasen – die hinterlassenen Krater zeigen bis heute mein verzweifeltes Bemühen um Lösung meiner »sportlichen Krise« an. Ich hätte hundert oder mehr Stöße gemacht, um es hinzukriegen. Doch erfreulicherweise löste sich das Dilemma, das ich bei empfindlicher Abendkühle in dicker Jacke loswerden wollte, ab Versuch Nummer 5. Plötzlich war alles wieder da: die neun Meter, die Sicherheit, das Selbstvertrauen. Jörg, mein Mann, der wie der Nachbar das Treiben leicht amüsiert verfolgt hatte, war froh, mich wieder im Haus zu haben und nicht noch eine Nachtschicht einlegen zu müssen. Lakonisch kommentierte er meine Trainingseinheit: »Typisch Marianne.« Womit er wohl nicht ganz unrecht hatte.

Plötzlich war alles wieder da: die neun Meter, die Sicherheit, das Selbstvertrauen.

Ich konnte also beruhigt nach Sydney abreisen – wir hatten uns bestens vorbereitet, Bernd und ich. »Wir haben nichts unterlassen, was wir hätten machen müssen – also werden wir das Kind schon schaukeln«, verbreitete er demonstrative Zuversicht. In der ließ er sich auch dadurch nicht erschüttern, dass sich die Gerüchte, bei den Paralympics würden diverse Schadensklassen in den Wettbewerben zusammengelegt, hartnäckig verstärkten. In der Tat, das konnte sich zum Problem auswachsen. Klassifizierungsgruppen, geschaffen, um einen annähernd fairen Wettstreit angesichts sehr unterschiedlicher Behinderungen zu garantieren, waren zum Teil unterbesetzt. So wollte man kurzerhand zusammenwerfen, was eigentlich nicht zusammengehörte. Schließlich starteten in Sydney in der Diskuswurf- Konkurrenz 15 Athletinnen aus vier Klassen in einem Wettbewerb – ich kam aus der mit den schwersten Behinderungen. Das bedeutete anzutreten gegen Konkurrentinnen mit Fußheberschwäche oder Lähmungen, die den Einsatz des gesamten Rumpfes erlaubten. Biomechanisch läuft da einiges anders als bei mir. Hüfte und Knie können eingesetzt werden. Einige konnten sogar im Stehen werfen, mitunter mit dem Ansatz einer Auftaktbewegung. Auch für Laien wird nachvollziehbar sein, dass allein schon durch die Abwurfhöhe ein gewaltiger Vorteil gegenüber einem sitzenden Athleten gegeben ist. Was übrig blieb, war eben kein fairer Vergleich, weil von vornherein klar war, dass ich trotz Weiten, die in meiner Schadensklasse Weltrekord bedeutet hätten, schlichtweg chancenlos war. Es ist, als ob man Äpfel mit Birnen vergleicht oder einen Trabant gegen einen Porsche oder Mercedes auf die Rennpiste schickt. Freilich, veränderbar war die Situation nicht, wie wir nach unserer Ankunft in Sydney mit der Starterliste bestätigt bekamen. Jammern oder Kämpfen – ich entschied mich für das Letztere. Die mussten erst mal besser sein als ich, wenn sie auf das Treppchen wollten. Schon daheim hatte ich eh so trainiert, dass ich auf höhere Schadensklassen eingestellt war.

Sportlich war mithin alles im Lot, aber mich drückten ganz andere Sorgen, von denen ich mich nur schwer freimachen konnte. Der wichtigsten Bezugsperson in meinem Leben, meiner Mutti, ging es gesundheitlich so schlecht, dass ich dicht davor war, die Paralympics Paralympics sein zu lassen. 1994 war sie mit ihrem Lebensgefährten Hans von Ueckermünde nach Berlin gezogen, ganz in unsere Nähe und altersgerecht untergebracht. Nur ein Jahr später erkrankte sie an Blutkrebs, musste mit immer neuen Chemotherapien behandelt werden. Das schlug relativ gut an, Mutti nahm es hin, wie andere ihre täglichen Pillen schlucken. Sie war trotz allem lebensfroh und -bejahend, unternehmungslustig, von wunderbarer Wärme und Herzlichkeit. Später hat sie mir gesagt, dass die Jahre in Berlin – für sie überwiegend die Jahre mit dem Blutkrebs – für sie die glücklichsten ihres Lebens gewesen seien. Wie sehr habe ich es genossen, sie in Berlin nahe bei mir zu haben. Diese kleine, starke Frau, die so viel mit sich selbst ausmachte und für sich behielt, was andere, die sie liebte, hätte belasten können. Sie hatte einen Lieblingsspruch, der so viel mehr über sie aussagt als seitenlange Versuche, sie zu beschreiben: Das sind die Starken im Leben, die unter Tränen lachen, ihr eigenes Leid verbergen, um andere glücklich zu machen. In Muttis Nähe war ich fast immer glücklich. Obwohl wir beide Gefühle nicht extrovertiert nach außen trugen. Und das auch nicht mussten. Wenn sie auf ihre ganz besondere Weise lächelte, meine Hand streichelte, dann waren das für mich Momente, die so unwiederbringbar wie wundervoll waren. Oder wenn sie mit weicher Stimme ihr Lieblingslied sang, das ich schon aus den Tagen im Ueckermünder Krankenhaus kannte.

Weiß mir ein Blümlein blaue, von himmelklarem Schein. Es steht in grüner Aue, und heißt Vergissnichtmein. Ich kunnt es nimmer finden, was mir verschwunden gar; von Reifen und kalten Winden ist es mir worden fahl.

Das Blümlein, das ich meine, ist braun, steht auf dem Ried. Von Art ist es so kleine, es heißt: Nun hab mich lieb! Das ist mir abgemähet wohl in dem Herzen mein; mein Lieb hab mich verschmähet – wie mag ich fröhlich sein?

Mein Herz, das liegt in Kummer, da mein vergessen ist; so hoff ich auf den Summer und auf des Maien Frist. Der Reif, der ist vergangen, dazu der kalte Schnee; mein Lieb hat mich umfangen, nun Winter heißt's: Ade!

Wenn immer ich diese Zeilen lese, werde ich sie singen hören. Wie eine Amme, die einen Säugling wiegt. Und ich werde mich geborgen und geschützt fühlen. Dem Blutkrebs, der an ihr fraß, widerstand Mutti mit einer inneren Stärke, wie ich sie – als Krankenschwester bei Schwerstgeschädigten mit vielen Erfahrungen ausgestattet – nur selten erlebt habe. Manchmal habe ich mich gefragt, woher sie diese Kraft nimmt. Kraft, die auch nicht nachließ, als an der Wirbelsäule und oberhalb der Brust weitere Tumore entdeckt wurden. Zumindest, wenn man Kraft, wie ich sie meine, nicht nur körperlich versteht. Sie wurde bestrahlt, kurzzeitig ging es ihr besser. Doch immer spürbarer musste sie Tribut zollen – sie wurde schwächer, brauchte längere Erholungsphasen. Große Entdeckungstouren, wie wir sie zuvor hin und wieder noch unternommen hatten, waren nicht mehr möglich. Im Sommer musste sie 25 Bestrahlungen der Brust auf sich nehmen, danach hat sie lange in der Klinik gelegen. Als sie wieder draußen war, und sagte, Marianne, lass uns nach Ueckermünde fahren, ich will das alles noch einmal sehen, da wusste ich, dass sich die Waage neigte. Ich bin unendlich froh, dass ich mir gegen allen Alltagsstress und sonstige Scheinwichtigkeiten gleich am nächsten Tag Zeit genommen habe, mit ihr gen Norden aufzubrechen. Ueckermünde – die Zeit schien stillzustehen und man hätte nur die Hände ausstrecken müssen, um diese Momente für alle Ewigkeiten festzuhalten. Ich sah mich als kleines Mädchen ums Krankenhaus herumtollen und hörte Mutti in der weißen Schwesterntracht nach uns schreien, wenn wir wieder mal zu spät nach Hause kamen. Ich sah sie, den Kopf auf die beiden Hände gestützt, erschöpft am Küchentisch sitzen, und spürte, wie sie mir nach der Schimpfkanonade sanft übers Haar strich. Jetzt sah ich sie an und streichelte ihr über den weißgrauen Schopf. Was hätte ich alles sagen sollen und wollen in diesem Moment, ich tat es nicht. Sie lächelte und ich nahm ihre Hand – und meine Augen wurden ein bisschen glasig, als ich dachte: ich möchte dich immer bei mir haben und ich möchte immer bei dir sein.

Nach Berlin zurückgekehrt, versuchten wir das Leben für- und miteinander so gut zu ordnen, wie es irgend ging. Wir haben organisiert, dass sie täglich ihr Essen gebracht bekam, weil sie nicht mehr selbst Kochen konnte. Wir haben sie und Hans zu uns ins Haus geholt, als direkte Pflege notwendig wurde. Als der

Tumor in der Brust aufbrach und in die Lunge auslief, musste Mutti in die Rettungsstelle eingeliefert werden. Wenige Tage vor der geplanten Abreise der Paralympics-Mannschaft nach Sydney. Sie hatte mich ein Leben lang begleitet, konnte sich sie jetzt verlassen? Nein! Beim Besuch sagte ich ihr: »Mutti, ich fahre nicht. Ich bleibe bei dir.« Ihre Antwort werde ich nie vergessen: »Du hast so hart für deinen sportlichen Erfolg gearbeitet. Jetzt sollst du auch die Früchte dafür ernten. Fahr' und komm' bitte gesund wieder, ich werde auf dich warten.« Die Ärzte hatten mir zuvor gesagt, dass die Geschichte mit dem ausgelaufenen Tumor durchaus reparabel sei. »Wir saugen das ab und kleben die Geschichte zu, und dann geht es ganz normal weiter wie bisher.« Dazubleiben, hätte das für Mutti nicht ausgesehen, als ob ich auf ihren Tod warte? Das hätte sie nicht gewollt und nur schwer ertragen. Am 9. Oktober bin ich in den Flieger gestiegen, am 12. Oktober ist sie gestorben. Ich hätte sie gerne noch einmal gesehen, ich hätte sie so gerne noch eine Weile gepflegt.

Am Abend des 12. hatte ich zu Hause in Berlin bei Jörg angerufen. Randvoll mit Erlebnissen nach einem schönen Tag in Sydney. Ich wollte ihn teilhaben lassen an meiner Freude und Begeisterung und merkte sofort, dass er weit weg und dafür nicht empfänglich war. Anderthalb Stunden vor meinem Anruf hatte er vom Tod Muttis erfahren – und war nun mit der Situation überfordert, dass das zuvor vereinbarte Szenario für den Fall der Fälle nicht mehr umzusetzen war. Danach hatte er zunächst Bernd benachrichtigen sollen, und der würde dann entscheiden, wie und wann mir das Ganze beizubringen sei. Ich nahm zwar akustisch wahr, was mir Jörg sagte, aber irgendwie war es unwirklich, ein schauriges Märchen. Raus, nur raus aus meinem Zimmer im Olympischen Dorf, das ich mit der Cottbuser Rollifahrerin Yvonne Sehmisch teilte. Fahren, schwitzen, allein sein, mich gehenlassen. Einige Araber kamen mir mit lärmender Fröhlichkeit entgegen, wollten mit mir rumblödeln. Damit konnte ich in meiner Verfassung nicht umgehen, habe wohl ein paar Unfreundlichkeiten in ihre Richtung abgelassen. Was genau, das weiß ich gar nicht mehr. Ich bin zurück ins Zimmer. Nach zehn Minuten kam Bernd, sagte mir, morgen stehe dies und das auf dem Programm. Ich habe ihm gesagt, was los ist – er hat nicht viel gesagt, ist los und hat zwei Flaschen Bier geholt, obwohl Alkohol im Olympischen Dorf strengstens verboten war. Wir haben sie schweigend getrunken. Manchmal sagen keine Worte mehr über echte Anteilnahme aus, als lange, schwermütige Trauerreden. Als er weg war, habe ich noch lange mit Yvonne gesprochen. Besser: ich habe geredet und sie hat zugehört. Das tat gut.

Mir fällt es schwer, etwas über die folgenden Tage aufzuschreiben. Wem soll ich sagen, dass ich Mühe hatte, wieder zu mir zu finden? Wem mitteilen, dass das wunderbare Sydney für mich kein ungeteiltes Hochgefühl mehr bieten konnte, weil es eben auch ein unendlich trauriges war? Im ersten Moment war ich enttäuscht. Hatte Mutti mir nicht versprochen, sie werde auf mich warten? Der Krebs und das daraus resultierende Nierenversagen hatten dem Körper keine Zeit mehr dafür gelassen, das einzulösen, was der Geist so fest wollte. Wenn ich an sie dachte, konnte ich mir nicht vorstellen, dass sie wirklich tot war. Nicht wahr, nicht wahr, nicht wahr hämmerte es in mir. Und immer, wenn ich in den schier endlosen Krater zu fallen schien und nur ein Moment von Bedrängnis aufzuflackern begann, sagte ich mir aufs Neue: Nicht wahr. Vorm Nachhausekommen hatte ich schließlich regelrechte Angst, weil es die Unumstößlichkeit des Geschehenen dokumentieren würde. In Sydney selbst hatte ich mich hinter einem Schutzschild verschanzt, um über die Zeit zu kommen. Ich habe mich abgelenkt mit allem, was irgend möglich war. Auf jedes Gespräch habe ich mich eingelassen, nur im Schlaf war ich allein. Drohte am Tage Einsamkeit, bin ich Kaffee trinken gegangen. In der Hoffnung, dass da jemand ist, mit dem ich reden kann. Ganz gegen meine sonstige Gewohnheit bin ich vor meinen eigenen Wettkämpfen ins Stadion gepilgert, um bei den anderen zuzusehen.

Bei der Rückkehr nach Berlin hatte ich noch einmal ein paar schwierige Augenblicke zu überstehen. Wie würde es sein, wenn ich Jörg und Hans auf dem Flughafen sah? Ich hatte in unseren Telefonaten gespürt, wie schwer es für Jörg war, daheim mit der Situation allein zurecht zu kommen und wie er sich mühte, mir gegenüber davon nichts anmerken zu lassen, um mich nicht zu belasten. Würden wir unserer Emotionen Herr werden? Und wie würden die versammelten Medien reagieren, von denen einige Zeitungen die Geschichte aufgegriffen hatten? Jörg hatte sogar erwogen, gar nicht nach Tegel zu kommen. Ich habe ihm gesagt: »Jörg, komm!«, und als wir drei – Jörg, Hans und ich – uns auf dem Flughafen im Arm hielten, da war das ein Augenblick ganz für uns alleine. Ein Augenblick, in dem wir uns hatten und Mutti ganz nah bei uns war. Dass sie körperlich nicht mehr da ist, dass ich sie nie mehr singen und lachen hören würde, merkte ich sehr schnell danach. Immer, wenn ich bei irgendeinem Anlass ganz viele Blumen geschenkt bekommen habe, dachte ich als erstes darüber nach: Und welchen Strauß bekommt Mutti? Sie mochte Blumen und deren intensiven Duft unwahrscheinlich gerne, genauso wie ich. Wenn ich mich freuen durfte, sollte sie es auch.

Wenn sie noch erlebt hätte, dass ich in Sydney meine siebente Paralympics-Goldmedaille gewonnen habe, dann wäre sie stolz auf mich gewesen. Am 9. Oktober war ich von Berlin gen Australien aufgebrochen, mit spannungsvoller

Erwartung, mit innerer Unruhe, mit Lampenfieber – und bangen Gedanken, die unterwegs immer wieder zu Mutti wanderten. Morgenstund' hat Gold im Mund – dieses Sprichwort klang am Tag der Abreise wie ein gutes Omen für meine Sydney-Reise. Schon 7.45 Uhr trafen wir uns auf dem Flughafen Tegel, 9.05 Uhr ging die Maschine nach Frankfurt, wo wir uns mit dem Rest des Teams trafen. 14 Uhr hoben wir ab Richtung Hongkong, ein fast zweitägiger Flug auf den fünften Kontinent lag vor uns.

Was die Fliegerei angeht, habe ich im Laufe der Jahre einiges erlebt. Bei einer Reise in die Schweiz mussten wir auf dem Flughafen in Berlin-Tempelhof mal unsere Wettkampfrollstühle total auseinanderbauen, weil sie nach Ansicht des Personals zu groß und schwer waren, um komplett transportiert zu werden. Zuerst hieß es: »Das können Sie nicht mitnehmen!« Danach haben wir eine halbe Stunde diskutiert, dass sich damit der Zweck unseres Fluges erledigt hätte. Zwar war alles ordnungsgemäß angemeldet worden, aber am Ende mussten wir uns doch als Mechaniker betätigen, alles zerlegen – und nach der Ankunft natürlich auch wieder zusammenbauen.

Gen Sydney hatten wir solche Probleme Gottseidank nicht. Doch das Dauer-Martyrium in der Luft wog diese bei weitem auf. Wenn schon Nichtbehinderte einen Horror vor der bedrängenden Enge auf Interkontinentalstrecken haben, dann kann man sich vorstellen, was das in den selben Maschinen für Rollstuhlfahrer bedeutet. Auch Toilettenbesuche werden naturgemäß ungleich schwieriger. Wir waren deshalb relativ weit hinten im Jumbo platziert, um auf dem regulären Linienflug die »normalen« Touristen nicht allzu sehr zu behindern. Irgendwie kriegt man im Endeffekt alles hin, aber zwischendurch schwört man sich: Nie wieder!

MORGENSTUND' HAT GOLD IM MUND – DIESES SPRICHWORT KLANG AM TAG DER ABREISE WIE EIN GUTES OMEN FÜR MEINE SYDNEY-REISE.

Zwei Tage später, also am 11. Oktober, landeten wir morgens um 6.55 Uhr in Sydney – ziemlich müde, aber auch glücklich, die Tortur überstanden zu haben. Fast drei Stunden nahmen dann die paralympischen Eintrittsregularien in Anspruch: Durchchecken, Kontrollieren, Registrieren, Akkreditieren. Die Busfahrt ins Olympische Dorf dauerte etwa eine Stunde. Schlafen konnte und wollte nach der Ankunft aber kaum jemand – stattdessen zogen bzw. rollten wir auf einer ersten Erkundungsfahrt durchs Olympische Dorf. Schließlich musste man wissen, wo man die wichtigsten Bedürfnisse befriedigen konnte. Medizintrakt, Fitness-Studio, Friseur, Post – alles da und alles gut erreichbar. Essen konnte man rund um die Uhr, auf alle Nationalitäten eingestellt. Morgens heiße Waffeln, Speck und Ei, mittags hatte man die Qual der Wahl und abends gab es noch immer fünf verschiedene Gerichte. Außerdem jederzeit Beilagen wie Kuchen und Pralinen, und auch McDonalds war kostenlos vertreten.

Am nächsten Tag war ich dann erstmals als Sportlerin in Sydney in Aktion – zunächst freilich nur auf dem Trainingsplatz. Bis zum ersten Wettkampf um Medaillen waren noch fast zwei Wochen Zeit. Ein paar leichte und lockere Übungen mit viel Athletik und ein bisschen Kraft hatte Bernd angesetzt. Noch hatte ich etwas mit dem Jetlag zu tun, aber es machte Spaß – so konnte es weitergehen. Spaß machte auch die Stadtrundfahrt am Nachmittag. Wir bekamen eine Ahnung von der Schönheit Sydneys, obwohl wir nur ein paar Ausschnitte erlebt hatten. Die Oper, wunderschöne Parkanlagen, der Tower mit einem grandiosen Blick über die City – wir staunten wortlos und stießen uns aufgeregt an, als wir sogar Flughunde sahen. Bernd machte die obligatorischen Touristenfotos: Marianne vor der Oper, Marianne vor der Harbour-Bridge, Marianne im Zoo. Ein Tag, wie für die Ewigkeit geschaffen. Und der dann nach dem abendlichen Telefonat mit Jörg einer wurde, den ich niemals mehr vergessen werden kann. Ohne Mutti fühle ich mich amputiert, als habe man mir ein Stück Leben aus dem Leib herausgeschnitten. Als Kind meiner Eltern hatte ich immer, auch, als ich längst erwachsen war, eine Art Verantwortung für die beiden gespürt. Das war plötzlich weg – ein seltsames Gefühl der Leere, das mich beschlich und mich frösteln ließ.

Die Tage in Sydney danach verliefen wie eine Art Wachtraum. Ich sah mir zu beim Training, bei den Würfen und Stößen, bei den Übungen im Kraftraum. Irgendwie unwirklich. Wann würde das Licht im Kino angehen, und der Film vorüber sein? Dennoch versuchte ich, von Sydney mitzunehmen, was irgend möglich war. Im »Aquarium«, einer der Attraktionen der Stadt, schwamm ein riesiger Rochen über mich hinweg – ein kribbelndes Erlebnis. Ich wünschte, dass das auch meine Familie erleben könnte.

Am 18. Oktober war es endlich so weit: Die Paralympics begannen mit einer grandiosen Eröffnungsveranstaltung, die alle begeisterte. Vorher regnete es noch leicht, es wurden Regenjacken verteilt. Dann aber legte der Wettergott mit Beginn der Zeremonie den Schalter auf »Schön« um. Die drei Stunden vergingen schnell – die Australier haben es geschafft, eine Eröffnung auf die Beine zu stellen, bei der tatsächlich die, für die die Spiele veranstaltet werden, im Mittelpunkt standen. Die Athleten als die Hauptakteure hatten Spaß, fühlten sich wohl. Die Funktionäre und VIPs waren Zutaten. So soll es sein. So war es auch 1992 in Barcelona, so war es nicht 1996 in Atlanta. Schon nach dem Auftakt waren alle überzeugt: Atlanta wird sich nicht wiederholen. Zwei Tage später, am 20. Oktober, begannen im Olympic Stadium die Leichtathletik-Wettkämpfe. Mit Zuschauerzahlen, die gigantisch waren. Jede Menge Schulklassen überboten sich gegenseitig im Lärmen und Anfeuern. Manchmal verstand man sein eigenes Wort nicht. Dass Leichtathletik-Teamkameraden bereits ihre ersten Auftritte hatten, ich immer noch zusehen musste und doch am liebsten gleich mitgemischt hätte, steigerte mein Lampenfieber allmählich auf Rekordtemperatur. Langsam wurde es Zeit, dass es losgeht. Das Kribbeln stieg. Und auch die Angst, dass die Super-Form plötzlich von einem Tag auf den anderen weg sein könnte. Ich horchte wieder und wieder in mich hinein und beruhigte mich mit den Worten meines Trainers: Alles im Lot, Marianne.

Endlich, nach zwei Wochen in Sydney, war es so weit. Der 26. Oktober, der Tag! Mein Gedächtnisprotokoll: 6 Uhr aufstehen, 7 Uhr frühstücken, 7.45 Uhr Abfahrt zum Stadion. Auf dem Aufwärmplatz mache ich mich mit Gymnastik und leichten Würfen fit. Dann muss ich mit dem Wurfstuhl in den Call-Room, wo das Gerät kontrolliert wird. Darauf, ob unerlaubte Werbung vorhanden ist, ob die Höhe der Sitzfläche stimmt und ob sonst alle technischen Regularien eingehalten worden sind. Auch ich selbst werde nahezu einer »Leibesvisitation« unterzogen. Die Kontrolleure wollen es ganz genau wissen, ob da irgendwo noch ein Stückchen Reklame versteckt ist – bis auf die Unterwäsche habe ich den Nachweis zu erbringen, werbefrei zu sein. Dann wird noch der Rucksack inspiziert und schließlich geht es ab mit Begleitung ins Stadion.

15 Athletinnen sind im Diskuswettbewerb am Start, alle werden groß auf der Videowand vorgestellt. Ich bin die 15. in der Wettkampfreihenfolge. Da alle zunächst drei Versuche haben, dauert es eine Ewigkeit, bis die acht Besten für das Finale ermittelt sind. Von den acht, die es schaffen, bin ich wegen der Zusammenlegung von vier Schadensklassen die am schwersten Behinderte und zudem auch die Älteste. 27,11 m schaffe ich im dritten Versuch, am Ende bedeutet das Platz 4. Eine Holz- oder Blechmedaille, auf die ich hinterher – auch, wenn es sie gar nicht in materialisierter Form gibt – wahnsinnig stolz bin. Für mich ist es wie Gold. Denn ich hatte nicht nur Bestweite geworfen, sondern auch gegen Kontrahenten, die mit dem Sportgerät aus dem Ring gehen konnten, bestanden.

Doch der Tag war noch lange nicht vorbei für die Sportlerin Marianne Buggenhagen. 13 Uhr fuhr ich zurück aus dem Stadion in Richtung Dorf. Kurz etwas essen, schnell unter die Dusche, Sachen wechseln und wieder rein in den Bus Richtung Arena, um rechtzeitig zum Wettbewerb im Kugelstoßen da zu sein. Diesmal konnte ich gleich mit dem ersten Stoß für klare Verhältnisse sorgen: die 8,96 Meter lagen nur zwei Zentimeter unter meinem Weltrekord. Locker vom Hocker ging das vonstatten – ich wollte erstmal eine respektable Weite als Hausnummer stehen haben. Auch, wenn ich schon nach der ersten Runde wusste: Da kommt keine mehr ran. Für meine fünf folgenden Stöße hatte ich mir fest vorgenommen, erstmals bei einer großen internationalen Meisterschaft die neun Meter zu übertreffen und damit einen neuen Weltrekord aufzustellen. Hinterher ärgerte ich mich ein wenig, dass ich nicht schon in den ersten alles hineingelegt hatte. Denn ab Durchgang zwei hatte ich mit einem kleinen Handicap zu kämpfen, das das Optimum für mich nicht mehr möglich machte. Zwar hätte ich auch mit jeder meiner nächsten Weiten den Wettbewerb und Gold souverän gewonnen, aber nach einem Stechen in der linken Seite verhinderte der Schmerz eine neue Bestmarke. Spät abends 22 Uhr hatte ich dann meine siebente Paralympics-Goldene am Hals – bei der Siegerehrung liefen die Ereignisse der letzten Wochen und Tage wie ein Film vor meinem inneren Auge ab. Unbeschwert jubeln konnte ich nicht, auf den Bildern sehe ich ernst und unbewegt aus. Dabei brodelte es in mir, und ich setzte allen Willen dagegen, um stark zu sein und nichts aus mir herausbrechen zu lassen. Meine Freude war eine eher stille, aber nicht weniger intensive. Ich dachte an Mutti, an Jörg, an Bernd, an alle Freunde. In den Berliner Zeitungen, aus denen mir Jörg am Telefon vorlas, stand, ich hätte meine Medaille für meine Mutti gewonnen. Ob ich es genauso gesagt habe, weiß ich gar nicht mehr. Aber es stimmt, und leise, ganz leise sagte ich zu mir selbst: Die gehört dir.

Alles in allem, soviel stand schon vor den letzten Wettbewerben fest, hat die deutsche Mannschaft nicht wie erwartet bei den Paralympics abgeschnitten. In Atlanta mit 40 Goldmedaillen auf Platz 3 der Länderwertung, müssen wir uns diesmal mit 16 Siegen und Rang 10 bescheiden. Typisch deutsch, setzt schon vor Ort bei Funktionären und daheim in den Medien das Scherbengericht ein. Vieles, was schon bei den »Fußgängern« diskutiert wurde, wiederholt sich jetzt. Zu wenig Geld, falsche Strukturen, amateurhafte Bedingungen – so die Hauptargumente. Die sind zwar jeweils zu differenzieren, aber auch nicht von der Hand zu wei-sen. Andere Länder haben sich ein professionelles Umfeld geschaffen, beschäftigen hauptamtliche Trainer, bekommen – wie in Spanien oder England – immense finanzielle Unterstützung von großen Lottogesellschaften.

Ein Aufwand, der sich auszahlt. Auch in der Nachwuchsarbeit gibt es dort langfristig angelegte Konzepte, die, wenn Deutschland nicht nachzieht, für Athen 2004 eine weitere Talfahrt bedeuten könnten. In der Leichtathletik kommen wir noch halbwegs gut weg, siebene Goldene hören sich ganz gut an. Aber sie kommen alle aus den technischen Disziplinen, im Fahren und Laufen gehen wir leer aus. Deshalb bedeuten die sieben Siege auch nur Platz 12 in der Nationenhierarchie und an den 104 Weltrekorden sind die Deutschen ein einziges Mal beteiligt: Britta Jänicke, wie ich bereits über vierzig Jahre alt, hat im Kugelstoßen ihre eigene Bestmarke gesteigert. Die Leistungsentwicklung ist frappant – vor allem neue Sportlergenerationen haben ihren Anteil daran. Insgesamt werden bei den Spielen über 300 Weltrekorde aufgestellt. Man sagt, ein neues Zeitalter des Behindertensports habe begonnen, und verbindet das mit den Worten »Profi« und Marketing. Für die meisten Disziplinen ist das allerdings noch zu hoch gegriffen. Andere reden angesichts der insgesamt zehn Dopingfälle – neun bei den Gewichthebern, einer in der Leichtathletik – davon, die Paralympics hätten ihre Unschuld verloren. Ich kann solche Betrugsversuche nicht nachvollziehen, erst recht nicht, die hinterher aufgedeckten in der Klassifizierung der Athleten für die jeweiligen Schadensklassen. Welche Befriedigung könnte mir ein sportlicher Erfolg bereiten, den quasi nicht ich, sondern ein manipuliertes Wesen namens Marianne Buggenhagen erreicht hätte?

Schlusstag der Paralympics: Den Speerwurf-Wettkampf habe ich gestrichen. Nicht, weil ich gerade in dieser Disziplin gegen die weniger Behinderten kaum eine Chance gehabt hätte. Unser Mediziner Rolf Kaiser wollte sicher gehen, dass sich meine Beschwerden nicht auswachsen, machte Röntgenaufnahmen und diverse Untersuchungen und riet dann zur Absage. Ich schaute mir im Fernsehen den Rollstuhl-Marathon an, packte meine Sachen und stürzte mich abends ins Getümmel bei der Abschlussfeier. Nach dem Hauptprogramm fuhr ich zurück ins Dorf, die überbordende Ausgelassenheit, die ich den Athleten aus aller Herren Länder gönnte, wollte ich tauschen mit ein paar letzten Momenten der Einkehr, in denen sich meine Eindrücke und Gedanken setzen konnten. Am nächsten Morgen um fünf fuhren die Busse zum Flughafen – der lange Weg über Kontinente und Ozeane zurück in die Heimat stand bevor.

Am 31. Oktober, morgens um 5.25 Uhr, hatte uns die deutsche Erde wieder. In Frankfurt wurden wir in der DRK-Station mit Kaffee und Keksen versorgt. Endlich konnte ich mal die Beine hochlegen. 9.45 Uhr ging es weiter nach Berlin, 50 Minuten später Landung in Tegel und »großer Bahnhof« mit Blumen, Blumen und nochmals Blumen. Mit einem Mercedes Kombi fuhren wir als Schwertransport nach Hause: der Fahrer, Jörg, Hans, ich, zwei Faltrollstühle, ein

Wurfstuhl, ein großer Koffer, eine riesige Tasche, diverses Kleingepäck und eine halbe Blumenhandlung. Daheim angekommen, muss ich erstmal alles berühren. So als nähme ich aufs neue Besitz von meinem Zuhause. Es ist ein eigentümliches Gefühl, vertraut und verändert zugleich. Ich lasse mich aufs Sofa fallen, fasse nach links, um Muttis Hand zu nehmen. Und begreife, was anders ist in meinem Zuhause, in dem doch jedes Möbelstück weiter am angestammten Platz steht. Deutschland Anfang November – bekannte Gerüche, karge Bäume, em-pfindliche Kühle. Sydney ist geographisch weit weg. Die Paralympics sind vorüber und sind es auch nicht. Die Eindrücke sind haften geblieben und ganz gegenwärtig und lebendig, auch noch Wochen danach. Ich freue mich darauf, eine Menge erzählen zu können. Eigentlich müsste man über diese wunderbaren Spiele ein Buch machen, doch das bleibt offenbar den »Fußgängern« vorbehalten – sind die Marktgesetze wirklich so, dass sich »kein Schwein« für uns interessiert?

SIND DIE MARKTGESETZE WIRKLICH SO, DASS SICH »KEIN SCHWEIN« FÜR UNS INTERESSIERT?

Kaum wieder daheim, ruft mich Helmut Krüger, der Chef des Sportverlags Berlin, an. Wir sind gute Freunde geworden, seitdem ich Ende 1996 bei ihm meine Autobiographie »Ich bin von Kopf bis Fuß auf Leben eingestellt« veröffentlicht habe. Keine Selbstverständlichkeit damals, denn Behinderte sind immer noch ein verdrängtes Thema in der deutschen Öffentlichkeit. Auch mit meinem Buch kann ich nicht im Handstreich alle Erstarrungen lösen, aber dennoch – es bleibt nicht wirkungslos. Alle, die sich darauf eingelassen und es gelesen haben, empfanden es als positiv. Bewegend, aufklärend, zum Lachen und Weinen. Auch von Nichtbehinderten habe ich oft gehört, dass sie mit Gewinn aus der Lektüre herausgegangen sind. »Man geht anders mit eurem und dem eigenen Leben um«, sagte mir ein Leser, der erzählte, wieviele Dinge über Behinderte er aus Gedankenlosigkeit schlichtweg nicht gewusst und beachtet habe. Natürlich, so realitätsfremd bin ich nicht, ist da auch die andere Seite. Diejenigen, die meinen, sie hätten eh genug Stress in der Alltagsbewältigung, sodass sie sich nicht auch noch das Buch einer Behinderten antun müssten. Doch die

Hoffnung überwog am Ende eindeutig die Enttäuschungen. Gehört oder, besser, gelesen zu werden, Hilfe leisten zu können – das war ein wunderbares Gefühl. Auch wenn der Sportverlag keine Verkaufsrekorde damit erzielte, so merkte ich doch, dass die Leute, die an dem Buch mitgearbeitet hatten, eine besondere Beziehung zu dem Projekt entwickelt hatten. Und damit das Ihre dafür tun wollten, die eingeforderte größere Sensibilität und Aufmerksamkeit für Behinderte auf ihre Weise einzulösen. Deshalb war es für mich auch eine besondere Freude, dass ich mit Helmut Krüger schon vor den Paralympics abgesprochen hatte, eine zweite Auflage rauszubringen, in der mein Weg von Atlanta bis Sydney, neue Sichten und Erkenntnisse Aufnahme finden sollten. Die 96er Premiere war also kein Feigenblatt, kein Alibi, das quasi per »political correctness« abgefordert und dann wieder vergessen wurde. Ein kleines bisschen verbuchte ich das auch als persönlichen Erfolg. Helmut war ein Fan von mir geworden, und ein paar seiner Mitarbeiter hat er mit seiner Begeisterung für mich regelrecht angesteckt. Hinter seinem Anruf diesmal aber steckte mehr als nur das Bedürfnis, mir zu gratulieren – das spürte ich. Und er rückte auch schnell mit der Sprache raus. »Was hältst du davon, ein Paralympics-Buch zu machen und dabei als Herausgeberin zu fungieren?«, fragte er mich. »Kann ich das denn?«, gab ich zurück. Ein Vorwort, ein Tagebuch, Tipps und Ratschläge für die anderen Schreiber und Macher – »das kannst du, na klar!« Ein Paralympics-Buch, 180 Seiten ganz für uns Behindertenathleten allein, nicht nur zwei Seiten im Standardwerk für die »Fußgänger«. Komplette Statistik, Historie, Gegenwart und Zukunft in Wort und Bild, rasante und bewegende Fotos von Wettkämpfen, verrückte, mitreißende, erhebende und traurige Geschichten von Siegern, Besiegten und Verlierern, die eigentlich gar keine waren, sondern nur weiter hinten Platzierte – ich freute mich auf das Buch. Für mich und für alle anderen, die ihren Sport mit solcher Leidenschaft betrieben. Und ich freute mich umso mehr, als ich das erste Exemplar in meinen Händen hielt. Ein prächtiger Bild-Text-Band, der dem »Fußgänger«-Band in nichts nachstand – ein Buch, an dem man sich gar nicht satt sehen und lesen konnte. Zugegeben, ich bin befangen und ich würde auch nie behaupten, dass es nichts darin gibt, was man nicht noch besser machen könnte. Aber eine Pioniertat bleibt es dennoch, so oder so. Und ich bin verdammt froh, dass ich dabei sein durfte.

Ich hoffe, dass das erste Paralympics-Buch nicht das letzte sein wird. Und vielleicht schaffe ich es 2004 in Athen noch einmal – ob Herausgeberin oder nicht – mit sportlichen Leistungen meinen Platz darin zu finden. Mehr als ein halbes Jahrhundert alt werde ich dann sein, aber das Alter muss kein Hinderungsgrund sein, wenn ich mit den Besten mithalten kann oder sogar immer noch selbst die Beste bin. Zumal ich ja gerade in den vergangenen zwei Jahren festgestellt habe, dass meine Grenzen offenbar bei weitem nicht erreicht sind. Eine Tatsache, die sicher damit zusammenhängt, dass ich noch gar nicht so lange Spitzensport auf höchstem Niveau treibe. Gerade mal zehn Jahre kommen da zusammen. Weitsprung-Olympiasiegerin Heike Drechsler, eine wunderbare Athletin, die in Sydney ihren Erfolg von Barcelona 1992 wiederholte, war schon 1983 Weltmeisterin. Sie ist fast zwanzig Jahre ganz vorn dabei und immer noch Weltspitze. Also, es liegt noch einiges vor mir! Fragen danach, wie lange ich denn den Spaß noch betreiben wolle, beantworte ich immer mit einer Feststellung und einer Gegenfrage: »Solange es Spaß macht!« und »Warum sollte ich aufhören, wenn ich gewinne?« Außerdem gibt es ja das bekannte Sprichwort vom Wein und seiner steigenden Qualität, je älter er ist. Bleibt nur zu hoffen, dass er nicht irgendwann zu Essig wird. Aber da sei Marianne vor! Die kommenden nächsten Ziele jedenfalls sind fast schon zum Greifen nahe. 2001 wird es im Schweizerischen Notwil die erste Leichtathletik-EM geben, im Jahr darauf in Kanada oder Frankreich die nächste Weltmeisterschaft. Ich habe noch genug zu erledigen – die neun Meter im Kugelstoßen zum Beispiel, die müssen dann endlich daran glauben, ich schwör's. Das bin ich mir selber schuldig. Und einigen, die auf mich setzen, auch. Ich merke immer wieder, wie wichtig mein Wort für manche geworden ist – und wie sehr mir meine Popularität oft hilft, Gehör zu finden. Sicher zähle ich zu den bekanntesten deutschen Behindertensportlern, obwohl es viele gibt, deren Leistungen nicht weniger wertvoll sind. Das hängt wohl mit meiner Wahl zur »Sportlerin des Jahres 1994« zusammen, die immerhin schon sechs Jahre zurück liegt. Für einige Politiker bin ich vermutlich die einzige Athletin mit Handicap, die sie namentlich kennen. Das kann man be- und anklagen, ich versuche es zu benutzen. Nicht egoistisch für mich, sondern für alle, die in einer ähnliche Situation sind wie ich. Das hat schon manches Mal funktioniert. Lieber kleine Schritte vorwärts machen, als auf der Stelle stehen bleiben und sich an die Brust schlagen, bis man hintüber auf den Rücken fällt.

Immer wieder heißt es bei uns Behinderten, dass in dieser oder jener Frage jetzt die Politik gefordert sei. Gefordert zu klarem Bekenntnis und zu solidarischer Stellungnahme, zu deutlichen Worten und starker Aktion. Wird dann die Probe aufs Exempel gemacht, dann steht am Ende zumeist die ernüchternde Feststellung: Das war wieder mal eine prima belanglose Sonntagsrede. Wie oft habe ich das selbst gedacht und mich geärgert, ge- und enttäuscht gefühlt: Mann, der klang doch so ehrlich und kämpferisch! Aber zur Ehrenrettung der mit Bürgermandat versehenen Volksvertreter muss ich auch sagen, das es so'ne, aber auch solche gibt. Manfred von Richthofen, der Präsident des Deutschen Sportbundes, ist einer, bei dem sich Wort und Tat sehr nahe sind. Er hat uns Behindertensportler immer unterstützt und sich mit der Kraft seines Amt eingesetzt, wenn mal nichts mehr ging. So zum Beispiel, als die Rollstuhlbasketballer vom SC Berlin wichtige Ausrüstungen für ihren Spielbetrieb brauchten. Auch der SPD-Politiker Friedhelm Julius Beucher, Vorsitzender des Sportausschusses des Bundestages, gehört seit Jahren zu denen, die nicht nur kurz vor Weihnachten ihr Herz für Behinderte entdecken, sondern immer ein offenes Ohr für unsere Probleme und Bedrängnisse haben. Wir sind nicht in allen Dingen einer Meinung, aber ich spüre bei ihm, dass hier ein ehrliches Interesse und nicht nur eine oberflächliche Pflichterfüllung vorliegt. Welcher Politiker würde schon die Frage verneinen, ob man nicht den Einsatz für die Behinderten verstärken und zum Beispiel Sportler mit Handicap annähernd gleich behandeln sollte, wie die ohne? Die Praxis freilich sieht oft leider ganz anders aus. Karl Hermann Haack, Beauftragter der Bundesregierung für Behindertenbelange, nennt uns Athleten eine »Aufforderung und Ermutigung für die Politiker, sich über Widerstände hinwegzusetzen«. Mit dem Gleichstellungsgesetz sei ein Anfang für einen Paradigmenwechsel gemacht worden: Menschen mit Behinderung dürfen nicht weiter benachteiligt werden. Was einschließt, dass es gegenwärtig immer noch häufig so ist.

Ein schlimmes und in aller Öffentlichkeit dokumentiertes Beispiel dafür war die ARD-Sportler-Gala »Die Ersten – Deutschlands Sportler 2000« am 25. November in München. Eine Veranstaltung, zu der zwar auch die deutschen Paralympics-Sieger eingeladen worden waren. Doch die ärgerten sich hinterher maßlos, dass sie überhaupt erschienen waren. Von allen sportlichen Höhepunkten des Jahres wird ausschweifend gesprochen, das Behinderten-Olympia kam mit keinem einzigen Wort vor. Mode-Exot Mooshammer fand seinen Platz in der Sendung, die Besten des zweitgrößten Sportereignisses 2000 nicht. Voll daneben! Im »Ersten« waren wir Behindertensportler schlichtweg »das Letzte« – das tat mehr weh, als wenn man uns gar nicht eingeladen hätte. Man hatte uns hinten in die Ecke gesetzt, abgestellt wie Sondermüll. Vor uns diverse Kameras, die nur mit Kunststücken einen Blick auf die Bühne erlaubten. Oliver Gutfleisch, der Kapitän der Standvolley-Mannschaft, die in Sydney zum vierten Mal in Folge Paralympics-Sieger geworden war, verfasste danach in unser aller Namen einen Offenen Brief an den verantwortlichen Bayerischen Rundfunk. Zunächst bedankte er sich für die »großzügige Einladung« und »die gegenüber Atlanta 96 stark verbesserte Berichterstattung durch ARD und ZDF«. Doch damit hatten sich die Höflichkeiten erschöpft, mit dem folgenden sprach er uns aus dem Herzen:

»Getrübt wurde unsere Stimmung durch den Umstand, dass die Paralympischen Spiele 2000, immerhin mit mehr als 4000 Sportlern aus 125 Nationen die zweitgrößte Sportveranstaltung der Welt, während der gesamten Fernsehshow nicht ein einziges Mal in Wort und Bild Erwähnung fanden. Als geradezu erniedrigend empfanden wir die Tatsache, dass unsere kleine Gruppe in einer zugigen Ecke des Fernsehstudios platziert wurde; zwischen den Kabeln der Kamerateams, von wo wir ab und zu, falls der Kamerakran zur Seite gefahren wurde, einen Blick auf das Geschehen erhaschen konnten. Dass keine Behindertensportler den Weg auf die Nominierungslisten fanden, ist sicher keine Überraschung und war auch schon technisch nicht möglich, da die Ausschlussfrist ja noch vor dem Ende der Paralympics lag. Diese Tatsache allein verdeutlicht die Einstellung der Verantwortlichen gegenüber dem Behindertensport und letztlich der Minderheit der Behinderten in unserer Gesellschaft. Die Negation der Paralympics und der daran beteiligten Sportler jedoch ging so weit, dass selbst die Moderatoren Hartmann und Beckmann sowie die zahlreich vertretene Presse über die Anwesenheit der 15 Goldmedaillengewinner der Paralympics am Samstagabend nicht informiert wurden. Das macht uns traurig und wütend! In Deutschland fehlen uns sicherlich (noch) die Grundlagen einer professionellen Förderung des Behindertensports. Wir betrachten uns jedoch in erster Linie als Leistungssportler und den Vergleich unserer sportlichen Leistungen mit denen der Nichtbehinderten überlassen wir gerne der Öffentlichkeit. WIR schämen uns jedenfalls nicht dafür! Für das nächste Mal wünschen wir Ihnen etwas mehr Mut, Feinfühligkeit und Offenheit.«

GLEICHGÜLTIGKEIT IST DAS SCHLIMMSTE, WAS MAN SEINEN NÄCHSTEN ANTUN KANN.

Was konnte einem angesichts solcher Ignoranz – man hatte es einfach vergessen, nicht daran gedacht – noch einfallen? Gleichgültigkeit ist das Schlimmste, was man seinen Nächsten antun kann. Was war das gegenseitige Schulterklopfen angesichts der täglichen Stunde Fernsehzeit am frühen Nachmittag mit Berichten von den Paralympics da noch wert? Alle Skepsis von uns Behindertensportlern, letztlich doch nur Alibi zu sein und bestenfalls kurzzeitig bei

Paralympics und in den Wochen der »Mildtätigkeit« vor Weihnachten zu interessieren, war wieder mal bestätigt. Hatte sich nichts getan in all den Jahren seit 1994? Mir gingen noch mal die Bilder von meiner »Sportler des Jahres«-Ehrung durch den Kopf. In eben jener ARD war ich damals zu Deutschlands bester Athletin gekürt worden. Ein Signal, wie ich glaubte. Ein Aufbruch. Was war davon übriggeblieben? Wir standen erneut und immer noch am Rand. Weil man uns da hingestellt hatte. Weil wir die schönen Bilder, lachende Prominente und populäre Athleten, nicht stören sollten. Niemand hat diese schmerzliche Liturgie durchbrochen – dabei hatten an jenem Abend viele das Mikrofon in der Hand, die uns schon mit einem einzigen Satz dokumentiert hätten: Ihr gehört dazu. Wenige Tage später habe ich zu Hause einen Anruf erhalten. WDR-Sportchef Heribert Faßbender entschuldigte sich bei mir für den Eklat. »1994 sollte doch eine Wende einleiten, und jetzt das!«, sagte er, und fühlte sich verantwortlich, obwohl sein Sender gar nicht zuständig war. Ist vielleicht doch nicht Hopfen und Malz verloren?

Die Hoffnung stirbt zuletzt, heißt es – und so werde auch ich weiter hoffen. Auch darauf, dass gerade die großen Medien uns auf andere Weise als bisher wahrnehmen. Denn alle Erfahrung zeigt, dass Menschen die Berührungsangst vor Behinderten verlieren, wenn sie uns kennenlernen. Dass sie statt abwehrend, verschlossen und kalt dann neugierig, aufgeschlossen und hilfsbereit werden. Welch eine Verantwortung und Chance für Fernsehen, Rundfunk und Presse – und welch, bei allen Ausnahmen, leichtfertiger Umgang damit bisher.

Sydney war dafür ein glänzender Beweis. Die Australier sind ja nicht a priori behindertenfreundlich. Erst als Sydney den Zuschlag bekommen hatte, begann man die Stadt barrierefreier zu machen. Und auch das in die Gesellschaft integrierte Leben, statt in Heimen versteckt zu werden, hat dort noch keine so lange Geschichte, wie mir eine Rollstuhlfahrerin aus der Metropole erzählte. Den Neuanfang aber, den haben die Aussies nicht verschämt, sondern mit aller Konsequenz unternommen. Die Teilung in »Gesunde« und »Krüppel«, wie sie in Deutschland immer noch unterschwellig üblich ist, die existiert dort kaum noch. Kinder, nichtbehinderte wohlgemerkt, so hörte ich, wünschten sich jetzt in Sydney scharenweise einen Rollstuhl zu Weihnachten, weil sie vorher bei den Paralympics-Wettkämpfen so wunderbar mitreißende Basketball- und Rugbyspiele auf Rädern gesehen hatten. Oder sie stellten ihren Müttern in Bussen und Bahnen, mit denen auch Rollstuhlfahrer unterwegs waren, nicht etwa die Frage, was dem armen Mann passiert sei, sondern: »Ist der Rollstuhl-Basketballer?« Eine unverkrampfte Normalität, die ich in Deutschland noch nicht erlebt habe. Ich weiß nicht, wo die Wurzeln dafür liegen. Vor allem hat es wohl mit der Erziehung der Gefühle zu tun. Und in der sind die Australier, obwohl sie wie die Deutschen auch noch nicht lange unterwegs sind, offenbar schon viel weiter vorangekommen als wir. Immerhin, wir haben uns aufgemacht. Ängstlich, vorsichtig tastend, immer wieder stehen bleibend. Dass Rollstuhlfahrer bei der Beschleunigung des Ganzen vorangehen müssen, klingt wie ein Anachronismus. Dass es Fernsehübertragungen gab, dass jetzt ein Paralympics-Buch erschienen ist, dass meine Autobiographie eine zweite Auflage bekommt – fast fühle ich mich wie Galileo Galilei bei dessen trotziger Behauptung über die Erdkugel: Und sie bewegt sich doch! Hätten wir das auch ohne Sydney sagen können? Etwa nach Paralympics in Berlin?

Von Atlanta nach Sydney, ich habe wieder ein riesiges Stück Weg hinter mich gebracht. Aber angekommen, das bin ich noch lange nicht. Ich bin schon unterwegs nach Athen. Sydney, das waren – aus heutiger Sicht betrachtet – meine letzten Spiele. Athen, das werden wieder meine ersten sein.

Epilog: Wer sich nicht berührt, der spürt sich nicht

Fast ein Vierteljahrhundert im Rollstuhl – für »normale Fußgänger« mag das wie eine nicht enden wollende Leidenszeit erscheinen. Ist mir ein besonderes Schicksal auferlegt, muss ich auf eine wie auch immer geartete Erlösung warten? Unsinn! Mein Leben ist immer noch wie eine Zuckertüte – voller Überraschungen, voller Neugier, voller Erwartung. Es wärmt mich in den Momenten der Freude, der Zärtlichkeit, der Leidenschaft. Und es lässt mich frösteln, wenn ich traurig, enttäuscht oder auch mal verzweifelt bin. Der Sport ist dabei für mich in all den Jahren zum Fokus dieser Gefühle geworden. Er bündelt die Emotionen wie kaum etwas anderes. Bei Siegen gibt es da schon mal die »Buggenhagen-Faust« als Ausdruck des Jubels, bei Niederlagen die Sehnsucht nach dem Alleinsein, um mit dem unbefriedigenden Ausgang fertig zu werden. Trotz dieser, allerdings nur momentanen Sehnsucht ist es das Schönste, andere teilhaben zu lassen an dem, was um und mit einem geschieht. Was wäre ein Erfolg ohne die Umarmungen danach, was ein Misserfolg ohne den kämpferischen Jetzt-erst-recht-Trost der mitfiebernden Freunde?

Wenn ich zurückblicke, dann sind die Momente meines Sportler-Daseins für mich die allerschönsten, in denen ich vergessen habe, »behindert« zu sein. Momente, in denen Gesetzes-, Predigt-, Alltags- und ganz individuell erlebte Wirklichkeit tatsächlich kongruent wurden. Dass solche Augenblicke immer noch selten sind, hat viel mit gesellschaftlicher Realität, mit schwer veränderbaren Verhaltensmustern und Angst der Menschen vorm Anders-Sein zu tun. »Nur das Unbekannte ängstigt die Menschen«, sagt Antoine de Saint-Exupéry, dessen »Kleiner Prinz« auf so wunderbar offene und naive Weise die Welt entdeckt. Aber das Unbekannte verliere seinen bedrückenden Status schon dann,

»wenn man es mit hellsichtigem Ernst beobachtet«. Man muss sich aufeinander einlassen, um sich zu entdecken. Udo Beyer, Kugelstoß-Olympiasieger von 1976, mit dem ich mehrmals bei gemeinsamen Sportfesten aufgetreten bin, hat das mal ganz wunderbar formuliert: »Wer sich nicht berührt, der spürt sich nicht!«

Dabei hat er seine eigene, ganz persönliche Erfahrung beschrieben – wenn man sich nahe und näher kommt, schwinden Fremdheit und Angst. Genau deshalb ist mein Hunger nach ganz, ganz vielen Berührungen jedweder Art ungestillt. Denn auch wenn mein Körper ab Brusthöhe gelähmt ist, und simple Logik suggerieren könnte, die merkt doch eh nichts mehr, ist die gefühlte Wirklichkeit eine ganz andere. Je mehr und intensiver sich meine Mitmenschen auf mich einlassen, desto mehr und intensiver spüre ich sie. Das ist eine Wechselbeziehung, von der schließlich beide Seiten etwas haben. Weil man nicht nur den anderen, sondern am Ende auch sich selbst besser kennen lernt.

Diese Erfahrung habe ich, eben wegen meines »Schicksals«, gezwungermaßen anders und vielleicht auch schneller machen müssen und dürfen als Normalverbraucher. Ich habe die Jahre nicht vergessen, in denen ich mich unnütz, ängstlich, verlassen gefühlt habe. Das hatte mit mir selbst und meiner Umwelt gleichermaßen zu tun. Hatte ich nicht zunächst selbst geglaubt, mit meiner Situation am besten dadurch fertig zu werden, dass ich mich einmauerte, versteckte, keinen anderen an mich heran ließ? Ohne den Sport wäre das womöglich immer so geblieben. Mit diesem Hilfsmittel, mit einer Aufgabe, die mich forderte und mich aus der Ecke holte, zog ich mich quasi am eigenen Schopfe aus dem Sumpf der Selbstaufgabe, in dem ich zu versinken drohte. Wenn ich den Sport nicht gehabt hätte, wäre ich im Pflegeheim gelandet oder asozial geworden. Letztendlich, das kann man ganz wörtlich oder im übertragenen Sinne nehmen, hat mir der Sport das Leben gerettet. Ich habe ein neues Selbstbewusstsein gewonnen. Gelernt zu sagen: Ich bin ich, akzeptiert mich, respektiert mich, lasst mich teilhaben. Ablehnung und Ignoranz erschrecken mich nach wie vor, aber sie werfen mich nicht mehr um. Im Gegenteil: der Ärger darüber mobilisiert mich, macht mich trotzig statt resignativ, ruft mich zum Widerstand auf.

Körperliche Behinderung ist nicht veränderbar, Diskriminierung und Ausgrenzung aber sind es sehr wohl. Wobei Diskriminierung nicht nur aktives Tun meint, sondern erst recht passives Unterlassen. Dagegen hatte ich mir Offensive als Gegenstrategie auf die Fahnen geschrieben. Hatten die »Anderen« nicht genauso viel Angst wie wir Behinderte? Angst, etwas Falsches zu tun. Angst, sich eine Blöße zu geben. Angst, mit einer Situation nicht fertig zu werden, der man sich nicht gewachsen fühlte. Angst vor Berührungen. Wenn man sich aufeinander zubewegt, dann wird der Abstand kürzer – so viel steht fest.

Register